The Nanoeconomics of American High-Tech Industries
Experimental Capitalism
创新的演化

[美] 史蒂文·克莱珀——著　林冬阳、骆名暄——译
Steven Klepper

江西人民出版社

编者前言

本书描绘的一系列现象可以用最后一章的标题完美地概括——"最好的时代，最坏的时代"。史蒂文·克莱珀（Steven Klepper，1949年1月24日—2013年5月27日）于2009年底正式开始撰写本书，全书内容涵盖了他数十年来对创业的基础以及产业的形成与发展所做的研究。这本书整合、拓展了他的研究成果，构筑了产业经济学领域的新前沿。史蒂文花了很长时间精心构建大纲，并经过无数次迭代，全书行文是他一贯的风格。从大纲出发，每个章节的写作都精益求精，力求深入浅出、事实可靠、高瞻远瞩。在撰写本书的过程中，史蒂文也展现了他对这个项目源源不断的热情。他常常与同事们长时间愉快交谈，谈话的内容涉及他理论和实证工作的细节，以及如何更好地和他人交流自己的想法。不幸的是，在项目开展后不久，史蒂文就被诊断患上了癌症。在忍受临床治疗带来的巨大的身体上的疼痛之余，他仍然保持着和前些年一样的热情与执着，继续坚守他的工作。从某种意义上说，对他自己而言，这也是"最好的时代，最坏的时代"。

史蒂文在临终前完成并修改提炼了除最后一章以外的其他章节。

我们对已完成的章节进行了校对，确保这些章节引用或包含的信息符合史蒂文在科研上一贯的严格标准，也将史蒂文提供的一系列历史美元数据及图表折算成 2015 年的价值。至于最后一章，史蒂文已经撰写了详细的提纲，并且在约瑟夫·普卢默（Joseph Plummer）的协助下记录了一些核心要点，完成了这一章的开篇部分。如前所述，史蒂文在正式下笔之前都会反复修改、不断推敲自己的大纲。因此，他的提纲往往也最能反映他对问题的思考深度和清晰合理的表述。基于这样的前提，我们觉得最后一章应该保持原有的纲要，尽量在原始的手稿和其他相关材料上进行补充。这样的表达形式也使我们能够一窥史蒂文毕生研究的结果及其政策建议。即使未经打磨，最后一章的原稿仍然包含了许多关于如何在快速变化的世界中保持、提升高科技创业精神的新颖理念和政策想法。一直以来，史蒂文都很欢迎有人能够对他的想法提出审慎的学术挑战，我们也希望这最后一章能催生出理论、实践和政策方面的新探讨。

本书探讨的重点是美国的高科技企业。诚然，高科技企业并不是美国独有的，而书中很多故事也具有关键的国际元素，但是在过去的一个世纪内，大量的政策和技术不断产生，而美国的经验对这项研究来说，是一个便捷的天然实验室。本书使用的"纳米经济学"（nanoeconomics）方法，正如史蒂文曾经描写的，"深入挖掘市场表面之下的东西，理解促使市场形成和发展的因素"。毫无疑问，这种研究方法需要在数据收集上付出巨大的努力，因此一个可行的方案就是将研究重点集中在美国的六个产业上。然而，无论是从理论上还是从实践上，从这种方法和这六个产业的案例中学到的东西，都远远超过了这六个产业，也超越了国界。例如，对硅谷、阿克伦和底特律产业集群的纳米经济学研究，可以很好地解释产业集群形成的原因，也解释了后两种产业后来出现衰退的原因，并且这种解释超越了时间和空间的限制。史蒂文对"实验资本主义"的潮起潮落进行了严谨的阐述，这对于任何关注产业动态乃至由产业动态催生的国家和世界经济长期动态的人来说，都有着重要的意义。

史蒂文·克莱珀的实证经济学学术著作有一个重要的标志，即始终坚持采用"奥卡姆剃须刀"（Occam's Razor）。史蒂文花了几个月，甚至几年时间，收集与产业起源和发展相关的纳米经济数据（nanoeconomic data），并进行筛选和分析，他力图追寻最具解释力也最简约的理论来说明他观察到的现象。例如，史蒂文的理论认为阿克伦、底特律和硅谷产业集群的形成，根本原因在于衍生公司。这一理论取得了广泛的认同，也为许多后续的研究铺平了道路。然而，这一理论也与长期以来有关产业集群一般现象的假设和理论产生了冲突，尤其是在上述三个产业集群和他们各自的产业和包含的企业。他的理论挑战了区域经济学、经济学史、经济地理学和创业学的杰出学者的研究。本书的读者可以在书中找到史蒂文对于这六种产业最细致的论述，也同样可以看到史蒂文精通于他所挑战的（并且非常尊重的）那些学者的理论。没有人能够比史蒂文更清楚地解释美国汽车产业以及底特律的崛起了。史蒂文本人非常自谦，认为他的理论所论证的兰索姆·奥兹（Ransom E. Olds）和奥兹汽车（Olds

Motor Works）在早期的汽车产业（以及底特律）的发展中所起的作用，只不过是给汽车产业的兴起提供了一种精简的解释，并不是对以往研究的反驳，例如已故学者阿尔弗雷德·D.钱德勒（Alfred D. Chandler）研究通用汽车后强调了皮埃尔·杜邦（Pierre du Pont）和阿尔弗雷德·斯隆（Alfred Sloan）的管理天才，还有一些学者则强调了亨利·福特（Henry Ford）和战前轻武器产业中兴起的大规模生产。简而言之，在史蒂文看来，比起钱德勒的"经理资本主义"（managerial capitalism）、传统经济学家的"集聚经济"（agglomeration economies）以及部分学者的技术导向型学说而言，"实验资本主义"（experimental capitalism）更符合他对于解释高科技产业起源和发展的理论简化标准。

纳米经济学方法需要大量的数据支持，这些工作在史蒂文的博士生的协助下完成。特别需要感谢以下研究人员（以字母顺序排列）：阿贾伊·巴沙卡拉巴特拉（Ajay Bhaskarabhatla）、克里斯托巴·A.谢雷·福雷斯蒂尔（Cristobal A. Cheyre Forestier）、伊丽莎白·A.格雷迪（Elizabeth A. Graddy）、乔纳森·D.科瓦尔斯基（Jonathan D. Kowalski）、罗美尔·穆斯塔法（Romel Mostafa）、杰弗里·谢勒（Jeffrey Sherer）、肯尼斯·L.西蒙斯（Kenneth L. Simons），以及莎莉·D.斯利普（Sally D. Sleeper）。他们协助克莱珀收集并分析了本书中使用的海量数据。此外，基多·布恩斯托夫（Guido Buenstorf）在卡内基梅隆大学做访问学者期间，也为收集分析阿克伦轮胎厂商的数据做出了重要贡献。史蒂文的行政助理艾琳·西蒙妮（Eileen

Simeone）也在史蒂文的研究中贡献了一分力量。

我们很感激普林斯顿大学出版社在非常时期对这个项目提供了巨大的支持。史蒂文的整个学术生涯都扎根于卡内基梅隆大学的社会与决策科学学院，以及一个遍布全校的研究团队，包括战略研究、创业学研究和史蒂文催生的技术变革研究。在此，我们也代表他对这些机构组织致以谢意。我们还要感谢他的家人、朋友、合作伙伴，以及他整个学术生涯中的所有同事。

在学术界，优秀的同事带来的愉悦经常被人忽视。史蒂文完美地符合了人们对于理想同事的一切要求，我们也很荣幸能够参与协助这本书的出版工作，这也是我们学术生涯的一份珍贵纪念。

瑟古伊·布罗津斯基（Serguey Braguinsky）

大卫·A. 洪塞尔（David A. Hounshell）

约翰·H. 米勒（John H. Miller）

卡内基梅隆大学社会与决策科学学院

目　录

编者前言　001

第1章　创新与市场　001

第2章　往昔　023
福特汽车公司和大规模生产　040
故步自封的年月：美国无线电公司和彩色大战　052
英特尔和微处理器：前所未有的发明　068

第3章　出类拔萃之辈　095
威廉·杜兰特：完美的商人　113
兰索姆·奥兹、弯挡板小型敞篷车和奥兹汽车的资源流失　117
道奇兄弟　121
仙童半导体公司的衍生公司及集成电路技术　135
衍生公司、创新者的报酬和高级经理　139
新的领导阶层和衍生公司　143

第 4 章 肖克利缔造的硅谷和汽车王国的鼻祖	169
第 5 章 为最多数人谋求最大利益	227
第 6 章 其兴也勃焉，其亡也忽焉	271
美国的汽车产业	278
美国的轮胎产业	287
美国的电视机产业	298
第 7 章 最好的时代，最坏的时代	315
结　论	356
第 7 章附录	357
尾　注	365
后　记	377
参考文献	378
公司名称中英文对照表	394

第 1 章

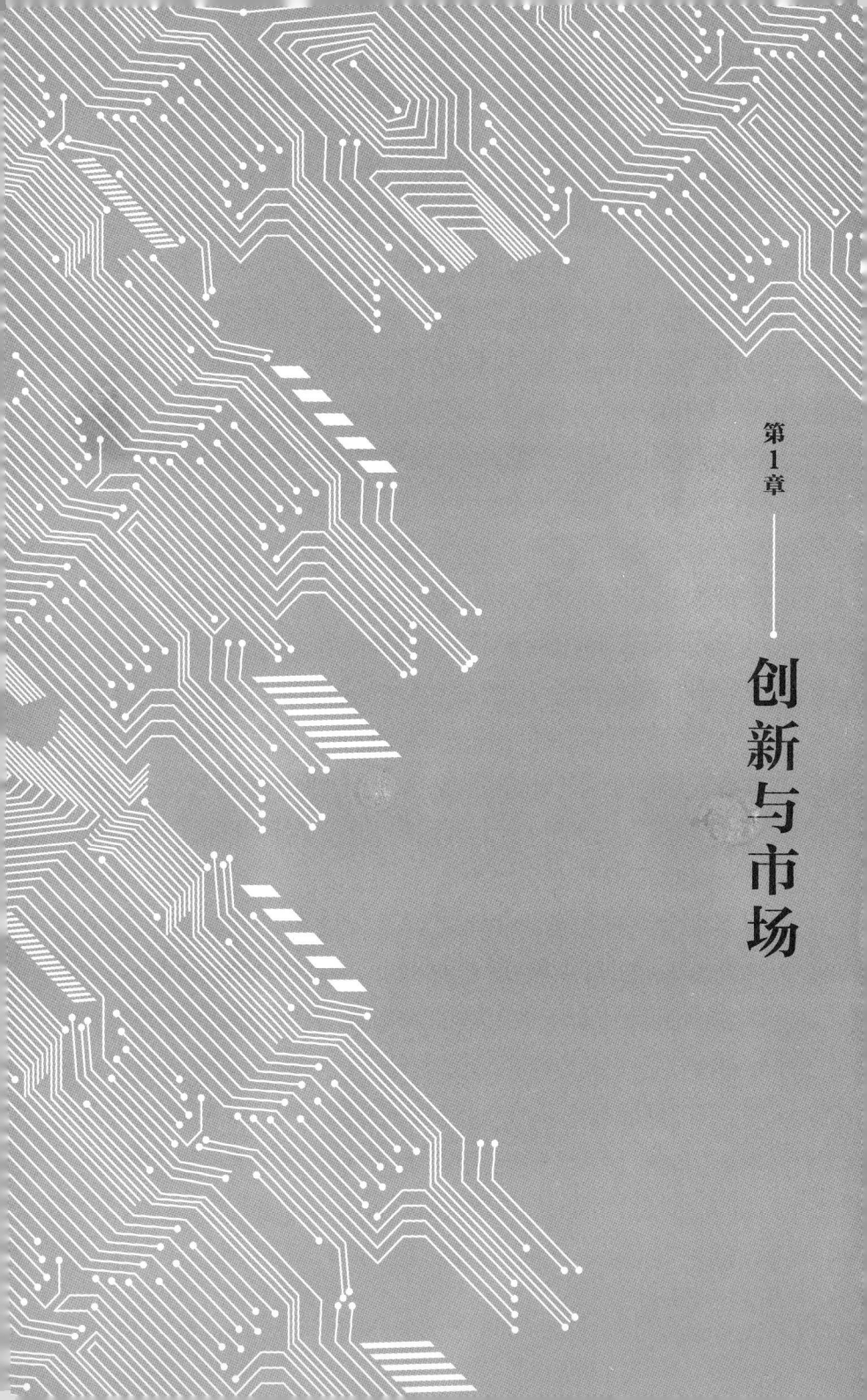

创新与市场

1941年7月2日，霍华德·弗洛里（Howard Florey）抵达纽约，同行的还有研究团队成员诺曼·希特利（Norman Heatley）。霍华德·弗洛里是英国牛津大学病理学系主任，他与希特利，以及来自德国的犹太流亡者恩斯特·钱恩（Ernst Chain）一起已经研究了好几年青霉素。

英国医生亚历山大·弗莱明（Alexander Fleming）在1928年发现了青霉素。他在一次外出前，习惯性地将一批接种了细菌的培养皿留在实验室内。然而这次，一种霉菌沾染了其中一个培养皿，抑制了培养皿中细菌的生长。这种霉菌之后被证明属于青霉属。弗莱明将这种霉菌分泌的活性物质命名为"青霉素"，但是他无法将它从霉菌生长的培养基中分离提取出来，因此无法评估其医疗潜力。大约十年后，弗洛里的实验室从弗莱明手中接手了相关研究。他们成功地从弗莱明的霉菌样本中提取了有微量杂质的青霉素，并在小白鼠上进行了测试。实验结果十分成功，这也激励他们在一些病危病人身上进行进一步的测试。

与现在不同，当时在人体身上进行药物测试更加容易。弗洛里的团队找到了一名垂危的牛津警察——他被玫瑰花刺扎伤之后，由于感染导致一只眼睛失明，并且全身脓肿。注射青霉素后，他的病情大有好转，眼看奇迹就要发生。然而，却没有足够的青霉素来继续治疗。情急之下，弗洛里团队收集了病人的尿液，用自行车送到实验室，希望用一种叫作 P-Patrol 的方法从中提取未代谢的青霉素。遗憾的是，最终病人还是因为没有足够的青霉素不治身亡，不过青霉素的药用潜力得到了证明，并且在之后的医疗中得到进一步明确。

实验证明青霉素是治疗感染的有力武器，但是要想使青霉素真正发挥其效用，大规模生产必不可少。弗洛里试图说服一些英国工厂一同投入这项工作，但是这些工厂正忙于第二次世界大战，无暇顾及青霉素生产。于是弗洛里把目标转向了曾支持过他的研究工作的美国洛克菲勒基金会。他获得了 6,000 美元的补助金，用于前往美国游说美国工厂与美国政府大批量生产青霉素（Neushul，1993：167）。可见，1941 年弗洛里前往美国前夕，青霉素就已经让人们看到了与感染抗争的希望，但只能小规模生产。

接下来的三年，情势变化令人目不暇接。青霉素临床应用的重大发展证明了它是可以有效对抗很多疾病的"奇迹之药"，包括"儿童杀手"急性关节风湿病，以及肺炎、梅毒、淋病等疾病，以及烧伤病人或受伤军人遭受的致命感染。1944 年 6 月诺曼底登陆之前，青霉素的产量已经能够满足军用需求。一年后，青霉素开始广泛造福平民百姓。这一系列的发展将药学引入了一个新的纪元，也就此开创了一个新的产业。然而这一切在 1941 年 7 月弗洛里踏上美国之前都是难以想象的。

弗洛里和希特利一抵达美国就被带到了位于伊利诺伊州皮奥瑞亚市的一间政府实验室。这间实验室正在研究深入发酵技术，为过剩农产品寻找新的用途。实验室通常用玉米浆进行发酵，玉米浆是生产玉米淀粉的一种副产品。研究表明，玉米浆是培植青霉属霉菌的理想介质，能将青霉素产量提升 12 倍（Sheehan，1982：67），并且能够使用液体深层发酵，而不局限在烧杯、烧瓶或者培养皿等浅层容器中。研究人员预计用液体深层发酵法生产的青霉素可以被运往东至纽约、西至旧金山的范围，满足美国军队的战时需求（Brockman and Elder，1970：v）。

关于玉米浆的新发现在 1941 年 12 月的一场会议上公之于世，默克、施贵宝、辉瑞、立达等制药公司的研究人员和公司高层都参加了这次会议。会议由美国科学研究与发展局（the Office of Scientifc Research and Development，简称 OSRD）指定的委员会组织筹办。科学研究与发展局成立于第二次世界大战期间，主要职能是协调军事目的的科研工作。在会议召开之前，默克、施贵宝和辉瑞已经断断续续尝试了用浅层培育法生产青霉素（Sheehan，1982：69）。罗伯特·科格希尔（Robert Coghill）从发酵部门的主管那里听说了实验室提取青霉素的进展之后，备感震撼。科格希尔后来称，实验室的研究成果推动了新的制药产业的诞生。[①]

[①] 尼舒尔重新核算了美国青霉素生产的早期发展状况和政府投资（Neushal，1993：chapter 6），他还特别提到私人公司对于青霉素生产的影响（Neushal，1993：183-184）。

科学研究与发展局资助了一个野心勃勃的项目，由几百名科学家在实验室里人工合成青霉素。当时，这似乎更有希望实现青霉素大规模生产。与此同时，另一家联邦机构资助一些大学通过培植青霉属霉菌生产青霉素，并且继续资助皮奥瑞亚的政府实验室以提升天然青霉素的产量。

1942年战时生产委员会成立，它旨在调控"二战"期间物资生产与分配，同时也被要求协助提升青霉素产量。新的项目被投入于资助有资质的工厂建造新的生产车间，同时允许生产青霉素的私人投资加速折旧。有超过175家公司被列入初步名单，最终根据各公司的生产力在战时所做的贡献选出了21家。委员会斥资750万美元（折合至2015年约1.8亿美元）[1]建造新的生产车间，各家公司也投入了2,260万美元（折合至2015年约合3.24亿美元），其中大部分资金符合加速折旧标准（Federal Trade Commission，1958：52）。各公司可以定期得到皮奥瑞亚实验室研究进展的报告，并可以得到科学研究与发展局提供的其他形式的帮助。与此同时，各公司也需要承诺及时共享他们的新发现。

1943年以前，青霉素的疗效就已经得到印证，军队也认识到在战场上使用青霉素治疗伤员的优势。到1944年下半年，美国的药厂已经能广泛使用液体深层发酵或深瓮法生产青霉素了，青霉素的月产量也达到了可以治疗25万人的量，足以应付诺曼底登陆及之后的军事需求。从1944年下半年到1945年，青霉素的产量提升了3倍。1945年3月开始，生产商与经销商通过常规渠道销售青霉素也被开放。相反，1944年英国厂商的青霉素产量还不到美国的2.5%。他们直到1946年才引入浸没生产法，而且还是在美国的帮助之下完成的（Bud，2007：49）。战后，美国企业一跃成为以青霉素为开端的抗生素产业革命的前沿。

这一切是如何发生的，又为何能进展得如此迅速呢？这主要归功于许多方面的技术革新。青霉属霉菌适合在液体深层培养基内生长，而且使灭菌发酵罐长时间完全不受外界微生物污染的技术也研制成功；研究人员还发现了更好的菌株，通过在发酵液内加入前体细胞，青霉素产量大大提升，还可以有针对性地获得新型青霉素；此外，研究人员还设计出了更好的方法将青霉素从发酵液中分离提纯。当然，还有更多的新技术，在此就不一一列举了（Greene and Schmitz, Jr., 1970）。

这一系列技术革新的关键在于青霉素项目得到了美国政府的赞助和配合。约翰·希恩（John Sheehan）在第二次世界大战期间就职于默克公司，主要负责青霉素的项目。后来他在实验室其他人都放弃的情况下成功合成了青霉素。希恩描述了"二战"期间的一系列科研进展：

> 只有联邦政府有能力组织起这么庞大的合作研究团队——包括39个实验室和至少1,000名科学家，也只有联邦政府能够降低反垄断条例对那些有竞争力的企业合作研发青霉素的限制与影响，并最终生产与销售这样一种"奇迹之药"。

这其中，药企三巨头默克、施贵宝与辉瑞所起的作用最大也最有影响力，但是他们也不是单打独斗。一旦基础研究开始，就会另有不下 20 家制药或化学企业介入，开始生产青霉素或是其他必要的化学物质。如果没有这些企业之间谨慎地定义明确的工作关系，青霉素生产的项目甚至根本无从开启。（Sheehan，1982：201）

青霉素是人类发现的第一种抗生素。它开启了药学界的一场革命，也推动着美国企业走向制药产业的前沿。这是美国创新产业历史上取得的大捷之一。由于技术革新是营利性企业的竞争核心，高科技这一专有名词也就此涉及经济学领域。本书后续内容即主要关注高科技以及高科技在美国的发展。

本书开篇提到青霉素的故事，是要提出一个重要的问题，即高科技产业是如何启动的。毫无疑问，美国高科技产业最重要的优势之一在于它对于市场的依赖。政府部门有职责提供一些基础服务，例如国防、教育、投资基本研究以及建设道路、互联网等基础设施。但是对于高科技产品而言，政府的职责应该涉及哪些范围呢？弗莱明和弗洛里在英国的研究是公众筹资的。如果不是联邦政府的战时青霉素生产计划赞助和配合，美国企业能否成为青霉素引发的抗生素产业革命的先锋就需要打上一个问号了。但是如果美国私人企业的青霉素研究毫无进展，而依靠政府之后，三年内就取得了成就，那市场在高科技产业中的效力又在哪里呢？

类似这样的问题一直徘徊在美国的高科技产业中。为了回答这些问题，我在过去的 20 多年中研究了以下六个高科技产业的产品：汽车、充气轮胎、电视机、半导体、激光，以及青霉素。我采用了有些类似达尔文和其他生物进化学家的复古方法，追溯了所有生产这些产品的企业，包括这些企业的发源地和运营模式。通过整理来自各个途径的信息，我论证了这六种产业代表了美国高科技资本产业的高潮与低谷，蕴含其中的是有关竞争与技术革新的重要经验教训。我希望读者在读完全书之后能理解这些经验教训不仅能帮助我们成为更好的工程人员或者企业家，还能告诉我们如何更好地影响和利用公共政策，以便更好地运营高科技产业，甚至将其提高到新的高度。

我为什么选择这几种产业，又是如何用它们来佐证我的观点呢？在它们各自所处的时代，它们都是典型的高科技产品，而且在很大程度上，我们今天依然可以这样说。这些产品刚被生产出来的时候，虽然粗糙，价格却不菲，当时很少有人想要或有能力购买它们。但是经过多年不断创新，这些产品及其生产工艺都得到了改进，也使得人们能够广泛地购买使用它们。以汽车行业为例，1908 年亨利·福特推出 T 型汽车，售价为 850 美元（折合至 2015 年约合 2 万美元），而其他同类汽车售价则高达 2,000 至 3,000 美元（折合至 2015 年约合 5 万至 7 万美元）。六年之后，T 型汽车的售价下降了一半以上，仅为 360 美元（折合至 2015 年约合 8,400 美元），这归功于一系列生产技术创新，尤其是通过转移组装流水线将汽车底盘装配时间从

12.5 小时大幅度减少到 2 小时以内，使得人均装车量翻了两倍以上。不过汽车产业绝不仅仅指福特和 T 型车。九年后的 1923 年，设备、机械装置、车身构造、喷漆技艺等因素都经历了大范围革新，人均装车量再度翻番。这一系列的跃进使得美国汽车产业的销售量大幅增长，从 1904 年的 23,000 辆跃升至 1919 年的 170 万辆，再到 1929 年的 530 万辆，高于世界上任何国家或地区的销量（Klepper and Simons, 1997）。

其他五种产品的行业发展也经历了类似的转变过程，这也给人们提供了一扇窗户去进一步理解美国技术发展以及经济增长驱动力。不过更加引人瞩目的是这一系列驱动力如何真正推进了这六种产业。例如，在汽车、轮胎、电视机以及青霉素产业中，少数企业在很长一段时间内都垄断了整个行业。大多数情况下，资本主义都围绕竞争理念运行，然而这几种产业恰恰背离了竞争模型。这是如何发生的呢？是否与创新和技术变革有关？是否影响到技术升级——是否会最终消磨企业的创新动力？是否会改变企业的创新精神——是否会导致企业保守、没有魄力而无法再进行创新与技术突破？幸运的是，这些由少数企业垄断的行业并没有从一开始就朝着这样的方向发展。这也使得我们能够进一步了解它们实现垄断的驱动力。在分析创新性竞争如何改变这些产业的结构进而推动技术革新的过程中，我也得出了一些惊人的结论。

绝大多数产业都会出现领头公司大面积更替的现象，著名的通用汽车、风驰通、英特尔等就是在这样的更替当中涌现出来的。事实上，美国以创业热潮而闻名，而这种热潮也使美国高科技领域涌现出许多成功的企业。为了更好地理解这一现象，我们需要仔细研究这六个行业中主要厂商的起源及其发展助推力。研究结果揭示了一个类似于生物进化的过程——新企业往往在已有的企业中不知不觉诞生，并且会有意无意地保留原有企业的特征，这些特征又影响着新企业的运营。像美国这种产业发达的国家，不断涌现的新的优质高科技企业也给政府提出了问题：国家采取的政策会怎样限制这种衍生企业的形成以及相应地阻碍技术开发。

如今，全球最知名的高科技园区莫过于南加州的硅谷，它因园区内汇集着许多半导体生产商而得名。其他地区都梦想成为"下一个硅谷"，其他国家也都梦想着建立自己的"硅谷"。不过硅谷是如何成为半导体产业中心的呢？很难准确描述这个地方有什么特征或优势可以让半导体公司云集于此。我们要讨论的六种产业中，早期还有其他两种产业集中于某一区域——汽车产业集中于密歇根州底特律市，轮胎产业集中于俄亥俄州阿克伦市。这两个地方都没有非常显著的自然环境优势可以使汽车产业或轮胎产业聚集。事实上，硅谷、底特律和阿克伦均没有明显的地理环境上的优势，却都成了最著名的产业集群，这种情况为研究这三个产业集群是否有相似的推动力以及政府是否可以复制这些推动因素提供了一个特别的机会。

如今，硅谷依然让世人艳羡，然而底特律却完全相反——曾经辉煌的底特律现在坠入了低谷，成了经济衰败的典型案例。底特律的衰落与美国汽车行业的衰落，以及汽车行业三巨头——通用、福特、克莱斯勒的衰落息息相关。这三家巨头公司盘踞全世界领先位置40多年，近年来却都快速滑坡。最近，政府介入通用汽车与克莱斯勒的破产，以避免末日崩溃。另外两个行业——电视机和轮胎——也经历了类似的滑坡，结果并没有比汽车行业好多少。这都为产业衰亡的研究提供了宝贵的机会。

这六种产业背后都有挥之不去的政府政策影响。我们总是倾向于认为高科技产业独立于政府运营，这也是大多数美国人希望看到的。然而战时青霉素生产计划很明显打破了这一传统观念，以军队的形式介入管理的政府在早期的半导体、激光甚至电视机行业也同样很有影响力。这也引发了这四个行业中值得深究的问题：政府的介入是否提升社会利益，政府政策如何有利于高科技行业的建立和早期发展。

传统意义上经济学被分为宏观经济学和微观经济学。宏观经济学研究的是通货膨胀和失业率这类总体现象，微观经济学研究的是单个市场。我的一名同事将我研究新产业演变的方法称为"纳米经济学"，以表示我主要侧重于深入市场表面之下，挖掘推动产业形成与运作的驱动力。我通过每年的消费者指南汇编的生产者名录和市场体量，来追溯所有企业进驻某一产业的年份和它们持续生产的年限；通过研究企业工商名录和行业杂志的新公司公告甚至企业创始人的讣告，来追溯企业的地理与人才背景；通过筛选成百上千的专利来重现企业创新发展史及核心创新者；还通过搜寻龙头企业的定期市场占有份额数据来确认最佳企业。受到产业可追溯数据源的限制,这种研究无法做到尽善尽美,这是不可避免的事实,因此需要引入一些主观的标准和判断来推动进一步进展。这部分主观内容将主要以注释的方式仔细标注出来,以保证行文的严谨和流畅。

用"纳米经济学"重现一个产业的发展历程是极具挑战性的,因此本书只描写了六种产业。想要找到必不可少的信息源,常常需要全神贯注于产业的历史;想要深入了解产业创新,也需要研究产业的科学技术传承;想要弄懂收集到的各种信息,就需要发展出可行的理论来解释主导产业发展的主要因素。哪怕只研究一个产业,工作量都是巨大的。这也是为什么本书只涉及了六种产业的信息。

本书的每一章都综合使用"纳米经济学"方面的证据、理论分析和案例研究来探索产业发展的不同问题。第2章首先聚焦于产业生命周期的概念。和人类一样,创新产业会经历不同的发展阶段。一开始,企业纷纷涌入,但是在一个特定的节点之后,一定数量的企业就会开始衰落,即便整个行业的产量仍然在不断提升。当这个衰落的过程日趋严重,只有个别的龙头企业能够最终生存下来。

汽车产业是一个典型的例子。长期位居行业领先位置的主要厂商通用、福特和克莱斯勒一度是全球最大的三家企业,在美国家喻户晓。他们在1930年之前称霸美国汽车产业,占据美国汽车产量的80%,并且在之后的许多年间都保持着统治地位。但是,在美国汽车产业诞生初期,曾有上百家企业参与竞争。1909年巅峰时期有270多家企业都在生产汽车。接下去的20年,汽车产业异常繁荣,美国人争先恐后地购买汽车,使得汽车产量每年平均增长18%。然而与此同时，汽车生产厂家的数量却也在不断减少。到了20世纪20年代，滑坡持续加速，1929年大萧条之前，仅剩下28家公司仍然在生产汽车。再到1941年底美国介入第二次世界大战之前，美国的汽车厂家已经只剩下9家。

在汽车行业遭遇极其严重的行业衰落时，其他几个产业也遭遇了衰落。第2章研究的关键问题就是为何创新产业都会遭遇滑坡，而这种滑坡又如何影响了技术革新以及社会福利。竞争被认为是市场运作的核心，反垄断法正是为了维持竞争。然而，在早期的很长的一段时间内，一些垄断型企业极大地刺激了技术发展，大力促进竞争可能反而会削弱技术革新和危害突破性创新。20世纪的三大重要技术成就——汽车、彩色电视机以及微处理器的大规模生产——可以很好地说明市场由一家企业垄断时带来的潜在社会效益，尤其是在美国这样的大市场中。

第3章着重介绍了高科技产业中企业的起源和它们统治整个行业的历程。每个国家和地区都希望有高科技公司，但是为什么在美国可以有如此之多的高科技公司呢？在青霉素生产的早期阶段，相关产业涌现出了辉瑞、默克和施贵宝等主要厂商。这个现象在高科技行业十分普遍。如果一个地区在相关产业没有一些卓越公司，那么在完全放任市场的前提下，这个地区也很难出现高科技产业的繁荣。

但是这也只是第一步，许多高科技产业早期的龙头企业最终都逐渐被其他公司替代。引人注目的是，很多新公司都是由产业领军企业衍生出的独立公司，由领先企业的优秀雇员成立。第 3 章也探究了这六个产业的衍生过程，关注并研究了最容易产生衍生现象的公司和容易刺激衍生公司形成的环境因素。

深入研究衍生企业诞生的过程让人联想到了一个生物学隐喻——衍生物往往是非自主性地诞生于父辈，并从父辈那里自然而然地继承一定的"知识"——也就是产业领域的"基因"。本书对汽车行业和半导体行业的部分领军衍生企业的形成进行了深入的案例研究，研究内容有助于我们更好地理解衍生企业的推动力所在。这些公司的形成背景已然是人们非常熟悉的剧情——有创新力的雇员受到挫败之后带着沮丧的心情离开原公司，建立了自己的公司，追求自己的理想。令人惊讶的是，不少龙头企业都由那些没有多少决策能力的经理人掌舵。这也制造出了一个不稳定的环境，使得很多员工选择跳槽组建衍生公司。

从某种程度上说，衍生公司会和它们的母公司竞争客户和雇员，因而会对母公司造成一定的威胁；从另一个层面来说，衍生公司往往也是创新的先锋，而这种创新精神恰恰是母公司所匮乏的。第 3 章也论证了衍生公司能够推动产业进入新的科技高度。然而，很多地方的政府以保护知识产权的名义，使已有企业巨头能够限制它们雇员的流动率，进而限制衍生企业的发展。这样一来，不仅雇员成了企业的奴隶——也就是现代社会的契约佣工，衍生公司的致富之路也被堵死了。正如谚语所说："宰杀孵金蛋的鹅"。

第 4 章主要介绍了产业集群，即同一产业的多家企业集聚在一个或几个地区。产业集群通常被认为是可以帮助国家提升国际竞争力的重要国家资产。传统观点认为，工业集群的产生主要依托人才资源优势——集群内的企业有更丰富的劳动力可供挑选，集群内企业的员工流动性也更强，在流动的过程中也更容易传播新的思维和理念。同时，专业的供应商和消费者也更容易被集群效应吸引，进而促进交易。当一家新公司进驻集群的时候，该公司集群内的其他企业都会受益。不过新公司在选址的时候并不一定会考虑这种效应。因此，集群内个体的利益其实少于整个集群的总社会利益。用经济学术语来说，集群能够带来"正外部性"。很多经济学家也因此认为，政府应当采取前瞻性政策，建立产业集群。

如前所述，汽车、轮胎和半导体行业都形成了知名的地理产业集群。半导体产业是这三种企业的典型。随着1949年晶体管商品化，半导体产业开始在波士顿、纽约和洛杉矶集聚起来。第一家进驻硅谷的半导体企业是1956年由威廉·肖克利（William Shockley）创建的。同年，他和贝尔实验室的另两名雇员因于1947年发明了晶体管获得诺贝尔奖。肖克利慧眼识才，为他自己的公司召集了一群非常有天赋的年轻人一起奋斗。但是这些人随后由于对肖克利的管理政策不满而跳槽组建了一家属于他们自己的公司——仙童半导体。一开始，仙童半导体迅速取得成功，这反映了创建者卓越的创新精神与能力。不过与肖克利一样，仙童的创始人也是缺乏管理经验的科学家与工程师。这种情况连同一些其他关键技术的发展一同导致了爆炸性的结果——仙童最终在硅谷内衍生出了一系列非常成功的公司。人们有时候把这些公司戏称为"仙童子孙",正是这些企业带动了半导体企业在硅谷的集聚。令人惊讶的是,50年前汽车产业在底特律的崛起和半导体产业在硅谷的崛起惊人的相似,轮胎产业在阿克伦的集聚也有异曲同工之处。

我们研究了硅谷、底特律和阿克伦产业集群的领头企业的起源和发展历程,发现产业集群的形成并不是因为邻近企业互相之间的利益驱动。相反,形成这三个产业集群的核心因素是衍生公司。衍生公司刚成立时,创建者不愿意冒险选择较远的地理位置,因此当一个范围内不断有企业衍生出来时,一个产业集群就有组织性地形成了。衍生公司主要靠实验,因此产业集群成为经济发展的主要驱动力,巩固了美国在全球高科技产业的地位。然而,我们尚不清楚这些企业取得的巨大收益是否可以简单地归功于其成立于产业集群内,因为得州仪器和摩托罗拉这两家企业远离硅谷,却长时间处于半导体产业前沿。通过更多调查研究,我们可以更好地解释为什么它们会取得成功。此外,我们也无法明确政府将经营范围相近的企业规划到一个特定的区域内是否真的有效。

第5章介绍了高科技产业的兴起,主要聚焦于政府在产业发展初期的潜在职能。这一方面青霉素产业是一个典型案例。青霉素完完全全是由英国人发明的,但是战时青霉素生产计划是由美国政府发起的,军队及政府也推进了青霉素及美国公司随后发明的其他抗生素的商品化。诚然,第二次世界大战是一段特殊时期,企业在这段时间内无疑会比通常时候更加配合政府,这也让人不禁产生疑问,和平时期的政府项目是否还会有相同的效力。但是事实证明，联邦政府和军队在战后的半导体行业和激光行业的发展中依然有着举足轻重的作用。实际上，政府和军队在第一次世界大战后就参与并指导了美国无线电公司（RCA）的成立，并在不久后影响了无线电公司的专利特许政策，为之后的广播电视产业奠定了基础。高科技产品，尤其是在发展初期的高科技产品面临的市场有着诸多限制。美国的资本主义是以激发个体主观能动性来生产更多更好的产品为基础的，这点尤其适用于高科技产业。如果没有政府着手干预并建立新的高科技产业，我们现在可能不会有机会庆祝个体主观能动性带来的收益，而只能哀叹其局限性。

第 6 章主要研究相反的情形，也就是高科技产业趋向成熟并被少数企业垄断的阶段。从很多角度看，这都是美国高科技资本主义的黑暗时期，例如现阶段的汽车、轮胎及电视机产业。传统的市场导向观点认为，所有好的事物最终都会终结。然而针对这三个行业的分析表明，市场会从某种意义上来说自绝后路。长时间的动荡和垄断让各行业只剩下少数企业掌握核心技术。这些企业缺乏竞争、自生自灭，于是变得越来越保守，在关键技术上越来越落伍。即便它们积累下了巨大的利润和资产，可以经受住一段时间的巨大损失，最终也会慢慢背离市场的规律。这类企业如何在长时间垄断的情况下避免逐渐僵化是一个值得深思的话题。

第 7 章，也是本书的最后一章，综合了其他章节的实质内容，讨论高科技产业如何推动美国进步。这一章补充了关于前述六个产业以及美国其他有相似特征的产业的一些材料，并穿插世界其他地区的产业发展历程，进一步支持本书对这六种产业分析得出的结论。无论是个体、企业、地区还是国家，都能从中学到很多东西。最后一章主要致力于摘录这些经验教训，这样每一个社会就可以更好地利用每一个人的天赋与智慧，创造出最好的产品了。

从这六种高科技产业的发展与竞争历程中，我们可以得到两个重要的结论。第一个是技术革新需要各个级别的大量实验。战时青霉素生产计划在很多层面都进行了大量的实验，其中有一些是计划进行的，还有一些是在政府实验室意外进行的。高科技资本主义是不断地实验，它不是计划好的集中攻坚，更多时候企业没有如何进行实验或研发的宏大视角，只是将这些决定权分散给下一层管理者和员工，而人们通常会受到能力限制而无法预见技术发展的未来。因此，一个国家需要很多企业同时进行实验并且相互竞争，这样才能取得进步。

为了确保研究实验得以进行、良性竞争得以持续，就需要有天赋、有能力的人从现在的企业跳槽，在同一产业中创立竞争企业。这类企业的创建者都不可避免地会利用从前雇主那获得的知识，而这些知识属于前公司的知识产权。为了确保资本主义在创新型产业中正常运行，政府必须接受这样的事实，而不是过分强调知识产权，否则就会压制新企业推进新技术的步伐。知识产权与其他私人财产不同，它可以被很多人同时使用，政府有时候需要顺其自然，不过多干涉，即便这样会影响最早申请产权的企业的利益。

研究六种产业的发展历程得出的另一个结论则完全相反。一个产业内企业过多，会削弱企业的创新动力。出乎很多人意料的是，创新者常常无法有效地防止创新遭到盗用，发明者也需要使新发明应用在大规模生产中才能赚取足够的回报。然而起步期的创新产业，规模显然不会很大。这种时候，政府介入可能很有帮助，例如青霉素产业。政府可以是新产品的买主，可以是科学实验的赞助人，也可以是企业利益的协调者。

在新的创新型产业发展的过程中，有一些企业会逐渐处于领先位置。它们有能力将发明应用于比其他竞争者更大规模的生产中。这也会进一步激励它们在创新上超越竞争对手，久而久之导致这个新的产业被少数企业垄断。一开始，这个现象对于技术革新是一种巨大的推动，政府应当顺其自然，即便这一过程中不可避免地会减弱竞争。然而长时间的垄断会让主要厂商的思想日益僵化，进而阻碍技术革新，任其发展，市场将被扼杀。这时对于政府的挑战就是能否利用公共政策为市场注入新的活力。

这也为创新型产业的政策制定带来了一些张力。一方面，政府不能过于严格地要求保护知识产权或者推进竞争，尤其是在企业刚成立的阶段。甚至有些时候政府需要在创新型产业发展初期积极介入，包括促进衍生企业形成。在完成这些工作之后，创新产业的初期发展就不再需要政府采取其他行动了。但是，随着产业的发展，长期垄断会导致发展停滞。如果市场放任这种趋势发展，曾经辉煌的企业和以它们为先驱的整个产业等可能就此一蹶不振。

因此，实验资本主义需要务实的政策。历史上，美国多次把握住了依据教条限制市场的决策和任由市场发展的决策之间的平衡。往往决策者并不完全清楚其内涵，但是大多数情况下这些决策都是成功的。创作本书的一个主要目的就是将美国高科技领域的成功经验提炼出来作为以后决策的知识基础。汽车这样曾经辉煌的高科技产业在发展成熟后遭遇滑坡的现象，还没有得到深入的研究分析，因此本书的另一个目标在于解释为何出现这种滑坡，并分析未来应该如何避免类似的情形。这些经验教训并不只适用于美国，世界各国同样可以受用。

以往有哪些经验能够有助于未来？这一直以来都是一个问题。世界正在飞速发展，不断变化。20世纪以来，美国就一直拥有世界上最大的国内市场，这也是美国能够取得历史性成功的关键因素。然而这种优势正在不断衰弱。随着贸易的发展，世界各国不断互联关系，国内市场规模的重要性正不断下降。此外，有一系列国家和地区的国内市场规模也渐渐开始可以与美国匹敌。欧盟的内部市场已经基本上和美国国内市场规模相当；中国正在迅速发展，尽管用国际标准来衡量仍然不够富裕，但是其国土面积与人口规模已经足以让中国拥有世界上第二大的国内市场，如果中国延续这种发展势头，超越美国的市场规模仅仅是时间问题；印度的发展脚步也不比中国慢；还有一系列国家与地区，例如日本、韩国、中国台湾等，已经了解如何利用政府的力量推动高科技产业发展并与美国抗衡。与此同时，美国的初等教育与中等教育体系却在逐渐退步，并落后于世界上大部分国家和地区。

其他国家和地区的这一系列发展使得美国更有必要学习研究其高科技产业在过往取得的成功和失败的经验与教训。创新被公认为经济发展的关键,现如今美国在科技创新上的领先地位已经受到各个方面的挑战。如果我们还不能吸取过往的经验教训,那么美国企业领先全球这一话题就将很快变为过去式了。

第 2 章

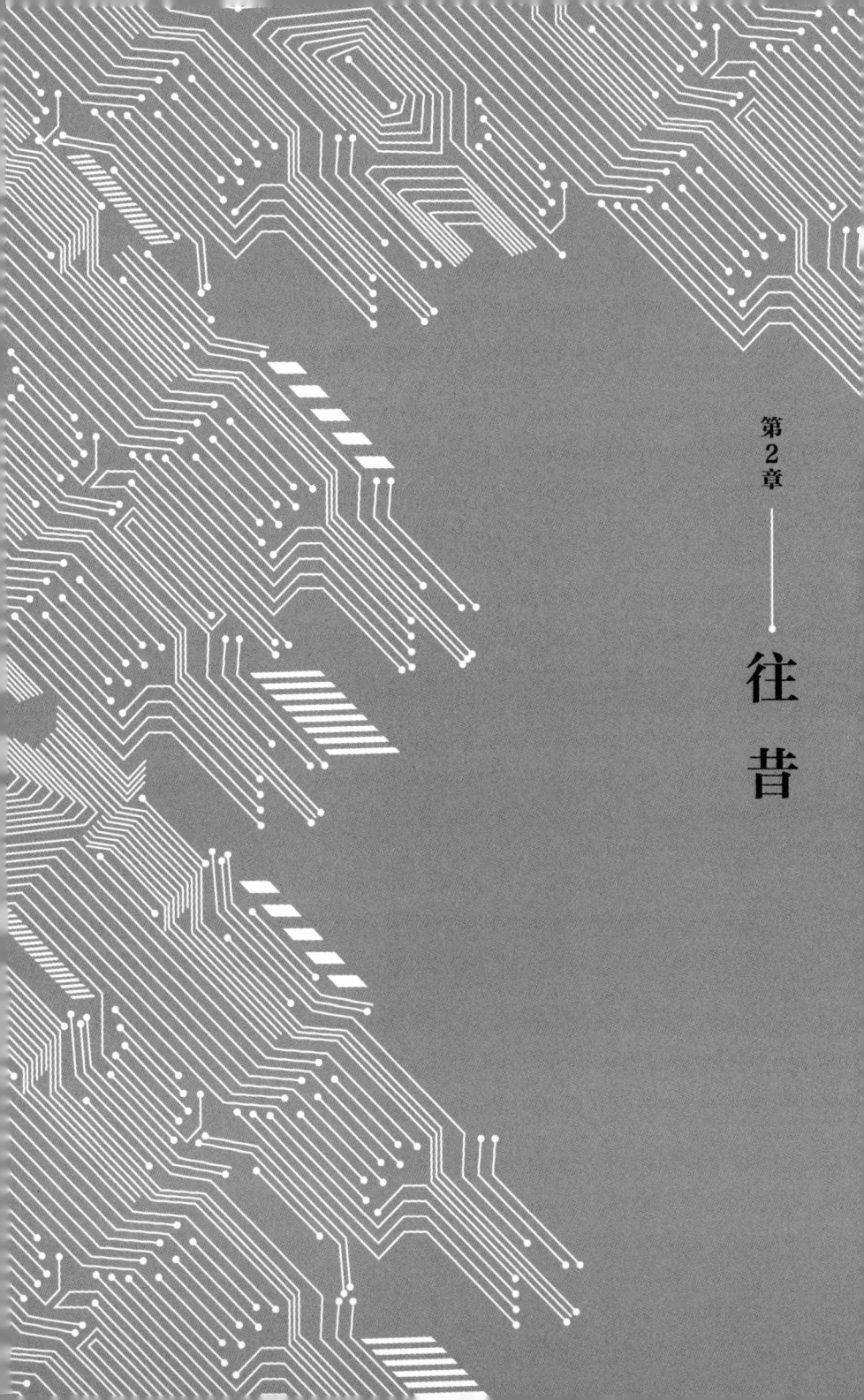

往昔

20世纪50年代，我还是一个生活在布鲁克林的小男孩。我时常和朋友们花上几个小时玩一个简单的游戏：当一辆车经过时，我们比赛看谁能最快认出品牌、车型以及出厂年份。当你认为别人的答案不对时，你也可以提出挑战，此时其他的人就充当裁判。除了一些偏门的英国进口车，经过的车几乎都是美国货，然而这些美国车数下来也只有不到10种主要的品牌。

假如我们出生在1900年，这个游戏可能就无法进行了。1900到1910年期间，有成百家企业在生产汽车。截至1909年，整个汽车行业有超过270家企业。在接下来的20年间，尽管汽车的产量持续飞跃，整个产业却流失了90%的厂家。正是汽车生产商数量不断减少，我们才能把这个游戏玩下去。

与汽车产业一样，大多数创新产业在某个时段都会遭遇显著的震荡，尽管整个产业的产量不断提升，产业内的企业数量却在急剧下滑。本章主要讨论为何会发生这种现象，以及这种现象对于技术革新的影响。

本章第一部分主要讨论构成整本书核心的六种产品和产业的发展史，其中五种产业都在不同的时间遭遇了不同程度的衰退。这也引出了三个问题：为何创新型产业通常都会遭遇衰退和震荡？为何不同产业的衰退时间和程度不同？衰退和伴随而来的一系列事件对社会福利产生了怎样的影响？

本章第二部分首先讨论关于产业衰退及其特征的两种理论，其中一种是我提出的。我的理论依据的基础是：创新中有一种自我强化机制，它使得富有企业越来越富有，最终迫使实力较弱的企业退出新行业，进而引发产业衰退。这种自我强化机制的影响将通过分析20世纪三大重要技术革新的扩展案例进行说明。这三大技术革新分别是：福特汽车公司的大规模生产、美国无线电公司的全彩电视机和英特尔的微处理器。这三项技术革新分别是经历过巨大衰退的产业发展的一部分，而案例分析将深入阐述这些产业衰退是如何发生的。同时，这三项技术也是具有代表性的技术突破，也可以据此讨论产业衰退和企业垄断会对社会福利带来怎样的影响。

本章最后一部分将深入挖掘这六种产业的演变过程。其中四种产业经历过大幅度衰退，而我将用这四个产业论证我提出的理论中的两个关键论点，同时也会涉及另外两个产业，并且我还提出了一个全新的理论来说明为什么这两个产业的发展有所不同。

* * *

新的产业通常都有龙头企业，例如美国无线电公司是美国商业电视行业的领头羊。龙头企业取得成功，很快就会被其他企业模仿。以电视机行业为例，联邦通讯委员会发布广播技术标准后，美国无线电公司刚把黑白电视机投入市场，立刻就有许多其他企业随之进驻市场，电视机的销量就此飞升。

这种现象并不出人意料。一种新产品的成功势必会吸引大量的生产商。真正令人惊讶的是接下来发生的事情。尽管产品的市场在很长一段时间内持续升温，新企业进驻的速度反而减缓甚至停滞了。随后，厂家的数量开始减少，并且持续下降。这种下降在极端情况下会持续很多年。当衰退的程度不断严重，通常剩下的少数企业就会瓜分市场。

在这六种核心产品所处的产业中，有四种遭遇了衰退，整个产业被少数厂家垄断。这四种产业分别是汽车、轮胎、电视机和青霉素。诚然，它们被选为研究对象的原因也恰恰是因为它们经历了严重的衰退。如果产业衰退有共同的原因，那么从遭遇严重衰退的产业入手应当更容易找到这种共因。

另外两种产品——激光和半导体，有着完全不同的发展历程。激光产业被选为研究对象是因为它起步的最初35年中没有遭遇滑坡；半导体产业被选为研究对象是因为它有助于研究地理集群效应，而半导体产业在最初35年中也没有发生衰退。有些时候，某种现象的缺席和这种现象本身一样具有启示意义，因此这两个产业也被列入了研究范畴。

我们首先讨论汽车、轮胎、电视机和青霉素这四种经历了衰退的产业。图2-1到图2-4分别是这几个行业每年新进入企业的数量与企业总数的趋势图（图中黑线代表企业总数，灰线代表新进入企业数)。图中的时间轴起点都接近产品第一次商品化的时间点,并持续展示几十年的数据。

这四种行业每年新进入企业数与企业总数,以及另外两种产业——激光和半导体,都是从定期的厂商名册中费尽心力整理出来的。[1] 只有完全独自成立的公司才会被列入新进入企业的范畴,收购现有的公司即使更换了公司名称和地点也只认作现有企业的延续。例如两家最著名的汽车公司通用和克莱斯勒都是从既有的汽车企业衍生出来的,因此它们在统计时被划为已有企业的延续。[2] 而一个企

---

[1] 绘制这几张图的主要数据源来源:汽车行业参考史密斯的文章(Smith, 1968),轮胎行业参考《托马斯美国制造商名录》(Thomas' Register of American Manufacturers),电视行业参考《电视纪实》(Television Factbook),青霉素行业参考《托马斯美国制造商名录》与《合成有机化学品》(Synthetic Organic Chemical)。更多有关数据源和数据筛选规程的细节探讨可以参考克莱珀的其他研究(Klepper, 2002)。诚然,图 2-1 到图 2-4 的绘制不可能做到尽善尽美。各产品的厂家由哪些要素构成还有待进一步定义,这其中不免会有些主观成分存在。此外,无论什么信息源,都很难准确关注到一些小企业,尤其是那些存活时间很短的企业。准确及时地确定企业的各时间节点也是一项很有挑战性的工作,有时候在企业进入市场和退出市场的时间上会存在一些延迟或者误差。另外还有些时候知名企业的名录还会有一些缺漏。这些限制因素里有一些可以被克服,例如企业名录的缺漏可以用其他方法弥补;另外的一些因素就是确定各产品的厂家的各项时间节点这一工作的固有缺陷。

[2] 通用汽车在 1908 年由一系列汽车公司和零部件公司合并而成,合并公司中规模最大的是别克汽车公司。因此,别克/通用汽车在本书中依据别克公司进入市场的时间,定为 1903 年成立。克莱斯勒的发展史更复杂,但是同样不是白手起家。根据雅尼克的研究(Yanik, 2009: ix)对克莱斯勒历史的介绍,克莱斯勒于 1925 年经由马克斯韦尔汽车公司重组成立。而马克斯韦尔汽车公司又是于 1913 年在一场涉及马克斯韦尔-布里斯科汽车公司的并购重组失败之后吸收了马克斯韦尔-布里斯科汽车公司而成立的。因此,马克斯韦尔-布里斯科、马克斯韦尔以及克莱斯勒这三家公司在本书的数据整理中均以马克斯韦尔-布里斯科汽车公司的成立时间 1904 年为标准。

业完全退出市场的标志是倒闭，抑或是完全出售给业内另一家公司。

汽车、轮胎、电视机和青霉素产业早期都有大量企业涌入，行业内的企业数量不断上升；然而这几个行业的企业数量在达到峰值之后的数年内迅速下降，尽管整个行业的产量还在继续上升。以汽车行业为例，到1909年年底为止，汽车产业的企业数量达到了峰值272家。之后，尽管整个汽车行业的产量在1929年的经济大萧条前以每年超过15%的比例增长，行业内的企业数量却在急剧减少。1941年，汽车企业数量降至最低谷的9家，比1909年峰值时期的数量减少了97%。另外三个行业的情况也相当惊人：轮胎行业企业数量跌幅为91%（从1922年278家跌至1970年21家）；电视机行业企业数量跌幅为97%（从1949年105家跌至1989年3家）；青霉素行业企业数量跌幅为71%（从1952年32家跌至1985年9家）。这几种产业每年新进入企业数量在产业衰退开始时期就在大幅度下降，很快就达到了可以忽略不计的程度。

这四种产业的衰退期开始的时间截然不同。汽车产业和轮胎产业早期的新进入企业数量随时间不断增长，经过了大约15年才达到了企业数量的峰值。相反，青霉素和电视机行业的新进入企业数量在初期阶段就基本达到了最高值，整个行业的总企业数量也迅速来到了峰值。

从某种程度上来说，这种差别与第二次世界大战有关。青霉素行业早期进驻的新企业主要都是受到了政府项目的激励，而后续的新企业更多的是药品提供商而不是大规模生产商。电视机行业早在

图 2-1　美国汽车行业 1895—1966 年各年度新进入企业数量与企业总数量图

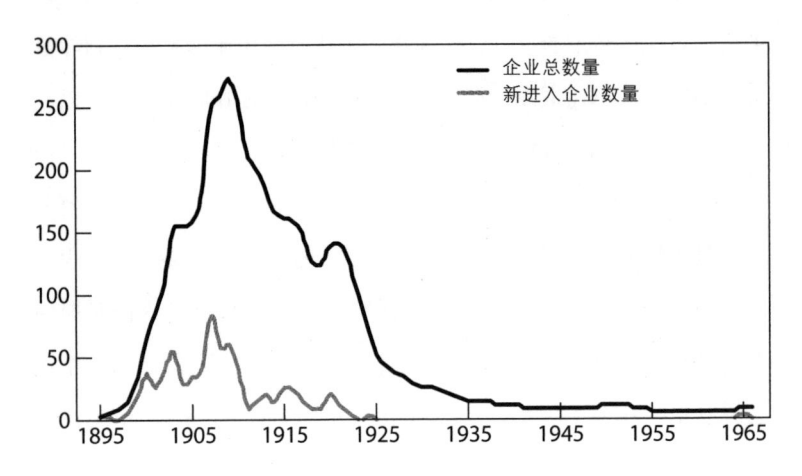

图 2-2　美国轮胎行业 1901—1980 年各年度新进入企业数量与企业总数量图

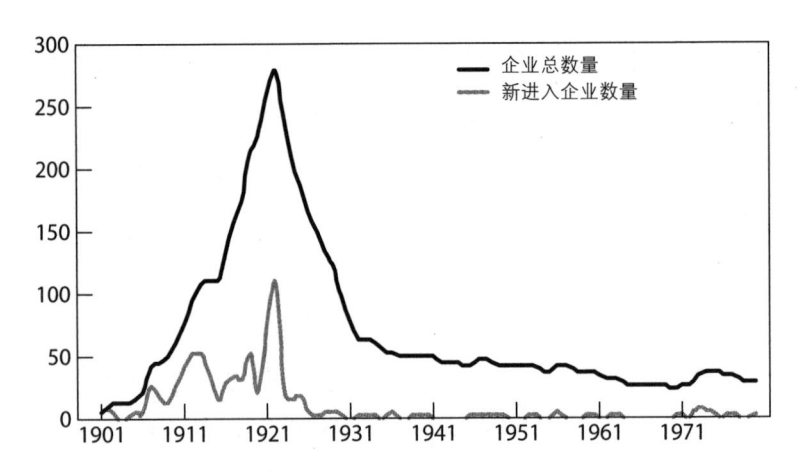

图 2-3　美国青霉素行业 1944—1992 年各年度新进入企业数量与企业总数量图

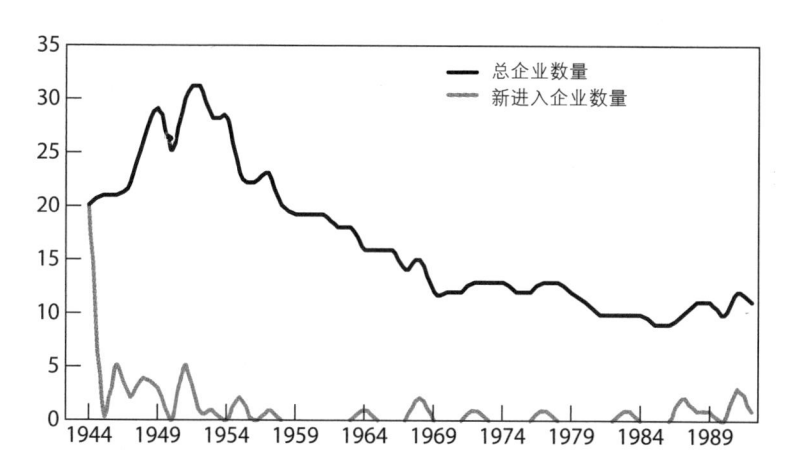

图 2-4　美国电视机行业 1946—1989 年各年度新进入企业数量与企业总数量图

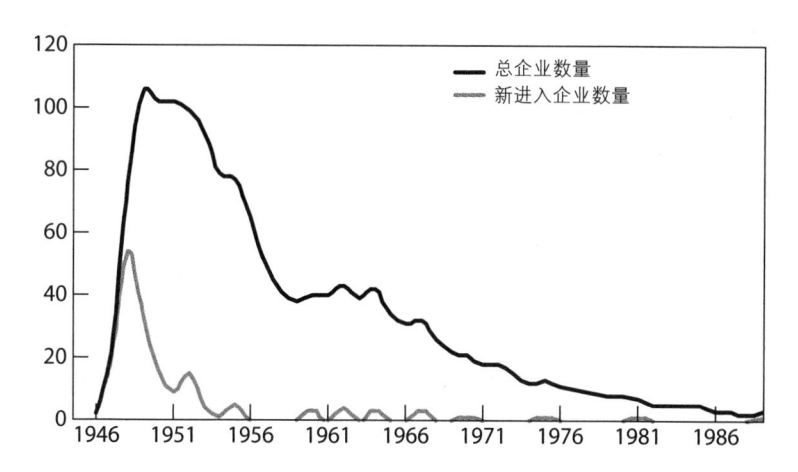

1941年就有企业准备进驻，但是战争时期禁止生产电视机，直到1946年禁令才解除，而整个产业已经蓄势待发。此外，电视机行业还受到美国无线电公司向各公司授予电视机技术许可的利好刺激。不过，第二次世界大战是否是导致青霉素产业和电视机产业更早衰退的唯一原因还存在争议，还有一些其他的基本因素也可以揭示一部分衰退的原因。

如果一个行业内四家最大的企业占据了整个行业总产值的50%以上，那么这个行业就可以被定义为"寡头垄断行业"。考虑到这四种经历了衰退的产业都曾经有很多年被少数企业垄断，可以说这些行业都逐步变成了寡头垄断行业。

汽车行业三巨头通用、福特以及克莱斯勒在20世纪30年代占据了汽车总产量的80%以上，并且这种状态持续了很多年（Bailey，1971）。轮胎行业中的百路驰、固特异、风驰通和美国橡胶（优耐路）这四家公司在20世纪30年代前占据了轮胎产量的70%以上，这种状态同样持续了很多年（French，1991：47，111）。青霉素行业四巨头辉瑞、默克、施贵宝和礼来制药与之后崛起的惠氏和布里斯托尔在1956年至1973年间占据了行业总产量的70%~80%（FTC，1958：83；Schwartzman，1976：131）。电视机行业则由美国无线电公司和珍妮诗电子占据了黑白和彩色电视市场的40%~50%，包括通用电气在内的下一批核心企业占据了黑白和彩色电视市场的5%~10%（由于外来企业的冲击，彩色电视时期这些企业的市场占有率略低）（Levy，1981：8-87）。

另两种产业——激光与半导体，有着截然不同的发展历程。激光技术最早被用于商业生产是在 1961 年。图 2-5 展示的是激光产业从 1961 年到 2007 年每年新进入企业数量与企业总数量。[①] 激光产业被列入研究的范畴是因为从原始数据收集的结果来看，一直到 1994 年它都没有遭遇产业衰退。然而，将数据扩展到 2007 年后，我们发现，整个产业显然出现了一定的震荡。企业数量在 1996 年达到顶峰，整个产业内有 172 家公司。虽然 1996 年之后整个激光产业的总产量仍然在以创纪录的速度增长，但是企业数量到 2007 年已经逐步滑落至 87 家。

显然，激光产业的衰退期比其他四种产业来得要晚很多。也许并不让人感到意外的是，激光产业也确实没有像汽车、轮胎、电视机和青霉素这四种产业一样长期被龙头企业垄断。激光产业没有系统的市场份额数据，但是只有光谱物理公司和相干公司发展成了较大规模的企业，并且这两家公司都没有像其他产业中最大的两家公司那样占有近一半的市场份额。

半导体产业发展初期的轨迹和激光产业类似，然而不同的是半导体产业甚至在创立的 40 多年后都没有衰退的迹象。1949 年晶体管首次商业化生产标志着半导体产业的开始。从 20 世纪 60 年代初

[①] 激光企业的主要数据来源是由商贸杂志《聚焦激光》(Laser Focus) 汇编的消费向导。该杂志每年都会列出不同类型的激光产品生产企业。更多有关数据和数据筛选规程的细节探讨可以参考克莱珀和斯利普的文章 (Klepper and Sleeper, 2005) 以及巴沙卡拉巴特拉和克莱珀的文章 (Bhaskarabhatla and Klepper, 2014)。

图 2-5 美国激光行业 1961—2007 年各年度新进入企业数量与企业总数量图

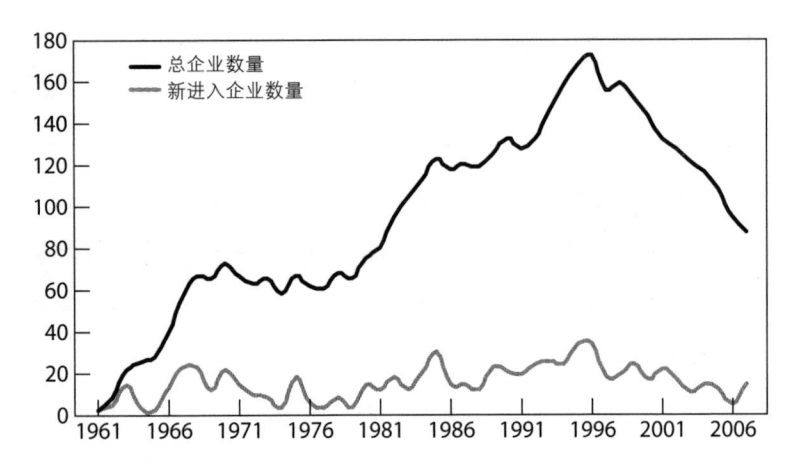

开始,集成电路成为半导体行业的主产品。集成电路是在一片硅制晶片上集成许多晶体管和其他设备的微型电子器件。1949 年到 1987 年生产晶体管的新进入企业数量和企业总数量如图 2-6 所示,1965 年到 1987 年生产集成电路的新进入企业数量和企业总数量由图 2-7 所示(两种产品的数据都截至 1987 年)。①

晶体管生产者的年度总数量在 1987 年左右达到顶峰,约有 100 家;集成电路生产者年度总数量也达到了约 200 家,但是这两种行业直到 1987 年都没有明显下滑的趋势。不过整个产业内的一些细

---

① 半导体企业的主要数据来源是《电子采购指南》(Electronics Buyers Guide)。该杂志每年都会列出不同类型的集成电路生产企业。更多有关数据和数据筛选规程的细节探讨可以参考克莱珀的论文(Klepper,2010)。

图 2-6 晶体管行业 1961—1987 年各年度新进入企业数量与企业总数量图

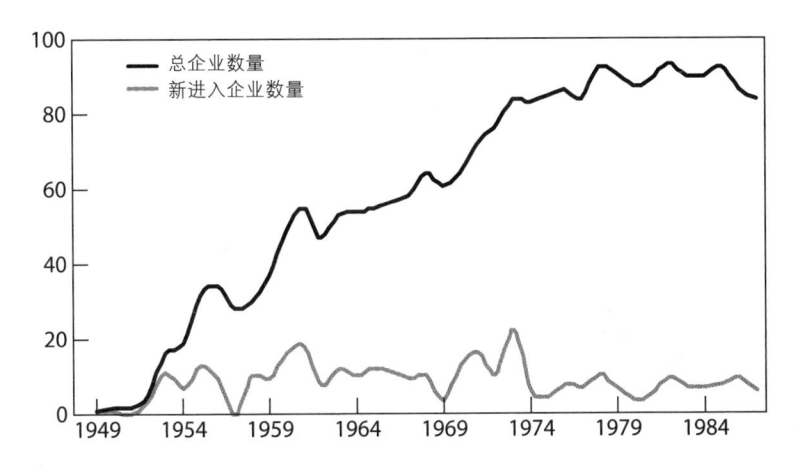

图 2-7 集成电路行业 1965—1987 年各年度新进入企业数量与总企业数量图

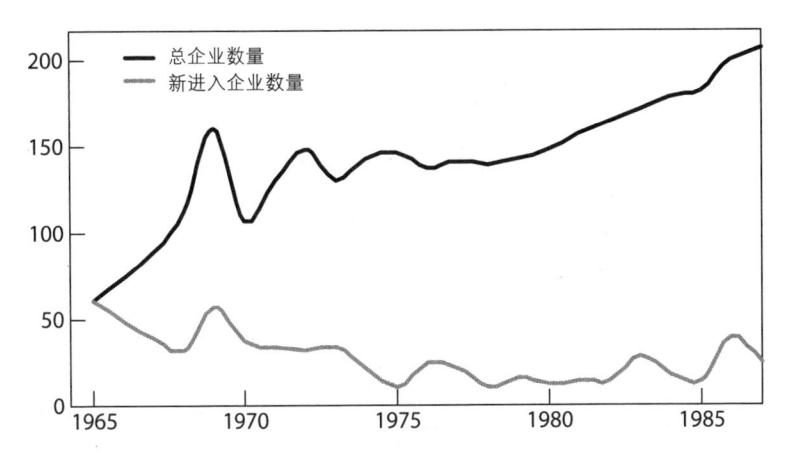

分市场出现了一些衰退现象。例如，英特尔公司于 1971 年制造出了最早的微处理器，到 20 世纪 70 年代中期，已经有 20 多家企业开始制造微处理器（FTC，1977）。然而，2000 年只剩下少数企业仍然在生产微处理器，而此时英特尔的市场份额已经达到 70%（IC Insights，2000）。然而，整个半导体产业包括了很多不同的产品，从整个产业的角度来看，直到 1987 年它都没有遭遇衰退。美国半导体行业排名前列的公司人员流动也较大，这也一定程度上限制了行业被巨头垄断的限度。行业发展中仅有的比较稳定的企业是得州仪器和摩托罗拉，长期以来分别占有约 18% 和约 10% 的市场份额（参见第 3 章表 3-3）。近年来，英特尔公司凭借微处理器的成功占据了比较大的市场份额，不过大部分时候整个产业的头把交椅都在不断变换之中。

这六个产业的发展历程引发了一系列问题：

- 为什么许多创新型产业都遭遇了大幅度衰退并且最终都被少数巨头企业垄断？
- 为什么有些创新型产业没有遭遇衰退或是衰退幅度并没有很严重，发生衰退的产品为何衰退的时间点不同？
- 产业衰退和企业垄断对社会福利有何影响，尤其是对技术革新程度会产生什么影响？

其中，最后一个问题是最关键的问题。经济学分析的一个核心点在于如何建立能最大程度地服务社会福利的经济体系规则，因此终极的问题应当是，当某种产业经历衰退和企业垄断，它是否还能有利于社会福利。市场竞争的支持者肯定认为这对社会福利有害，并且会拖累技术发展。然而缺乏系统理论解释不同产业衰退的时间和程度为何不同，我们很难回答与社会福利有关的问题。

于是，本章下一部分将从产业衰退理论入手，紧随其后分析三大技术革新的扩展案例：福特的大规模生产、美国无线电公司的全电子彩色电视机以及英特尔的微处理器。这三个技术革新所在的产业或行业都出现了企业垄断和产业衰退的现象。这些案例为解释产业衰退和企业垄断的成因提供了重要的线索。由于这些案例显示突破性的技术创新给社会带来了巨大的利益，从一定程度上也反映了产业衰退和企业垄断事实上也有可能不是完全对立于社会利益的。

* * *

产业衰退引起了经济学家广泛的关注，与此相关的理论也大量涌现。其中有些理论，包括我提出的一个理论，得到了一定的认同。本章将介绍我提出的理论，但是首先我要介绍另外两个得到普遍认同的理论。

这两种理论都认为产业衰退是由某种新发展的事物触发的。一种理论认为，触发产业衰退的是技术变革导致有效生产的最小规模不断增大，企业在原有规模上无法继续以最低的成本生产（Jovanovic and MacDonald，1994）。当这种里程碑式的变化发生时，市场能容纳的企业越来越少，导致产业衰退。另一种理论认为，触发产业衰退的是一种实际存在的产品生产标准,称作"主导设计"(Utterback and Suárez, 1993)。当生产者与消费者体验过一件产品的各种版本,相互作用之后广为接受的产品就形成了主导设计。当这种主导设计形成之后,市场竞争的本质就发生了变化,企业将更加愿意进行投资,最小的有效生产规模进而不断增大。无法跟上这个节奏的企业逐渐被淘汰,进而引发产业衰退。

我的理论并没有将产业衰退视为由某种特定的产品或者产业发展进程触发的结果,而是将它看作一个跨度更长的发展过程。没有任何一个理论能够概括所有行业的一切发展进程,我的理论也没有否认规模经济或是主导设计对于产业演进的重要影响。但是我认为我的理论比规模经济论或者主导设计论更能解释汽车、轮胎、电视机和青霉素产业中发生的严重衰退现象(Klepper and Simons, 1997)。此外,案例分析还证明我的理论可以为理解重要的技术突破如何产生于大规模衰退产业提供一种有效的思路。

我的理论的实质内容是一种囊括技术革新的自我强化过程。企业创新的主要目的是优化产品和生产工艺,两者都是提升企业单位产出利润的典型方法——优化产品可以使消费者愿意花更高的价钱去购买,而优化生产工艺可以降低单位产出的成本。然而,很多创新发明不能及时获得专利,甚至在获得专利的情况下也会被"再次发明",因此这些创新发明常常很快就被竞争对手们加以利用。即便如此,在这些创新发明被其他企业盗用之前,企业本身可以依靠发明获利。新的技术提升了企业产品的单位利润,企业的产品规模也就此提升，规模化的创新提升了企业的总利润。而随着企业规模的提升，企业创新的动力也不断增强，并且愿意投入更多精力和资源进行创新。这也最终使得企业不断发展壮大，形成一种自我强化的机制。

以新产业的角度来看，这种自我强化机制会导致产业衰退。企业刚进驻某个产业的时候规模一般较小，也就难以吸引消费者购买新企业的产品。因此，企业一般都确定具备竞争力后才会选择进入市场。例如，已经在相关联的行业有生产经验的企业会较早进入市场，而由既有企业员工成立的公司会较晚进入市场。所有企业都可以参与创新，而其中更成功的企业会比竞争对手取得更大的规模。随着企业壮大，它们可以将创新发明应用于更大规模的生产，这也会增加它们从创新发明中获得的收益，进一步使它们在未来加强在创新研发上的投入。这样一来，它们就会发展得更加迅速，巩固它们的竞争优势。随着最成功的企业不断扩张，产品的售价将逐渐下降到供需平衡的状态。最终，产品售价会下降到新进入企业无法获得利润的程度，此时新企业就会停止进入。随后价格进一步下降至小型已有企业无法获利的程度，这一部分企业相继破产退出市场，致使产业衰退发生。最终，整个产业由少部分遥遥领先并不断利用自我强化机制进行创新发明的企业垄断。这意味着新产业的领军者更有可能来自最先进入的企业，并且它们的优势来源于不断创新。

如果这个理论有价值，它应该能普遍地解释各产业的衰退现象。因此，只要看理论是否具有这样的含义，就可以进而评价这个理论。

在此之前，我们首先来看看福特、美国无线电公司和英特尔的案例分析。这些案例分析将进一步阐释我提出的理论中的核心机制，也就是新进入的企业领先一步之后，不断利用创新发明进一步提升。有意思的是，在这些案例中，行业龙头最早都没有关于创新的宏观规划，只有受成功创新激励的实验和创新习惯。由此带来的巨大技术革新诠释了产业衰退和企业垄断事实上不完全与社会利益对立，至少在产业初期充满活力的时候是这样。

福特汽车公司和大规模生产

1907年初，当亨利·福特带着一小队人马从公司高层退隐，开始研究T型轿车的时候，整个美国的汽车市场已经分成了至少三个阵营（Casey, 2008：1-12）。一端是想要远离城市喧嚣，享受舒适旅途的城市居民倾向于动力强劲、引擎位于车体前部的大型车，例如德国的梅赛德斯。这些车在路况较好的情况下可以开到每小时50英里，售价在2,000美元至7,500美元之间。另一端则是深受美国中西部人喜欢的高轮车。这种车看上去更像没有马的马车，尤其对农夫们的胃口。这种车有马车的构架、直径36英尺的木制车轮、坚固的橡胶轮胎，以及后置引擎，售价在250美元至950美元之间。它们重量较轻、高地隙，更适合在路况较差的中西部乡间道路上行进，不过这种车会剧烈摇晃震动，导致车身或者悬挂系统损坏。小型轿车处在这两个极端的中间，看上去像小一号的梅赛德斯。它们有前置的单缸或双缸引擎，通常可以容纳两人（最多三人），售价在600

美元至 1,000 美元之间。当时最流行的小轿车是福特 N 型车，1907 年的售价是 600 美元。

当时美国市场需要的是可以容纳四人、以合理适中的速度行驶、能够驾驭较差路况的轻量汽车，并且售价在 1,000 美元以下。亨利·福特有着超高的汽车设计天赋，设计出的福特 T 型车正好符合上述要求。这款车并没有华丽的外观，但是非常实用，850 美元的售价也相当便宜。这款车使用了一种新的合金——钒钢，钒钢重量很轻但强度很高，可以携带 20 马力的引擎以最高每小时 45 英里的速度行驶。车的悬挂系统和引擎支撑参考了 N 型车的经验，采用了一系列三角形结构，使得底盘可以承受坑洼和颠簸的地形而不至于损毁。这款车还使用了加强的行星齿轮变速箱，这种变速箱有三挡，包括两个前进挡和一个倒挡，比当时广泛使用的滑动齿轮变速箱更容易操作。整款车最新颖的设计可能是将磁发电机合成至飞轮之中，用来点燃汽缸内的油气混合物质。

早期的广告是这样形容 T 型车的："2,000 美元以下的车没有它的功能多，2,000 美元以上的车比它多一些装饰。"（Nevins，1954：390）。毫无疑问有一点夸张，但是这广告并不离谱，T 型车也确实迅速席卷了全国。1908 年年底，T 型车销售启动，当年销量为 5,986 辆，1909 年销量达到 12,292 辆，是当时美国最畅销的汽车。然而这只是一个开端。在接下来的五年中，福特汽车公司针对 T 型车的生产进行了一系列的技术革新，形成了后来众所周知的"大规模生产"。这些技术革新大幅度降低了 T 型车的生产成本，到 1916 年，福特汽

表 2-1　1908—1916 年福特 T 型车售价及销量

年份	价格（美元）	销量
1908	850	5,986
1909	950	12,292
1910	780	19,293
1911	690	40,402
1912	600	78,611
1913	550	182,809
1914	490	260,720
1915	440	355,276
1916	360	577,036

数据来源：Hounshell, 1984：224

车公司已经能够将 T 型车的售价降低一半以上，仅为 360 美元。如表 2-1 所示，T 型车的销量因此飞速增长。1916 年，T 型车的销量已经超过 50 万辆，占有美国汽车市场近 50% 的市场份额。亨利·福特也就此实现了大规模生产汽车的梦想。

T 型车的开发以及随后的大幅降价共同构成了史上最强劲的技术组合拳之一。为了更好地说明这一点，想象一下，如果本田汽车公司明年将生产出一款每加仑油耗可以跑 100 英里的轿车，售价为 25,000 美元，那么这样一款新产品在全世界范围内的前景是不可估量的。接着，设想一下六年后，受益于汽车生产方面的革命性技术突破，这款车的价格下降至 10,000 美元，本田汽车将毫无疑问成为全球最知名的企业,而公司的首席执行官也将迅速闻名于世。福特汽车公司以及亨利·福特的 T 型轿车和大规模生产技术的威力正是如此。

但是,亨利·福特显然是大规模生产之父的意外人选。他在设计汽车上天赋异禀,然而生产方面的知识与技能却相对薄弱。事实上,他也的确因为销售汽车的能力和意愿不足被他自己成立的第二家公司,也就是亨利·福特公司,排挤出了管理层的位置。那么福特汽车公司又是如何能够在 T 型车的成功之后进一步研究出成功的大规模生产体系的呢?

洪塞尔(Hounshell,1984:219)将其归结为"时势造英雄",是由"亨利·福特的经营理念和将这种理念完美应用的福特公司财务奇才詹姆斯·考森斯(James Couzens)"共同缔造的。这也成为高科技经济学的现实例证。亨利·福特并没有关于大规模生产的宏观计划,甚至连想法都没有,但是随着福特汽车公司不断壮大,它已经有能力通过研究创新将生产规模进一步扩大,进而创造更多的利润。这逐渐形成了一种自我强化的过程,前一轮创新使得下一轮创新可获得的利润越来越多。没有人能预见到后面发生的这一切,尤其是亨利·福特本人。但是随着"生产越来越多、越来越便宜的汽车"的理念越来越清晰并得以实现,亨利·福特手下许多有才能的管理人员有了更多施展才华的空间,在财务天才詹姆斯·考森斯的铁腕领导下大展抱负。最终,制造行业的一项惊天突破和亨利·福特的名字挂上了钩——尽管福特本人在其中的贡献很少。但是这些成功冲昏了福特的头脑，而他和他的公司从此开始了翻天覆地的变化，下面我们就来看看这一切是如何发生的。

假如没有考森斯，福特汽车公司可能不会取得如此巨大的成功。福特汽车公司成立于1903年，最早由底特律当地的一名煤炭经销商亚历山大·麦克姆森（Alexander Malcomson）赞助投资。麦克姆森指定30岁的加拿大人考森斯来打理他的投资。有"铸铁人"之称的福特公司高级员工查理·索伦森（Charlie Sorensen）将考森斯形容为"麦克姆森手下脾气暴躁的管账员"。事实上，考森斯就是麦克姆森煤炭生意的实际运营者。他做事很讲方式方法，并且对包括他自己在内的每个人都很严格，经常要求所有人加班。亨利·福特曾因福特汽车公司生产的第一批汽车没有达到他心目中的标准，而阻挠出货。此时，考森斯坚定地反对福特，并坚称只有将车卖出去才会有资金回笼。为了确保他的指令得以执行，他亲手协助福特将车装至板条箱内，用钉子钉住货舱的门，以保证这批车顺利运至它们的目的地（Barnard, 1958: 46-47）。

福特汽车公司成立伊始就收获了成果，很快就能给持股股东巨大的红利。然而，不久亨利·福特就与麦克姆森在福特公司应该生产的汽车型号尺寸上产生了争执。此时，考森斯站在了福特这一边，并最终使得麦克姆森离开了福特公司。到1907年秋天，亨利·福特已经控制了福特汽车公司大部分的股权，和第二大股东考森斯以及总经理一同负责公司的所有经营活动。索伦森（Sorensen, 1962: 85）写道，福特汽车公司成立初期，有三个站在福特身边的人对他及整个公司起到了至关重要的作用,他们分别是 C. 哈罗德·威尔斯(C. Harold Wills)、沃尔特·法兰德斯(Walter Flanders)以及詹姆斯·考森斯。事实上,索伦森还称1903年到1913年这段时间是福特汽车公司的"考森斯时代"(Sorensen,1962:146)。他写道:"如果不是像斗牛犬一样充满斗志与力量的考森斯掌管财政大权,并且不断和经销商及代理商磨嘴皮,福特公司很可能还没有发展壮大就已经分崩离析了。"(Sorensen,1962:85)

威尔斯一直都支持福特开发T型车,并且帮助福特将钢材引入汽车制造。法兰德斯则是将现代的生产方法引入福特公司的重要人物,他于1906年8月入职福特公司,监管公司及下属制造企业的生产。当初也正是下属制造企业的成立最终成为压垮麦克姆森,让他离开公司的最后一根稻草。根据洪塞尔的描述(Hounshell,1984:220),当时福特公司在皮克特大街上的主工厂一点都不像精密复杂的大工厂,更像是简陋的加工车间。尽管法兰德斯在福特公司的职业生涯只到1908年,他引入的一系列生产技术仍然为此后的移动流水线作业和其他技术革新奠定了基础,索伦森将这个卓越的机床销售者称作"孤傲的天才"。他为福特公司配备了一些可替换的部件、专用机床以及专用夹具固定装置,并将机床重新组合,极大地提升了生产效率。他还制定了销售计划,并按照计划有序地交付各部件,构建出一套精准高效的"适时"生产体系。这一体系在很久之后被日本汽车企业发扬光大。

在大规模生产的发展之路上,另一个关键的影响因素就是福特公司在高地公园建造的新加工厂。福特公司于1910年元旦迁入这个新厂。这个新加工厂由著名的工业建筑师阿尔弗雷德·卡恩（Alfred Kahn）设计，因其锯齿形的玻璃屋顶和表面可以大量透光的窗户而又被称为水晶宫。这个新工厂不仅能容纳日渐增长的T型车的需求，还引入了一系列在大规模生产中非常必要的新技术与新设备。新工厂配备了一条860英尺×7英尺的大型吊车轨道，将高地公园工厂内的建筑连接了起来，并配有专用的电气机车和相应的单轨轨道，以便利各车间之间的零件与原料运输。随着法兰德斯将复杂的机床引入生产，新工厂还设立了一个部门专门设计新型的专用机床，并制作原型，找机床生产商进行生产（参见Nevins，1954：456）。高地公园工厂引入的一系列专用机床令人眼花缭乱，其中包括可以同时在引擎外箱四周钻45个孔的设备。这些设备也帮助福特公司省下了大量的人力资源和开销。由于新设备带来的成本缩减幅度太过惊人，设备的更新换代非常迅速，往往很多机器可能只使用了一个月就被其他更新更高效的机器无情替代。

福特汽车公司不断实验以求生产出更好的零件，同时还不断舍弃旧的生产设备或者模式，替换成更高级的。在这一方面，福特公司与位于水牛城的约翰·R. 凯姆加工厂很具有代表性。这家工厂是汽车产业内最重要的冲压钢件加工厂，为福特汽车公司提供后轴和其他冲压钢件。福特的员工经常去这家加工厂下单取货，随着订单数量的增长，福特也相应加大了对这家工厂的投资。在查理·索伦森的推荐下，最终整个工厂都被福特收购下来。一年多以后，由于一些计件委托加工合同的价格问题,这家工厂爆发了一场工人罢工。福特公司警告这家工厂的工人立刻停止罢工,但是工人们并没有理会。仅仅三天之内,这家加工厂的全部压钢机和其他设备都被拆除并在高地公园重新组装,整个加工厂也就此退出了福特公司(Nevins,1954:460)。凯姆加工厂的部分高级技工被聘用到底特律的总公司,他们在那里又研发了更多新型的穿孔、压制、冲压设备,进一步提升了福特公司的生产效率(Hounshell,1984:234)。

福特公司对于移动流水生产线的另一个至关重要的技术革新是吊运式输送斗、传送带、重力滑动设备,以及滚道在材料零件运输上的应用。尽管这些新技术是在移动流水生产线应用之后才大规模投入运行的,但是它们最早可以追溯到移动流水生产线出现以前的1912年和1913初(Nevins,1954:469-471)。阿诺德和法洛特在他们的经典著作(Arnold and Faurote,1919:272-273)中注意到,这些设备大幅度节约了生产线占用的厂房空间,进而增加了工厂的容量。这些设备"还不可思议地降低了人力资源成本。截至1914年10月6日(此时移动流水线已经在福特公司广泛投运),这一系列将零件转移运输工作从地面搬到空中的设备已经成为整个福特公司最让人感到惊讶的存在"(Arnold and Faurotte,1919:273)。

福特公司这一系列技术革新的重中之重,同时也是"福特主义"的大规模生产体系的最后一步,就是流水生产线的建立。查理·索伦森称,流水线的实验早在1908年皮格特大街工厂的时代就开始进行了,但是一直到1913年才在高地公园工厂得到进一步研究。显示了在福特汽车公司的自然发展历程中,推动流水生产线发展的力量并不很明确,我们甚至不清楚最早使用流水生产线的是哪家工厂（Hounshell,1984：244-246）。

洪塞尔重新整合了资料,显示最早的流水生产线可能被用在了飞轮磁发电机装配。1913年4月1日,飞轮磁发电机装配部门的工人们已经不再待在工作台边整装飞轮发电机零件。相反,飞轮零件被搁在能够轻松滑动的钢管架上,工人们只需要按照指令把各自的零件装上去,或者进行一些简单的操作例如旋紧螺丝,就可以把飞轮推到下一个工人那里。工人们连续9个小时重复同样的步骤,渐渐他们发现如果有一条传送带可以把零件按照设定的速度运送的话,速度慢的工人也会因此加速工作,所有人就会以相同的速度工作。接下来的一年,流水生产线又经过了一系列实验与调整,而应用了移动流水线的飞轮磁发电机组装工作的耗时下降了75%。

正如洪塞尔（Hounshell,1984：248）所说,人们难以想象福特的产品工程师看到移动流水生产线带来的巨大可能性时是多么激动。毫无意外,移动流水线迅速成为福特公司高层最感兴趣的研究对象,其中不乏其他装配车间的总工。最终,这项技术也在引擎装配车间、变速箱装配车间,甚至底盘装配车间中得到应用。其中,底盘装配的移动流水线被索伦森称为"最壮观的景象",被阿诺德称为"震惊各阶层观众的奇景"（Hounshell,1984：249）。

考虑到底盘装配的复杂程度,福特公司进行了大量的实验,涉及了底盘装配流水线的长度、工人数量、工人需要完成的任务、机械化传动的速度、零件流动速度等多方面因素。经过 7 个月的实验，组装时间从原来的 12.5 小时缩减到 93 工分（man-minute）。这也激发了整个工厂对各装配流水线的进一步实验和细化，最终大幅度提高了产量。据内文斯（Nevins，1954：475）称："不久，一系列经过科学化精密定时的支流汇聚成了一条经过科学化精密定时的河流，整个工厂都充满了生机与活力。"流水生产线的基本原则是"将工作送到工人手边"，就像洪塞尔（Hounshell，1984：237）引用的那样，"像太阳升起一样严谨有序"，并且"真正实现了大规模生产"。

流水生产线是多人智慧的结晶，不过这其中似乎并没有包括亨利·福特。索伦森（Sorensen，1962：126）说，亨利·福特与移动流水生产线的开发、规划和实施都毫无关联。他将福特比作是大规模生产的赞助者，而不是大规模生产之父（Sorensen，1962：114）。确实，据相关人士称，亨利·福特在 1908 年到 1913 年间很少出现在工厂，一周也就出现一至两次，而且也只是四处走走（Barnard，1958：72）。

在这一段时间内，唯一一直监管着福特公司的是詹姆斯·考森斯，考森斯虽然没有参与机械技术创新，但是一直从财务角度全方位监管公司。他辅佐在亨利·福特身边，也就作为核心成员之一参与了建设高地公园工厂、收购凯姆工厂以及这一时期福特公司其他重要议案的决策。索伦森（Sorensen，1962：125）讲述了一件偶然发生的事件，从中可以看出考森斯无疑也为发展流水生产线做出了贡献。一次，考森斯罕见地造访了工厂，并发现了架空式输送机的散热器。他立刻询问工人为什么有人在他不知情的情况下花钱购进了这样的设备。索伦森给他出具了详细数据，证明使用了悬挂传送带之后，节省的人力资源成本远大于传送带的购进成本。考森斯立刻弄清楚了其中的利害关系，并且批准了这项采购。

索伦森接着解释说，这件小事反映的也正是他和考森斯之间最典型的交流模式。当考森斯确信某一笔开销可以带来长期的收益和产量提升的时候，他会毫不犹豫地批准这笔开销。据索伦森所称，考森斯也从不会对其他零件装配车间类似的提升效率的开支表示不满，相反，索伦森事后还获得了可观的加薪。想必因为高地公园工厂的超大产量，只要稍微降低单位产量的成本，从整体来看也能节约一大笔钱，价值远高于为了减少成本所投入的金钱。

这也解释了福特汽车公司为何在大幅降低T型车售价的同时还能赚取巨大的利润。施特尔策（Stelzer, 1928：96、109、126）从福特公司的财务账目以及财务年度内T型车产量中总结了一些数据，这些数据可以用来估计1909年至1916年每生产一辆T型车的平均成本。有些时候，会计成本取决于一些非常规因素，例如哪些是折旧费用、哪些是支出，各多少金额。不过福特汽车公司的账目所揭示的总体发展趋势是确凿无疑的。1909年的财务年度（截至9月30日）T型车的平均成本（从总收入中减去净利润，然后除以产量）为555美元，这一数值在下一年度上升到了639美元，然后直到1916年这一数字都在不断下降，到1916年降至最低的275美元，与表2-1中反映的这一阶段T型车价格的下降趋势是一致的。

随着生产技术发展带来的价格下调，福特汽车公司赚取了大量的利润（Stelzer，1928：128）。1908年财务年度（刚好截至第一批T型车交付之前），福特汽车公司的总利润刚超过100万美元。而到1916年财务年度，福特汽车公司的利润已经达到5,900万美元，也就是说它的净资产收益率与年初相比达到了惊人的100%。从1909年到1916年，福特公司的分红也达到了5,500万美元（Stelzer，1928：130页），并且将剩余的利润用于二次投资。1919年，考森斯和其他小股东将手中的股票全部出售给了亨利·福特，他们持有的股票比起原始价值已经增加了数千倍，而亨利·福特随后遭遇了一起诉讼，他必须支付更多分红。考森斯最初投入福特汽车公司的金额约为2,500美元（折合至2015年约合59,000美元），而他出售股票时，售价达到了2,900万美元（折合至2015年约合3.92亿美元）。考森斯后来还成为密歇根州的美国政府参议员。

福特公司经历的一系列发展最终受益人毫无疑问是汽车的消费者以及全社会。T型车引发的汽车大幅度降价使大部分人都可以买得起汽车，整个美国社会也因此改变。亨利·福特为福特汽车公司取得的成就而骄傲，他开放了工厂，供科技记者采访，撰写他的成功之道。流水生产线于是很快扩散到汽车产业内的其他大公司和工厂（Spencer，1916），尽管他们需要更多的时间全面理解福特方法。随后，这种方法还扩散到更多其他行业，例如吸尘器、收音机等（Hounshell，1984：261）。第二次世界大战爆发时，美国工业大规模生产技术很快转向军用物资生产，并且创造了远超交战国的军事物资生产力（Casey，2008：122）。

不是所有的创新发明都是美好的。流水线让工人的工作变得重复而枯燥，这也导致了劳动力的流动性更大。为了阻止这种人才流失，福特汽车公司在1914年实施了著名的5美元日薪制度，比原来福特公司工人最低薪水的两倍还多。为了得到更高的薪水，工人们服从了流水线纪律（Casey，2008：123-124），它所造成的后遗症使美国汽车产业至今仍挣扎在人才流失和提高薪资的恶性循环中。

T型汽车和大规模生产永久地改变了亨利·福特。他的名字牢牢地与他的公司绑在一起，并被冠上了大规模生产之父的美名和各种赞誉，也让他冲昏头脑。考森斯无法应付福特越来越盲目的自信，于是在1915年离开了福特公司。自此福特汽车公司走上了另一条道路。亨利·福特拒绝在T型车中加入最新开发的技术，最终导致他不得不于1927年5月宣布停止生产T型车，并在下半年关闭了大部分工厂，开始研发新的车型——A型车。虽然A型车取得了成功，但这仅仅减缓了福特汽车公司的衰退速度，最终福特公司还是将令人艳羡的汽车产业领头羊位置让给了通用汽车公司。

我们还会在后面的章节回顾这些技术发展。当然，这一切都不应该被遗忘，因为社会从"福特主义"的大规模生产系统的发展中获得了巨大的财富与收益。

故步自封的年月：美国无线电公司和彩色大战

美国无线电公司（RCA）是美国商业电视的先驱。然而，在黑白电视上投资了 5,000 万美元（折合至 2015 年超过 5 亿美元）之后，这笔投资遭到了广播行业内最主要竞争对手——哥伦比亚广播公司（CBS）的巨大挑战。最终，高科技经济拯救了美国无线电公司。

在哥伦比亚广播公司发起挑战之前，美国无线电公司一直是黑白电视制造行业的龙头，并且与电视机产业的其他公司都有利益关系。美国无线电公司的巨大规模使得它有强烈的欲望，去推进一个当时没有人敢想的创新——全彩电视机。与福特相似的是，美国无线电公司实现了一两个巨大的技术突破。它先是黑白电视产业的先驱，又在 10 年内制造出了很多人认为遥不可及且难以想象的彩色电视机。

美国无线电公司如此快速地取得技术突破很好地印证了一句格言：有志者事竟成。当时，这种"志"来源于美国无线电公司的规模，而"成"则来源于科技实验的力量。在此之前，整个行业都充斥着盲目的自信、阴谋以及贪欲，这几乎将整个电视机产业拖回过往时代。事实上，由于被迫接受倒退的标准，整个电视机行业一度处于故步自封的状态。下面要介绍的正是这一切是怎么产生的，而高科技经济又是如何使整个产业化险为夷。

最早在 20 世纪 20 年代取得一定成功的电视机系统，采用了带有小孔或者棱镜的旋转盘扫描图像并复制到电视机中。美国无线电公司的董事长大卫·沙诺夫（David Sarnoff）很早就意识到这样的机械系统永远无法大范围普及，因为旋转盘限制了扫描图像的清晰度。美国无线电公司在美国海军和联邦政府的命令以及通用电气、西屋电气和AT&T的支持下于1919年成立。公司于1932年独立,并且从通用电气和西屋电气手中继承了刚起步的电视机业务。事实上,沙诺夫从1928年就已经开始支持西屋电气的弗拉基米尔·兹沃里金(Vladimir Zworykin)研究全电子电视机系统了。全电子电视机超越了旋转盘在画质上的限制,独立后他立刻就加大投资以支持兹沃里金的工作。

兹沃里金设计的摄像头非常有新意。他使用了光学棱镜将光从图像引到由成百上千的小型光电池组成的马赛克盘上。光电池可以将光能转化为电能。接着,用电子束对马赛克盘进行逐行扫描,根据盘上各点存储的光能强度引发相应的电子流,这束电子流经放大后传输至电视机。放大后的电子束扫描涂有荧光粉的阴极射线管面板,而阴极射线管在遇到电子轰击后会发光,这样就在电视机上重建了图像。

美国无线电公司在1939年的纽约世界博览会公开了它的全电子系统,在此之前它已经在电视机研究和测试项目上花费了超过900万美元(折合至2015年约合1.51亿美元)。其他企业或个人[1]的投资没有能与之相提并论的。美国无线电公司的总投入几乎是行业内其他企业总和的四倍(MacLaurin, 1949: 200-220)。它向联邦通信委员会递交申请,希望在全国广播公司的网络上播送商业电视。

联邦通信委员会主席詹姆斯·弗莱(James Fly)曾经是田纳西河谷管理局的首席顾问,他曾经在当地私人垄断企业提起的诉讼中为田纳西河谷管理局辩护。因此,他并不会轻易受美国无线电公司摆布。联邦通信委员会批准从1940年开始可以进行"有限的"商业电视播送,沙诺夫立刻启动了大规模销售电视机的项目。弗莱的回应是撤销联邦通信委员会的授权,声称美国无线电公司违反了他的管理精神。接下来是漫长的拉锯战,连国会和罗斯福总统都被牵扯进了争论之中。为了解决这个问题,国家成立了一个工业委员会来制定播放标准。联邦通信委员会采纳了工业委员会的推荐方案,于1941年7月开始授权不受限制的商业电视播放。然而不久之后,美国介入第二次世界大战,战争期间电视机成为禁止生产的物品。当美国无线电公司在战争的硝烟散去后再度出手时,他们的电视机技术已经有了大幅度的提升,而电视机市场也蓄势待发。美国无线电公司将他们的电视机专利授权给业内各企业,收取销售额的2%作为专利税,并给授权商提供他们最早的电视机——630TS型的设计蓝图以及参观加工厂的机会。此时,詹姆斯·弗莱已经卸任,继任主席在美国无线电公司的利益问题上更倾向于平衡稳定的方针。然而美国无线电公司又迎来了一个新的问题,这个问题来自哥伦比亚广播公司。哥伦比亚广播公司是当时美国第二大广播网络公司,仅排在美国无线电公司的全国广播公司之后。哥伦比亚广播公司的总经理威廉·佩利（William Paley）是大卫·沙诺夫的忘年至交,也是美国无线电公司的一个强劲对手。佩利曾回忆（Paley, 1979: 213）说:"广播发展早期,他（沙诺夫）是老前辈,而我是初出茅庐的年轻人。我们是朋友,是至交好友,但同时也是激烈的竞争者。"

其实哥伦比亚广播公司并不想介入电视机产业。他们于1941年开始播放电视节目，并且所有的节目开头都有这样一段神秘的信息：

晚上好。我们希望你喜欢我们的节目。但是，哥伦比亚广播公司不会参与电视机生产，也不想将电视节目的播放视为购买电视机的一种诱因。由于一系列不可控的因素，我们并不确定我们的电视节目还会播放多久。（Lyons, 1966：275）

哥伦比亚广播公司并没有兴趣关注电视机产业的兴起。他们在广播播送上获利颇丰，还预测投身电视播放将经历七年的不景气，并会因此蒙受巨大的损失（Lyons, 1966：277）。他们直到1936年聘用了刚刚获得维也纳大学物理博士学位的匈牙利年轻人彼得·戈德马克（Peter Goldmark）作为首席电视机工程师，才开始进行电视机相关的研究。哥伦比亚广播公司允许戈德马克再聘用四名研究员，而这个毫无经验的研究小组此后慢慢发展，占据了哥伦比亚广播公司大楼的5～10层，成为了之后著名的5和10部门（Goldmark, 1973：47）。

戈德马克本人也很有雄心壮志，接下来我们将介绍他是如何卷入哥伦比亚广播公司和美国无线电公司之争的。1940年，他向商讨商业播放标准的工业委员会宣布，他研究发明了适用于彩色电视的新商业电视播放标准体系，而这种新体系可以淘汰黑白电视。他研究出的体系接近于以往机械化时代的一些早期机械彩色电视机。利用的原理是：任何颜色都可以由三原色——红、绿、蓝组合而成。

在戈德马克的系统中，画面被安装在电视摄像机内的转动盘上的红、绿、蓝三种颜色滤色器分离成了红、绿、蓝三个部分。通过在电视机中嵌入相似的滤色器，并且将两者同步旋转，可以合成出原来的画面。

然而转盘和黑白电视的旋转盘一样，限制了图像的清晰度。此外，每种颜色都是分开并逐一扫描传输的，不免要利用电磁光谱中的超高频段。而在当时，超高频段尚未完全开发（黑白电视用的是光谱的甚高频段）。然而，最终制约戈德马克系统的最大因素是它与联邦通讯委员会批准的传统黑白电视标准不兼容，除非在传统黑白电视机上额外配置一个昂贵的转换器，戈德马克系统的彩色信号无法被黑白电视机接收。同样地，只有撤掉安装的转换器，才能接收常规的黑白电视信号。

联邦通讯委员会于1941年批准商业电视播放，他们也注意到了哥伦比亚广播公司的彩色电视机项目，但是指出哥伦比亚广播公司的彩色电视机还需要更多的实地测试。"二战"结束后，戈德马克带着升级后的系统卷土重来，他在1946年请求联邦通信委员会批准他的电视机立刻实现商业化。大卫·沙诺夫在哥伦比亚广播公司的提案问题上出现了错误的判断。沙诺夫的传记作者肯尼斯·贝尔比（Kenneth Bilby）写道："这项技术飞跃将使多年来在黑白电视机上的研究工作彻底被淘汰，但是关于这项技术的意见却近于荒谬。"沙诺夫在与比尔·佩利（Bill Paley）交流的过程中将其称为"过时的东西"（Bilby, 1986：175）。

彩色改善了人眼能够觉察到的细节，而哥伦比亚广播公司设计的系统在可控的环境，即画面的尺寸和观看室的光线强度都受到限制的环境中运行地非常顺利。然而，在其他环境下，这个系统的性能仍然堪忧，它还无法与黑白电视兼容。沙诺夫及时向联邦通信委员会表态，说美国无线电公司只需要五年左右时间就可以制造出比哥伦比亚广播公司的系统更加先进的电子彩色电视机，并且还可以兼容黑白电视（Bannister，2001：176）。不过沙诺夫低估了美国无线电公司内部的抵触情绪，以及作为一家垄断企业对于花费大量时间在一个仅仅看上去高级了一点的系统这件事情上的抵触情绪。此外，由于黑白电视机销量还不是很大，兼容性的问题可能没有那么严重。

哥伦比亚广播公司开始在纽约麦迪逊大街总部面向特殊客户展示他们的彩色电视系统，受邀客户包括广告商和政商高层人士。戈德马克在他的自传中写道："我感觉我就像转行进入了表演行业，每天两点和四点开始表演。不得不说，我都有点喜欢上这种感觉了。我们分发问卷以收集人们的反馈，而得到的都是积极甚至狂热的回应。"（Goldmark，1973：88）哥伦比亚广播公司向联邦通信委员会提出申请，请求允许他们的产品投入市场。贝尔比（Bilby，1986：181）观察说："这给那些保守的企业敲响了警钟，也第一次让沙诺夫感到了担忧。他曾经对同僚说，哥伦比亚广播公司就像整个产业的魅魔，试图用一项过时的技术引诱公众。但是媒体和政界人士开始热情高涨地支持哥伦比亚广播公司，沙诺夫这才开始意识到自己不能再止步不前了。"

哥伦比亚广播公司非常确定他们的新项目会被公众接受，因此他们拒绝了一项在四座城市建设甚高频通信站的合同，这个决定后来使哥伦比亚广播公司损失了很多钱。联邦通信委员会以需要更多实地测试为由，拒绝了哥伦比亚广播公司的新系统申请。哥伦比亚广播公司怀疑其中存在不正当交易，而这种猜疑在六个月后联邦通信委员会主席被聘为全国广播公司的副主席时进一步加深了。除了兼容性，哥伦比亚广播公司系统的另一个弱点在于需要超高频传输。后来，戈德马克发现了将彩色信号压缩至甚高频段范围内的方法，虽然是以牺牲画质为代价（Brown, 1979：148）。1949年5月，哥伦比亚广播公司使用改进后的电视系统首次转播了一台外科手术，并在1949年夏天的美国医学协会会议上进行了让人印象深刻的展示。

联邦通信委员会的新任主席韦恩·科伊（Wayne Coy）更青睐哥伦比亚广播公司。据贝尔比（Bilby, 1986：183）记载："科伊第一次看到彩色电视机，是在哥伦比亚广播公司给华盛顿委员会展示彩色电视技术的时候，从那时起科伊就像自己是发明者一样地狂热支持这个彩色电视转动盘系统。科伊立刻摒弃老一派联邦管制机构首脑表面中立的立场，开始向整个委员会和其他有影响的议员游说哥伦比亚广播公司的彩色电视系统。"此时，沙诺夫已经确信，联邦通信委员会在1949年9月即将召开的听证会上将立刻批准他的竞争对手的彩色电视机项目。

此时，美国无线电公司的处境岌岌可危。如果哥伦比亚广播公司取得成功，那么消费者对于标准黑白电视机的需求就将降低。而美国无线电公司才刚刚开始收回他们在黑白电视上投资的 5,000 万美元。1947 年，黑白电视机的销售量为 179,000 台；1948 年增加到 970,000 台，并将最终在 1955 年达到最高的 7,738,000 台（Wooster, 1986：32，数据来源于 Electronic Market Data Book, 1969：8）。美国无线电公司初始的市场占有率约为 40%（Levy, 1981：98），同时依靠向其他竞争对手收取专利权税以及出售显像管和其他零部件获取了不少利润。如果能抵挡住哥伦比亚广播公司的冲击，美国无线电公司可以从行业产出中依靠黑白电视技术获得更多收入。同时，他们还能保住可能会因彩色电视带来的潜在收入而损失的那一部分利益。因此，就像福特汽车公司以及其他垄断企业一样，美国无线电公司比其他竞争对手更有研发彩色电视技术的动力。

然而，直到 1946 年，美国无线电公司才真正开始认真研发彩色电视。同年，他们在联邦通信委员会面前推出了全电子彩色电视系统的雏形。整个系统不断完善更新，并赶在 1949 年 10 月联邦通信委员会听证会开始前实现了兼容现有黑白电视机的功能。当然，美国无线电公司也知道进展并不顺利，因为他们缺少符合要求的彩色电视机。当时，他们的电视机为三种颜色分别配置了不同的显像管，并利用反光镜拼合成图像。公司的一名高级工程师将这款电视形容为"高度 6 英尺、深度 6 英尺、宽度 31 英寸，一侧还配备了 2 英尺的方块用于提供控制信号的'钢板怪兽'"（Brown, 1979：155）。

最终的画质也和电视机的外形一样笨拙。沙诺夫事后也承认，在10月联邦通信委员会的听证会上现场展示的效果"猴子是绿色的，香蕉是蓝的，现场观众捧腹大笑"。1949年10月12日的《综艺》杂志（Variety）在头条中写道："美国无线电公司产下了一颗变色的蛋。"当联邦通信委员会问及美国无线电公司的彩色电视机项目时，戈德马克表示他不认为后续的实地测试还能提升整个系统，建议美国无线电公司停止这样的无用功。

如果美国无线电公司想要阻止哥伦比亚广播公司的系统得到批准，他们就必须在联邦通信委员会延期至1950年春天的听证会结束之前，生产出一台可以运作的电视机。如果他们成功了，那么生产出可以兼容在美国已经有着广泛市场的黑白电视机，进而一举超越哥伦比亚广播公司的彩色电视机，就只是时间问题了。沙诺夫于1949年9月启动了紧急预案，要求不计任何代价在6个月内生产出能运作的电视机。公司内所有能够对这个项目有所作用的人都被调动了起来，一旦有了重大技术突破，公司就将发放上千美元的奖金。每天的日班工作时间也被延长到16小时，连周末也要上班（Bilby，1986：185）。

沙诺夫指定埃尔默·W.恩斯特罗姆（Elmer W. Engstrom）负责研究项目，任命他为"彩色部门总管"，后来他成了美国无线电公司的副总裁。恩斯特罗姆指派公司顶级研究工程师之一爱德华·W.赫罗尔德（Edward W. Herold）博士来指导项目研究。赫罗尔德后来这样形容项目开始的情况：

我清晰地记得埃尔默·恩斯特罗姆把我叫进他的办公室的那一天——那是1949年9月19日。他告诉我,现在整个美国无线电公司都靠我们了。我们得用实力在联邦通信委员会听证会之前证明彩色显像管是可行的。他不知道谁会想出可行的主意,但是这是一项我们不能逃避的任务。我们必须去努力尝试,而且时间不多。埃尔默说这可以算是一个紧急项目,问我能否团结整个公司的力量,在三个月内研发出可以运行的彩色显像管……我不知道他是否认为我拒绝这个项目是因为太不了解它的难度——毕竟,我并不是显像管方面的专家,我研究的内容根本与这个不沾边。而且事实上,我也感觉这根本是一个不可能的任务。(Dreher,1977:210-211)

摆在面前的问题是没人知道该怎么进行这个项目的研究。工程师们一共想出了19种设计彩色电视机的方案。在这项紧急项目中立下汗马功劳的哈罗德·劳(Harold Law)事后评论说:"我必须承认这并不是一个很鼓舞人心的活儿,似乎根本就没有可以付诸实践的点子。"(Harold Law,1976:753)19种方案很快被排除到了5种,其中最有希望的两种涉及一种叫荫罩的东西。成百上千组红、蓝、绿三色荧光物质被储存在显像管的面板上,而显像管前覆盖有荫罩,荫罩上有着与荧光物质数量相等的小孔,每一个小孔对应一组荧光物质。三个电子枪对应摄像镜头的红、绿、蓝三色信号发射出不同角度的电子束穿过荫罩上的小孔，最终合成图像。电子束被调整到适当的角度，使得各颜色的电子束只能击中对应颜色的荧光物质。

哈罗德·劳早在1946年就听说过这个方法，并且在接下来的几年内一直在断断续续地研究如何将荧光物质存储在显像管面板上。赫罗尔德对劳的评价是"技术过硬、坚忍不拔"，而他最终研发出了名为"激发光源"（lighthouse）的关键技术。劳利用光来模拟电子束，将摄影学技术和光刻技术结合起来，使荧光物质可以被定位在需要的位置。

这个方法非常奏效，劳在规定的三个月之内就制造出尺寸仅为几平方英寸且效果尚佳的彩色显像管。然而很快劳的成就就被"淹没在了其他人在此基础上用各种方法制造的能显示对角线为12寸的图像的显像管中"（Law，1976：756）。虽然还有很多挑战与困难亟待克服，但是正如赫罗尔德所说："在三个多月的时间里，一百多人夜以继日地工作，制造出了十几个能显示12英寸图像并且质量上乘的显像管。"（Herold，1974：142）整个项目将70个人一年的研究工作量压缩到了6个月，耗资达200万美元（折合至2015年约合2,000万美元）（Dreher，1977：212）。

这台彩色电视机和美国无线电公司的黑白电视机差不多大小，核心构件是两种荫罩式显像管，一种配备了三个电子枪，另一种只有一个电子枪。1950年3月底，美国无线电公司面向新闻媒体和授权商演示了这两种构件，4月6日又向联邦通信委员会做了演示。尽管这种电视机还有很多提升空间（Brown，1979：199），但是观众们已经眼花缭乱。赫罗尔德转述了1950年4月1日《电视文摘》(*TV Digest*)中的一段经典评论:"三色显像管具备了取得成功的必要条件。美国无线电公司在本周孤注一掷,进行了三色显像管的演示。他们也得到了想要的反响……不光是从联邦通信委员会……和新闻媒体,更包括50家特许经销商。"(Herold, 1974:142)评论还写道:"人们对(美国无线电公司生产的显像管)卓越的性能印象是如此深刻,不禁让人感觉……美国无线电公司在发布前的状态更像是刻意低调,以此来制造更强大的冲击力。"

联邦通信委员会安排了进一步的对比试验。美国无线电公司现在拥有了可以与市面上所有黑白电视机兼容的彩色电视机,他们生产出比哥伦比亚广播公司更好的彩色电视系统只是时间问题。不过,由于这一天还没有实实在在地到来,尽管美国无线电公司和业内其他公司苦苦恳求,联邦通信委员会还是不愿意继续等下去了。

1950年9月1日,联邦通信委员会发布了第一份报告。报告称所有成员一致认为,哥伦比亚广播公司的彩色电视系统已经至少是和1941年的黑白电视系统一样成熟了,因此他们决定,只要制造商保证未来基于哥伦比亚广播公司的彩色电视系统制造的电视机,其电路系统既能接收彩色电视信号又能兼容现有的黑白电视信号,就能采纳哥伦比亚广播公司的系统。然而电视机制造商们并没有给出这样的保证,于是联邦通信委员会于1950年10月10日发布了第二份报告,宣布采纳哥伦比亚广播公司的彩色电视系统,并于1950年11月20日开始批准彩色电视播放。由于将哥伦比亚广播公司的彩色电视系统设为美国国家彩色电视机的标准,联邦通信委员会将黑白电视机抛在了脑后。而新的彩色电视标准无法向下兼容当时的黑白电视体系,美国无线电公司于是在最高法院对联邦通信委员会的决议提出异议。遗憾的是他们最终败诉了。

1951年6月25日,哥伦比亚广播公司开始了每天下午的一小时彩色节目播放(Smith, 1970 : 17),这一天标志着整个电视机行业故步自封时代的开始——整个电视机行业受困于一种倒退的标准。几乎没有人能收到哥伦比亚广播公司的彩色电视节目,并且由于观众在彩色节目结束后不会立刻换回哥伦比亚广播公司的黑白节目,导致哥伦比亚广播公司下一个小时的节目流失了很多观众和赞助商(Brown, 1979 : 214)。

哥伦比亚广播公司只能自己努力加以改进,而沙诺夫认为这即使对于经验丰富的制造商来说也是一个巨大的挑战。哥伦比亚广播公司以1,800万美元的股份(折合至2015年约合1.62亿美元)收购了第四大显像管制造商哈艾琼无线电电子公司和它的全资子公司,以及最顶尖的15家电视生产商之一的空霸公司。根据空霸公司的首席工程师所述,这次收购并没能对哥伦比亚广播公司的电视机生产带来实质性帮助(Jacobson, 2001)。事实上,哥伦比亚广播公司一直没能生产出合格数量的电视机。他们最终彻底清算了哈艾琼的资产。沙诺夫后来在一次员工餐会上说:"他们(哥伦比亚广播公司)是被假的技术诱骗了。机械和电子设备就像油和水一样互不相容。我警告过比尔,但是他听不进去。"(Bilby, 1986 : 197)

多亏了政府在朝鲜战争时期强行下令禁止生产彩色电视机,哥伦比亚广播公司保住了一丝颜面。这项禁令也直接或间接地拯救了哥伦比亚广播公司的工程师们。彩色电视机行业的未来就交给了在W. R. G.贝克领导之下成立的工业委员会。贝克曾经领导黑白电视产业委员会,1941年该委员会推荐批准商业电视播送的议案得到了联邦通信委员会的采纳。在这段时间内,美国无线电公司一直在进行实验,不断提升他们的彩色电视系统。加上其他几家企业的巨大贡献,美国无线电公司的彩色电视机很快就超越了哥伦比亚广播公司。讽刺的是,哈艾琼也在做出贡献的企业之列。就连哥伦比亚广播公司也认识到了美国无线电公司的成功,并且为1953年7月工业委员会以美国无线电公司的彩色电视系统为基础的议案投出了赞成票。此时的联邦通信委员会已经更换了一名更加中立的主席,他否决了联邦通信委员会之前的决议,采纳了这一建议议案,并授权彩色电视于1954年1月22日开始正式播放。美国无线电公司在各大报纸上用一整页的广告宣传新的彩色电视标准,来宣告自己的胜利。这一行为激怒了它的竞争对手。

评估显示,到1953年年中,美国无线电公司已经花费了2,150万美元(折合至2015年超过1.88亿美元)在彩色电视相关的研发上。从黑白电视项目投资的回报角度来看,这项投资是完全值得的。在1949年到1955年的这段时间内,美国无线电公司在黑白电视专利权上的收入几乎可以收回他们在黑白电视上的投资了,而他们在销售黑白电视和向竞争对手们销售显像管和其他设备中获得的收入甚至更多（Biting，1963）。

然而彩色电视的情况完全不同。1954年彩色电视机刚投入市场的时候，没什么人购买。彩色电视的价格过于昂贵而且画质一般。美国无线电公司的竞争对手也对支付版权税颇有怨言，不久这些竞争对手选择离开彩色电视机行业，并嘲笑美国无线电公司。珍妮诗电子就是从不支付专利权税的典型，还曾经就美国无线电公司的专利政策问题诉诸法院。他们称美国无线电公司的彩色电视系统为"华而不实的装置"。通用电气的总裁拉尔夫·科迪纳（Ralph Cordiner）也说，如果你有一台彩色电视机，"你几乎需要在家里再配备一名工程师了"（Dreher，1977：214）。

这种情况下，美国无线电公司的巨大规模再一次成为推动它进一步创新的原动力。彩色电视机预计将会创造的巨大市场、预期的可观专利权收入以及出售零件的收入，激励着美国无线电公司不断提升他们的彩色电视系统，削减成本并降低售价。最终，黑白电视机的市场趋于饱和，而彩色电视机的市场开始快速发展。

美国无线电公司在开始收回成本之前，预计投资了1.3亿美元（折合至2015年为10亿多美元）在彩色电视项目上，包括全国广播公司彩色节目播放的损失和一些补贴销售。不过从各种评论来看，彩色电视机项目的收益也同样可观。仅仅20世纪60年代，美国彩色电视机的销售额就达到了86亿美元（折合至2015年为550亿~650亿美元），美国无线电公司的市场份额也达到了约40%。他们还通过销售彩色显像管和其他零部件获得了许多收益。

不过，美国无线电公司并没有实现全部的预期收入——来自对手企业的彩色电视专利版权税。司法部门一直密切关注着美国无线电公司。早在1930年，他们就发起过一次反垄断诉讼，这场诉讼导致美国无线电公司与通用电气和西屋电气拆分，而美国无线电公司也从此成为一家独立的公司。1954年，司法部门再度提起反垄断诉讼，1958年又提起了刑事诉讼。为了应付这些诉讼，美国无线电公司同意免费向业内竞争对手公开他们的彩色电视专利。这也标志着美国无线电公司和整个美国电视机行业衰退的开始。这部分故事将在第6章介绍。

英特尔和微处理器：前所未有的发明

1990年夏天，美国专利和商标局向吉尔伯特·海特（Gilbert Hyatt）颁发了专利号为4942516的单芯片微处理器专利。此时距离英特尔生产出第一个微处理器并投入市场已经过去了19年。19年间，无数微处理器被购买并用于各种人们能想象的设备之中。

为什么一项专利要在1990年颁发给一个已经发明了快20年并且拥有大量市场的设备，而且是颁给了一个无人知晓，甚至明显对这项设备的发展发挥不了什么作用的人呢？《Byte》杂志就这个问题于1991年1月发表了一篇文章，标题为"微处理器，微处理器，谁发明了微处理器？"海特获得的专利是因为他在1968年就取得的成果，这场旷日持久的专利之战也让他获得了巨额的专利收入。根据惯例，专利权税为销售额的3%，仅1989年一年，海特就可以收入

2.1 亿美元的专利使用费。

这场专利权之争最引人注意的一个方面是海特只是提出了单芯片中央处理器（CPU）的大致构想，受当时的技术水平限制，他并没有将其付诸实行或是证明它的实用性。事实上，单芯片计算机（芯片计算机）的概念一直以来都是热点话题，并且被认为是科技发展的必然趋势。参与英特尔公司第一块芯片——后来被称为"微处理器"——研究项目的斯坦利·马泽尔（Stanley Mazor）称，在集成电路时代刚刚开启的 1962 年，微型计算机的中央处理器由大约 16,000 个晶体管构成（Mazor, 2009）。此后，半导体技术的发展使得集成电路，或"芯片"上能够承载的晶体管数量每年都在倍增。按照这种速度发展，一块芯片上可以容纳的晶体管数量在 14 年后可以达到 2^{14}，也就是 16,384，足以将整个微型计算机中央处理器所需要的晶体管都装在一块芯片上。因此，微处理器的诞生只是时间问题——根据马泽尔的计算也就是 1976 年。仅仅提出微处理器的大致构想并不能促进微处理器的开发——毕竟空谈是很容易的。之后，海特的专利也因此被颠覆。

根据马泽尔的论证，英特尔生产出第一个微处理器的时间比他们宣布的 1971 年还要早 5 年。讽刺的是，英特尔其实一开始并没有打算开发微处理器，也没有将其视为值得申请专利的发明（Schaller, 2004:302 和 Berlin, 2005:183）。他们最早生产的两个微处理器（当时还不叫这个名字）出自两个客户的订单。这两个客户提供了一些核心的思想，引导了英特尔公司的研究方向。确实，如果英特尔没有摸索着完成这两件产品的话,他们将无法拥有其中任何一种专利。而且其中一名客户要求大幅度的价格折扣,另一名客户更是拒绝付款,使得英特尔没能按照计划,从这两份合同中得到一笔快钱。英特尔公司最后取得的"末等奖"就是拥有了这一系列工作的全部知识产权,这就是英特尔发明微处理器的历程。

虽然英特尔并不是最早想到微处理器点子的,但是他们处理客户订单的方法无疑十分天才。在那个时候,没有人知道应该怎样把中央处理器集成在一块芯片上并投入市场,包括海特也不知道。回顾过往,很多人可能会发现英特尔以前制造的一些类似设备更值得被称作微处理器。不过这些设备要么没有集成在一块芯片上,要么没有投入市场。从产生构想开始,英特尔就瞄准了半导体设备巨大的潜在市场,也认识到他们必须要达到较大的产量才能收回研发成本(Moore,1994:27)。抱着这样的想法,英特尔选择继续研究那两份订单,并最终研发出了微处理器。

当意识到巨大的潜在市场之后,英特尔不断加大在研发上的投资。其间,IBM公司研制出了著名的个人计算机,这对英特尔公司也是一次很好的机会。而英特尔公司也抓住了这次机会,并继续加大研发投资,直到他们的竞争对手被远远甩在身后。研发结果是被认为20世纪最重要的产品发明。和大规模生产以及全电子彩色电视机一样,微处理器也不是高瞻远瞩的宏观规划的成果,而是员工们自主调动积极性的结果。随着微处理器的面世,英特尔利用高科技经济逐渐垄断了微处理器制造业。英特尔公司因此收入颇丰,但是真正获得了最大利益的是整个社会。微处理器被应用于数不清的设备与行业，驱动了世界信息系统的发展。

微处理器的故事最早源于日本夏普公司的高级经理佐佐木正和一家生产计算器的公司贝斯卡（Busicom）(Aspray, 1997)。1968 年，罗伯特·诺伊斯（Robert Noyce）远赴日本访问佐佐木，为新成立的英特尔公司招揽生意。诺伊斯曾是第一家进驻硅谷的半导体公司——仙童半导体的联合创始人和前总经理，也是集成电路的联合发明人之一（与得州仪器公司的杰克·基尔比一起）。他在 1968 年出于对仙童研发部总管戈登·摩尔（Gordon Moore）不满而离开了仙童半导体，依靠自己在行业内的重要地位成立了英特尔公司。蒂姆·杰克逊（Tim Jackson）在他的高科技行业纪实《走进英特尔》(*Inside Intel*)中戏称英特尔商业计划中最重要的两个单词就是罗伯特·诺伊斯（Tim Jackson, 1997：18），可见诺伊斯受尊敬的程度。佐佐木也非常仰慕这位半导体行业的标杆人物。

佐佐木的一名员工提出了将计算器集成在一块芯片上的想法，他一直对这个想法很感兴趣。他曾经想把业务引导到英特尔公司那里，但是受阻于夏普与另一家美国半导体企业签订的独家代理协议。于是，他转而秘密地借给由他大学同门（日本的大学同门情结较重）领导的贝斯卡公司 4,000 万日元，用于开发集成计算器芯片，投资的附加条款是必须确保向英特尔公司采购芯片。

英特尔公司最早取得的成功是 1970 年研发的半导体存储器。这也是英特尔公司成立后研发出的第一个产品。虽然贝斯卡公司的业务并不以存储器为核心，但是英特尔仍然接下了这个项目，以缓解现金流压力。1969年6月，贝斯卡派3名工程师前往美国与英特尔签订了合同，合同内容包括生产一组12块芯片，用来驱动一款新的高性能可编程计算器。日方已经设计出了芯片系统80%～90%的逻辑原理图，他们希望英特尔公司能尽快完成制造（Aspray，1997：8-9）。他们计划留在加利福尼亚与英特尔公司一同完成项目的生产。小马辛·E.霍弗（泰德·霍弗）被任命为该项目英特尔公司的联络员。

霍弗是斯坦福大学的博士后，主要研究适应性系统(神经网络)。他被英特尔公司聘为应用研究部门经理。在这个项目中霍弗没有承担设计任务，因此他不觉得这个项目会占用他很多时间。不过后来霍弗回忆说："不久，我就发现我不由自主地投入了本不应该有我什么事的项目之中。正常情况下你可能不会这么做，不过（英特尔）是一家刚成立的公司，我们都希望它能够取得经济上的成功，因此我不希望我们的努力付之东流。"（Berlin，2005：185）

霍弗认为贝斯卡公司的设计过于复杂，而且实际应用起来过于昂贵，并没有足够的市场。霍弗类比了当时美国数字设备公司（DEC）生产的风行一时的PDF-8型迷你计算机之后，认为应当简化运行计算器的指令，将大部分的指令储存到存储芯片内，留下一个单独的处理芯片来运行计算器的所有功能指令（Aspray，1997：9和Berlin，2005：185）。这样一来，整个处理器不仅能实现计算器的功能，还可以通过改写程序来执行许多其他的功能。

日方团队的主要发言人是一名资历较浅的员工,名叫嶋正利,他对霍弗的建议并没有很大的兴趣(Aspray,1997:8-9)。他们认为这个想法存在很多问题,包括并没有弄懂计算器实际的工作原理。霍弗又找诺伊斯交流了他的想法,而诺伊斯也以他在实验室里惯用而标志性的苏格拉底式方式向霍弗提出了一个又一个问题。尽管英特尔已经腾不出技术人手去生产客户不需要的东西,霍弗也没有向诺伊斯提出申请,但是诺伊斯仍然让霍弗在闲暇时间根据自己的想法进行研究(Berlin,2005:185-186)。

在斯坦利·马泽尔的帮助下,霍弗在两周之内完成了三块芯片的结构图设计。其中两块芯片是存储芯片,另一块则是控制计算器的关键处理器(Berlin,2005:187)。与此同时,嶋也在英特尔公司不断改进和完善他自己的想法(Aspray,1997:10)。10月,贝斯卡的经理造访英特尔公司,仔细考量了霍弗和嶋的方案。让霍弗感到惊讶的是,贝斯卡选择了他的方案。嶋继续留下来与马泽尔一同改进他认为的霍弗设计中存在的不足,之后于12月返回日本。不久,英特尔迎来了第二个客户——计算机终端公司(CTC)。

计算机终端公司早已是英特尔的客户(Schaller,2004:324),并一直希望减少他们用在智能终端上的逻辑芯片数量。由于贝斯卡的项目剩余步骤是芯片版图设计和制造,而这都是霍弗不擅长的,因此他又被派到了计算机终端公司的项目(Aspray,1997:10)。计算机终端公司已经研究出了芯片的详细指令,只需要英特尔公司进行设计和制造。霍弗认为只需要一个处理器芯片就可能满足计算机终端公司的需求，这样不仅能节约项目成本，还能生产出具有更大潜在发展空间的芯片，这一情况与贝斯卡的方案相似（Faggin，1992）。很快，英特尔公司与计算机终端公司签订合同，共同推进霍弗的想法。

正当霍弗忙于计算机终端公司项目的时候，贝斯卡公司的芯片设计工作移交到了魏德生（Les Vadasz）手中。魏德生领导英特尔设计团队研发贝斯卡公司的硅金属氧化物（MOS）半导体项目，然而当时魏德生和他的团队已经将主要精力投入英特尔公司的主要产品内存芯片的研究，无暇分心于贝斯卡公司的项目（Aspray，1997：10）。当1970年4月嶋回到英特尔公司的时候，他发现这段时间项目几乎没有任何进展，不免大发雷霆。当时，英特尔公司刚刚从仙童半导体聘请了费德里科·法金（Federico Faggin）接手贝斯卡的项目，他也自然成为了嶋的出气筒，直到嶋意识到法金才接手工作一周（Aspray，1997：10）。

法金是硅栅工艺的专家，英特尔将这一技术用于金属氧化物半导体设备上。事后证明这也是英特尔公司取得全面成功的基础（Bassett，2002：181）。以往，金属氧化物晶体管使用金属（主要是铝）作为栅电极（控制流入晶体管的电流大小的"门"）。硅栅金属氧化物半导体是一项可以将更多晶体管封装在一块芯片上的技术创新。仙童半导体于1967年底开始研发这项技术，研发工作在法金于1968年2月从仙童的意大利子公司调任过来之后继续进行。法金此行计划在美国停留半年。摩尔和诺伊斯于1968年离开仙童，成立英特尔的时候，法金已经在硅栅工艺上取得了一定进展，剩下的挑战就是将它生产出来。

英特尔从仙童聘请了很多核心研究人员，从仙童中止的地方继续开始研究（Bassett，2002：177-180）。法金也在签证问题解决后来到了英特尔公司，他成为最适合贝斯卡公司项目的人。这不仅是因为霍弗和马泽尔留下的逻辑设计和构建还有很多工作要完成，更是因为将这一系列想法以硅材料实现还需要一系列电路设计创新（Faggin，1992 和 Bassett，2002：269）。法金接下了这项工作，并且每天不知疲倦地工作12~16小时，用9个月的时间就完成了贝斯卡的项目。嶋于1970年4月至11月留在英特尔公司，与法金和被派为法金助手的马泽尔一同工作。嶋开发了一套他认为在芯片设计上很重要的逻辑框图，他还协助完成了逻辑模拟和测试程序（Aspray，1997：11）。

1971年3月，全套芯片都被送往贝斯卡公司测试。此时，整个计算器产业的竞争已经空前白热化。市场售价大幅下降，相比之下一直没有交付的英特尔公司的合同价格就显得过于高昂了。法金和霍弗都向英特尔公司请求允许价格让步以确保芯片的专利权，否则知识产权就将划为贝斯卡所有。最终，双方达成协议，英特尔公司放弃了原合同10万美元收入中的6万美元，从贝斯卡公司手中交换了芯片的专利权（Jackson，1997：72）。之后，英特尔将芯片命名为4004型微处理器芯片，其中数字4代表芯片可以处理4位数据(位是二进制数位的简称，每一位的值只有0或者1两种）。4月，贝斯卡公司开始使用这套新的芯片生产计算器。

和4004及其配套芯片一样，计算机终端公司的订单也被一系列更重要、更紧迫的事情，尤其是内存芯片的研究打断。计算机终端公司的项目一度被认为要早于4004完成。然而，从通用仪器公司聘用过来主持这个项目的哈尔·菲尼（Hal Feeney）被派往一个新的存储项目的工作。法金虽然两个项目都有参与，但是他的大部分精力都在4004的研发上。霍弗和马泽尔短暂地接受了计算机终端公司的项目，之后菲尼在法金的指导下再度以内存芯片的主设计者身份回归（Schaller，2004：320）。他们共同将法金在研发4004芯片过程中学习到的经验教训应用到了新的芯片研发中（Faggin，1992）。

据计算机终端公司资料显示，1971年7月，英特尔终于完成了芯片交付。这块芯片之后被命名为8008（2×4004），以反映它可以依照计算机终端公司的终端处理8位数据。芯片性能良好，但是不如计算机终端公司正在使用的芯片。因此，计算机终端公司拒绝付款，他们声称这块芯片"迟到了一年而且还没有什么作用"（Schaller，2004：329）。然而，日本手表厂商精工株式会社对这块芯片很感兴趣，于是英特尔撤销了和计算机终端公司的交易（合同原价值10万美元），作为交换保留了芯片的专利权（Malone，1995：13）。

英特尔继续8008芯片的研发工作，并最终于1972年4月投入市场（Schaller，2004：329）。此时，英特尔已经手握两种潜力巨大、可以应用在许多方面的微处理器。然而具体应用在哪些方面呢？计算机显然是一个可以应用的地方，但是当时市面上一共也只有2万台左右的计算机。即使英特尔抓住10%的计算机市场，也并不能获取太多利润（Malone, 1995：15）。从某种程度上来说，英特尔需要自己构想出芯片的应用领域，再把芯片卖出去。

在将4004和8008投入市场之前，英特尔公司内部曾经讨论过开发这些新芯片的应用领域是否值得。诺伊斯是微处理器的坚定支持者。诺伊斯的传记作者莱斯利·柏林（Leslie Berlin）访问了很多人，他们都表示：

> 在这一系列不确定性之中，有一个事实却非常清晰——鲍勃·诺伊斯对于微处理器的发展和英特尔的成功至关重要。他不断鼓励微处理器的研发，向各种人介绍微处理器，并向公司内部和客户们不遗余力地宣传微处理器。他梦想着微处理器会成为未来必不可少的重要设备。（Berlin, 2005：183）

最后，董事会主席亚瑟·洛克（Arthur Rock）批准了下一步的研发项目。洛克负责掌管英特尔的财政（在此之前也掌管仙童的财政），也是硅谷萌芽时期风险投资行业的领军人物（Noyce and Hoff, 1981：13；Aspray, 1997：12）。

1971年夏天，霍弗和马泽尔被派往美国各地举行4004和8008的巡回技术研讨会。法金则被派往欧洲执行相同的任务（Faggin, 1992）。1971年11月15日，也就是首次公开募股（IPO）成功后的第一个月，英特尔公司为4004型芯片打出了一条大胆的广告：

"集成电路新时代：微型可编程计算机就靠这块芯片了！"广告播出后，有超过 5,000 人写信给广告上的落款地址，咨询进一步的信息（Berlin，2005：203）。

法金一路上听到了很多批评的声音，其中不乏有理有据的质疑，批评微处理器结构和性能（Faggin，1992）。1972 年初，他开始向管理层提议研发升级版的 8008 芯片，引入行业最新发展的技术（Bassett，2002：275-276）。直到那年夏天，英特尔公司评测了新型微处理器的市场之后，法金才得到允许开始研发。英特尔还聘请了嶋和法金一同进行研发工作，霍弗和马泽尔也加入了这个新的芯片项目（Malone，1995：18；Jackson，1997：109）。1974 年 4 月，新的芯片研发成功，并被命名为 8080。法金说："8080 真正打开了微处理器的市场。4004 和 8008 提出了微处理器的概念，8080 则真正将理念付诸实际。"（Faggin，1992）

8080 卓越的性能很快得到了工程师们的认同。仅面世一年，就被应用于百余件产品（Malone，1995：19）。微处理器开始被用于科学仪器、家用电器、汽车，以及其他一系列设备，这也证明了编写软件比设计和配置机械部件能够更加高效地移动电子（Bylinsky，1975）。随后，英特尔公司进一步投入大量精力，开发微处理器的市场：编写软件操作设备，开发硬件来模拟应用并调试程序，聘请应用专家和技术销售人员推销产品，并且不知疲倦地在全球范围内举办微处理器相关的学术研讨。

英特尔终于在新的市场中抢占了他们梦寐以求的领先地位。在戈登·摩尔看来，市场上的第一家公司总是能命中靶心——"他们面对的是一面空白的墙，只要找到弹孔，在周围画上靶子就可以了"（Berlin，2005：172）。在微处理器行业，随着20世纪70年代末微处理器开始用于个人计算机的生产，"靶心"的意义重大。

英特尔取得了领先，但是竞争者们很快也赶了上来，占有了相当的市场份额。英特尔公司最大的两个竞争对手是摩托罗拉和智路公司，摩托罗拉曾长期居于半导体产业领军位置，智路公司则是1974年法金不满英特尔的待遇后，离开英特尔和嶋成立的（Jackson，1997：115-120）。这两家公司都制造出了可以与8080竞争的8位微处理器。很快，所有企业都致力于进一步提升性能的下一代微处理器，把目光投向了16位微处理器。

个人计算机市场也受16位微处理器刺激才真正形成的。英特尔公司出师不利，花了相当长的时间研究16位处理器，最终还是没能成功（Malone，1995：153）。英特尔意识到他们面临的危机，于1978年推出了16位处理器8086，作为权宜之计。为了将消费者引导至16位处理器的市场，英特尔公司还推出了低价版的8086芯片，命名为8088，表面上使用8位数据进行传送，但是为了更快的速度内部采取16位数据进行传输（Jackson，1997：203）。

1979年，摩托罗拉生产出了他们的16位处理器——68000。市场上普遍认为68000比8086更加先进（Malone，1995：147）。为此，英特尔启动了一项著名的营销活动"征服运算"（Operation Crush），来宣传产品的其他优势，包括全套微处理器及互补产品的研发，卓越的客户服务和技术支持,以及英特尔未来的研发计划目录,让人们知道下一个阶段英特尔公司能提供哪些新产品。活动取得了空前的成功,英特尔的产品一个接一个地取得压倒性胜利,某种程度上也反映了消费者在使用摩托罗拉68000微处理器时遇到了一些问题(Jackson,1997:194-196)。与此同时,智路也研发出了一款16位微处理器,不过产品规模完全不足以与英特尔公司庞大的互补产品和售后服务体系相抗衡。很快智路就淡出了人们的视线(Malone,1995:161)。

"征服运算"也一举征服了IBM,他们被英特尔公司在8086微处理器生产线上的承诺及芯片技术上的巨额投资所打动,于1981年选择8088芯片来生产他们的个人计算机(Malone,1995:159-160)。后来的事就众所周知了:IBM的个人计算机市场迅速扩大。不久,其他个人计算机生产商都开始效仿IBM,使用英特尔微处理器作为内核。英特尔也不断加大他们在微处理器上的研发投资。仅仅在IBM选择8088芯片后的一年,英特尔就发行了四款全新的微处理器(Jackson,1997:221),就此一路所向披靡。英特尔公司承诺将销售收入的10%以上投入后续研发。这个数额即使以高科技行业的标准来衡量都是相当之高(Malone,1995:171)。后来,英特尔陆续开发了一系列名称为x86的微处理器,包括80186、80286、80386和80486,这一系列x86处理器都是8080型的后续衍生产品。英特尔的销售额随着个人计算机市场的发展而不断提升,其研发投入也随之增长,整个英特尔公司渐渐将业内其他公司远远地甩在了身后（Jackson，1997：335）。

自1987年起，英特尔公司就是微处理器以及相关设备的行业龙头（Integrated Circuit Engineering，1988）。它在个人计算机市场上的份额尤其大，早在1993年就已经达到85%（Malone，1995：231）。2000年的《IC洞察》（*IC Insights*）估计称，1999年英特尔公司占据了全部32位和64位微处理器（主要用于计算机）78%的销售额，占全部微处理器98%的销售额（以及装船出口数量的77%）。

英特尔主要的竞争对手是高端个人计算机市场的所谓RISC（精简指令集计算机）处理器，以及近几年涌现出的低端个人计算机市场上的一些价格较为低廉的微处理器。不过在强大的研发体系的支持下，英特尔开发出了面向不同群体的微处理器。英特尔公司面临的真正挑战来源于那些模仿者。在半导体产业，模仿者又被称为第二货源，这也反映了有时候消费者希望销售商为他们的产品提供一个第二货源，以防止他们认准一家企业而因此受骗的心态。IBM要求英特尔为8086提供第二货源，英特尔公司选择了另一家仙童公司的衍生企业——超微半导体公司（AMD）（Jackson，1997：207）。英特尔将他们的技术分享给了超微半导体公司，这也自然地导致了他们自己的微处理器降价。随后英特尔试图拖住超微半导体发展的脚步，于是引发了一场持续很多年的官司。

与福特和美国无线电公司一样，英特尔也是一家强力企业，到2000年，公司在全球各地聘用了超过8万名员工（Intel annual report

2000：17）。除了个别不景气的年度以及行业低迷时期，英特尔公司每年给股东带来的净资产收益率可以达到25%甚至更多（Intel annual report）。正如福特的原始投资人从他们持有的股票中获得了巨额财富一样，英特尔也造就了很多百万富翁。如果1968年向英特尔公司投资100股总价值2,350美元的股份，到1992年这100股的市值将达到438,554美元（Malone，1995：197），并且股价还在不断攀升。

然而，微处理器的真正受益者还是整个社会。除了吉尔伯特·海特试图申请微处理器的专利以外，英特尔的竞争者们在模仿的时候几乎不受阻碍。这间接降低了微处理器的售价，也确保了这项发明能够造福于消费者。麦克·马龙（Michael Malone）在他的大作《微处理器传》（The Microprocessor : A Biography）中认为微处理器的发展可以媲美曼哈顿计划：

> 个人智慧与团队协作完成了一项看上去不可能完成的任务，在本世纪（20世纪）最经典的例子就是曼哈顿计划。然而，微处理器行业的数百名科学家与工程师，以及对应的半导体设备行业的数千名工作人员，也完成了一个完全相当的成就，并且反复获得了多次成功（Malone，1952：252）。

也许最后一段话应该留给与泰德·霍弗一同被认为是微处理器之父的费德里科·法金，"微处理器是人类生产的最强大技术之一，它也属于全人类。因此，它是值得庆祝的人类进步，是人类智慧的伟大结晶"（Malone，1995：251）。

* * *

在上述案例中被提到的创新者都是行业的早期进入者——美国无线电公司和英特尔都是它们所在产业的先锋，而福特汽车公司也是最早一批进军汽车行业的企业之一。这与我关于产业衰退的理论一致，即预计新产业的领导厂商绝大多数都来源于最早一批进入行业的企业，并且它们都通过创新奠定了龙头地位。如果这样的理论有助于更好地理解产业衰退现象的话，那么这个结论对于所有衰退产业的主要厂商都具有普遍性，而不只适用于最顶尖的企业。下文我们将就这个结论在四个遭遇了严重衰退的行业中进行验证。这四个行业分别是汽车、轮胎、电视机和青霉素。

首先，我们需要挑出这四个行业的领导厂商。怎样才算得上一个产业的领导厂商呢？在我的理论中，主要厂商是那些规模不断壮大，并且比业内其他竞争对手存在时间更长的企业。这也意味着主要厂商的界定有两个标准：企业的持续运营时间必须达到一个最低的年限，同时在产业形成之后的某个时间段必须占有大量的市场份额。实际筛选时的具体要求是领导厂商能够在业内维持运营30年，并在产业形成10年后的某个阶段内是整个产业中的最大企业之一。在这四个经历了衰退的产业中，可以了解到各企业的运营时间，因此前一个标准可以执行；后一个标准需要各领导厂商的定期信息，相比之下这方面信息会更难获取，不过我也找到了一些方法在这四个产业中使用这一标准。

为了评估这几个产业的领导厂商是否大部分是早期进入的企业，我们将这几个产业的早期企业根据它们的进入时间大致分为几个数量相近的群组。汽车产业（725）和轮胎产业（603）的企业数目较多，电视机产业（177）和青霉素产业（59）企业数量较少。因此根据企业数量，将汽车产业和轮胎产业划分为四个群组，电视机产业划分为三个群组，青霉素产业划分为两个群组。表2-2展示了每个群组内能维持至少30年运营，且在产业形成10年之后能在某一时段成为业内规模最大的企业的比例。

分析结果有些惊人。除了第二批和第三批进入汽车产业的企业在比例顺序上不吻合，其他批次进入所在行业的企业，越晚进入的群组，成为领导厂商的比例越低。在这四个产业中，第一批进入的企业成为领导厂商的比例是之后各群组的两倍以上。此外，四个产业中最后一批进入的企业没有一家能成为领导厂商。

分析得出的趋势在垄断了各产业的企业中尤其明显。汽车产业中，福特、通用汽车和克莱斯勒是占统治地位的生产商。如前文提到的，福特成立于1903年，而通用汽车和克莱斯勒则起源于已有企业，是在它们成立之前就已经存在的企业的延续。通用汽车由一系列汽车公司和零部件公司重组合并而成，其中规模最大的是别克汽车公司，成立于1903年。因此，别克/通用汽车的成立时间也就是1903年。克莱斯勒于1925年经由重组马克斯韦尔汽车公司而成立，而马克斯韦尔汽车公司又是重组了马克斯韦尔-布里斯科汽车公司而成立的,马克斯韦尔-布里斯科汽车公司成立于1904年(第二批群组),因此,马克斯韦尔-布里斯科/马克斯韦尔/克莱斯勒的成立时间就是1904年。其他产业的主要厂商相比之下就简单多了。轮胎产业中占统治地位的是百路驰、固特异、美国橡胶、风驰通,这四家企业都在1906年以前成立,也就是第一批群组。电视机行业的三大主要厂商分别是美国无线电公司、珍妮诗电子和通用电气,均成立于1948年之前,即第一批群组。电视机行业的其他较强大生产商只有喜万年成立于1949年,即第二批群组。最后,青霉素产业的所有有地位的企业都成立于战时青霉素项目的同一时期,都属于第

表 2-2 按照进入产业的时间不同区分的群组成为领导厂商的比例

汽车			
1895—1903 3.7%	1904—1907 1.1%	1908—1912 1.6%	1913—1966 0.0%
轮胎			
1901—1913 7.6%	1915—1919 3.1%	1920—1922 1.5%	1923—1980 0.0%
电视机			
1946—1948 5.3%	1949—1950 2.0%	1951—1989 0.0%	
青霉素			
1944—1947 25.0%	1948—1989 0.0%		

一批群组。

在这四个经历了严重衰退的产业中,主要厂商是否如我的理论预测的那样也主导了整个产业的创新呢?要验证这一点,我们需要找到一种方法来衡量各企业对整个产业创新的贡献程度。检索专利就是一种方式,虽然有些费时费力但非常直观。美国专利与商标局(USPTO)记录了所有颁发过的专利。专利授予对象是发明者而不是企业,但是发明者通常会将专利转让给他们就职的企业,这也在专利商标局的数据库中有所记录。对每一种产品,专利商标局的记录都能整理出一份列表,列举产品的生产者所拥有的相关专利。各企业的专利总数可以衡量企业对于整个行业生产线创新方面的贡献。

众所周知,通过计算专利数量来衡量创新水平是一个很粗糙的方法,但是这种方法的优点在于客观。很多创新发明没有申请专利,一方面可能是因为这些发明本身不具备申请专利的资格(尤其是那些改进企业生产工艺的创新发明),另一方面可能是因为专利会暴露太多的技术,使得其他企业可以在不侵权的情况围绕这个专利做一些新的研发。专利的价值也千差万别。实际情况中,专利商标局将专利按照技术领域进行了划分,不过这种划分并不完全符合产品分类。这也给严格按照特定产品类别划分企业的专利造成了一定困难。毫无疑问,这一系列局限性对研究带来了较大的影响,但是研究结果显示专利数量呈现出的比例趋势非常明显。也就是说这样的专利统计可以实现我们的目标,用来衡量企业的创新水平。

表2-3展示了四种产业刚成立到产业衰退初期的30年间,各产业中获得专利数量前五名的企业的专利数目以及整个产业内所有企业的专利数目。[①] 标有星号的为行业中的领导厂商。尽管生产这四种产品的企业数量存在很大的差别,但是专利数目的比例趋势相当一致:专利最多的5家企业总计获得的专利数量在全部生产商获得的专利数量中所占的比例均介于70%~79%之间。获得专利最多的全部20家企业中,只有两家不是业内的领导厂商,这两家企业都是电视机行业的领先厂商,由于未能满足持续经营30年的标准而没有被划为领导厂商(其他电视机行业厂家中也只有两家符合主要厂商的

---

① 各企业的专利数量整理自各行业所有生产者获得专利列表。这份列表由下述来源整合而成。轮胎行业信息源于行业月刊《天然橡胶世界》(*India Rubber World*),该杂志每个月刊登前一个月颁发的轮胎橡胶相关的专利,以及专利的发明人及受让人。从1901年到1930年每个月所有在专利商标局分类号为152(橡胶轮胎与车轮)的专利都被记录了下来,并整理形成了各企业获得的专利数量的列表。汽车行业的信息来源于谷歌专利(Google Patents),其扫描了所有由专利商标局颁发的专利的第一页。专利信息可以通过受让企业和专利时间这两个指标进行搜索,最终整理形成各企业在1901年到1930年申请并获得的专利数量列表。部分企业在生产汽车前还生产了其他的产品(检索这一部分企业及他们之前生产产品的相关信息需要用到的信息源在下一章有具体介绍),和这些其他产品有关的专利在计数时被剔除。与汽车产业不同的是,电视机和青霉素产业的领导厂商所经营的业务均比较多样化,他们生产了很多其他领域的产品也获得了不少与电视机或青霉素无关的专利。为了保证统计这些企业的专利时将范围锁定在我们讨论的产业内,我们只计算符合分类标准的专利。对于电视机行业来说,只考虑在专利商标局分类号为348(电视机)的专利,得出各企业在1946年到1975年获得的专利数量;青霉素行业计入统计的专利分类号有:435(化学、分子生物学与微生物学)、514(药学、治疗成分)和514(有机化合物)。在各个大分类中,又进一步统计了与青霉素有关的子分类,具体为:435的子分类43、514的子分类190~199、540的子分类300~349。在上述范围内,统计出了各青霉素企业在1946年到1975年中获得的专利数量。

标准,它们取得的专利数目位列电视行业 6~10 位)。算上各行业专利数目的第 6~10 名的企业,前 10 名共计占据了整个行业专利数量的 83%~93%。业内剩下的大部分企业要么根本没有获得专利,要么就只获得了极少数的专利。

不难得出结论,要成为这四个行业的领导厂商,条件包括了

表 2-3　汽车、轮胎、电视机和青霉素行业获得专利数量前五位的企业专利数目表

汽车 1901—1930	轮胎 1901—1930	电视机 1946—1975	青霉素 1946—1975
通用汽车 * (783)	百路驰 * (457)	美国无线电公司 * (949)	惠氏 * (97)
帕卡德 * (743)	费思科 * (404)	通用电气 * (224)	布里斯托 * (95)
克莱斯勒 * (196)	固特异 * (384)	珍妮诗电子 (186)	辉瑞 * (52)
威利斯 – 欧弗兰 * (187)	风驰通 * (304)	摩托罗拉 (185)	礼来制药 * (49)
斯图贝克 * (115)	美国橡胶 * (214)	飞歌 (127)	施贵宝 * (42)
全部企业 (2903)	全部企业 (2264)	全部企业 (2116)	全部企业 (462)
五强占比:70%	五强占比:78%	五强占比:79%	五强占比:73%

* 业内领导厂商

成立及进入行业较早、不断发展壮大，以及在创新上大力投入。这也与我的推论相符。虽然这不能直接证明我的理论，事实上也没有什么可以直接证明理论的正确性，但是这个结论已经足以支持我提出的理论的核心思想。当然，这也并不意味着其他的理论对于理解产业衰退没有帮助。例如，在汽车行业中，规模经济一直是一个很显著的特点，也势必影响着整个产业之后的长时间衰退（Katz，1977）。不过通过案例分析和上述结果来看，技术创新显然是影响这四个产业发展的重要因素。

激光和半导体产业也属于创新产业，不过激光行业在兴起35年之后才开始滑坡，而半导体行业更是历经38年仍然没有衰退的迹象。如果产业衰退真的是由于技术创新带来的自我强化，那么为什么这两种产业是例外呢？

这是一个很有挑战性的问题。解释一种现象为什么没有发生，往往比解释这种现象本身要困难得多。这里，我研究出了一种新理论，尝试解释为什么这两种产业如此与众不同。激光产业确实最终也开始出现衰退现象，这也为探讨这个理论提供了契机。

用于整理激光产业和半导体产业信息的信息源也为研究这些产业的独特之处提供了一些线索。不同于其他产业那样只列出企业名单，这两个产业的信息源还分别列出了产品的不同变体的生产者的信息。例如，生产激光灯需要许多不同种类的原材料，如燃气、固态晶体、半导体和化学染料等。这些激光发射器利用不同的原理生成不同波长的光，各有不同的作用。因此，整个产业的市场倾向于区分不同的细分市场，各数据源也会根据不同类型的激光器分别整理数据，而后期市场上出现的激光器种类也越来越多。半导体行业的数据源也是类似的情况，分别包括了不同种类的晶体管和集成电路生产商的数据。

随着时间的推移，数据中的激光器和半导体种类越来越多，这也反映了产品的不同变体形成了各自的市场。如果在各个不同的细分市场中竞争所需要的条件与能力不同，那么这些不断产生的新的产品变体会不断给新进入企业更多机会，也使得整个行业的生产者的数量得以持续增长。

如果这就是激光行业前35年生产者数量持续增长的原因，那么后来这种细分市场也一定发生了一些改变，进而导致整个产业开始衰退。事实上，20世纪80年代末期，一项重要的技术革新从根本上改变了激光行业的市场细分格局。激光器原材料必须被激发到更高的能量等级才能发射激光。例如，固态晶体原理制作的激光器，必须受其他光源激发。通常这一类光源是闪光灯或者是摄影用的弧光灯，不过这一类光源会产生多种波长的光，而且这些波长的光并不能刺激固态晶体。这就大幅限制了固态晶体激光器的效率和市场。理论上，半导体激光器发射的光可以更有效地激发固态晶体激光器，但是直到20世纪80年代斯坦福大学才将这个理论变为事实。这种全固态二极管泵浦激光器（DPSS）的发明为后续固态激光器的进一步发展创新奠定了基础，也扩大了固态激光器的市场。

起初，斯坦福大学的发明给更多新企业进入固态激光器市场提供了机遇。不过很快，固态激光器市场迎来了这个细分市场内部的小衰退（Bhaskarabhatla and Klepper，2014）。图 2-8 的第一张图展示了各种类型固态激光器自 1985 年起每年的生产商数量和产量，我们从图中也可以看出这个衰退的趋势。从 1997 年开始，尽管整个固态激光器行业的产量（灰线）急速上升，固态激光器生产商的数量（黑线）却在逐步下降。对于这种现象的一个合理解释是固态激光器不断扩大的市场和越来越多的机会激励生产商们加大了创新研发投资，最终在固态激光器市场中引发了和汽车、轮胎、电视机和青霉素产业过程相似的行业衰退。

利用半导体激光激发固态激光器还给激光产业的细分市场造成了其他影响。一直以来，我们都可以用光学设备改变激光器产生的光的波长。不过在利用半导体激光器激发的固态激光器诞生以前，这种做法一直在经济方面缺乏可行性。通过调整激光的波长，固态激光器可以取代气体激光器和化学染料激光器，用于多种设备中。于是，被替代的激光器企业逐渐退出市场。这种趋势也在图 2-8 中有所反映。图 2-8 从第二张图开始，分别展示了化学染料激光器和主要类型的气体激光器从 1985 年起每年的生产商数量和产量。除了最下面一张图所示的二氧化碳（CO_2）激光器以外，其他几种激光器的生产商数量近几年来随着固态激光器不断蚕食市场而陆续减少。氦氖激光器的市场也受到了新型半导体激光器发展带来的负面影响。新型半导体激光器可以产生可见的红光，而这正是氦氖激光器以前的独有功能。上述现象加上固态激光器细分市场的衰退，一同导致

图 2-8 自上而下分别为固态激光器、化学染料激光器、氦氖激光器、离子激光器、其他气体激光器以及二氧化碳激光器每年的生产商的数量（黑线）和产量（灰线，单位：千）

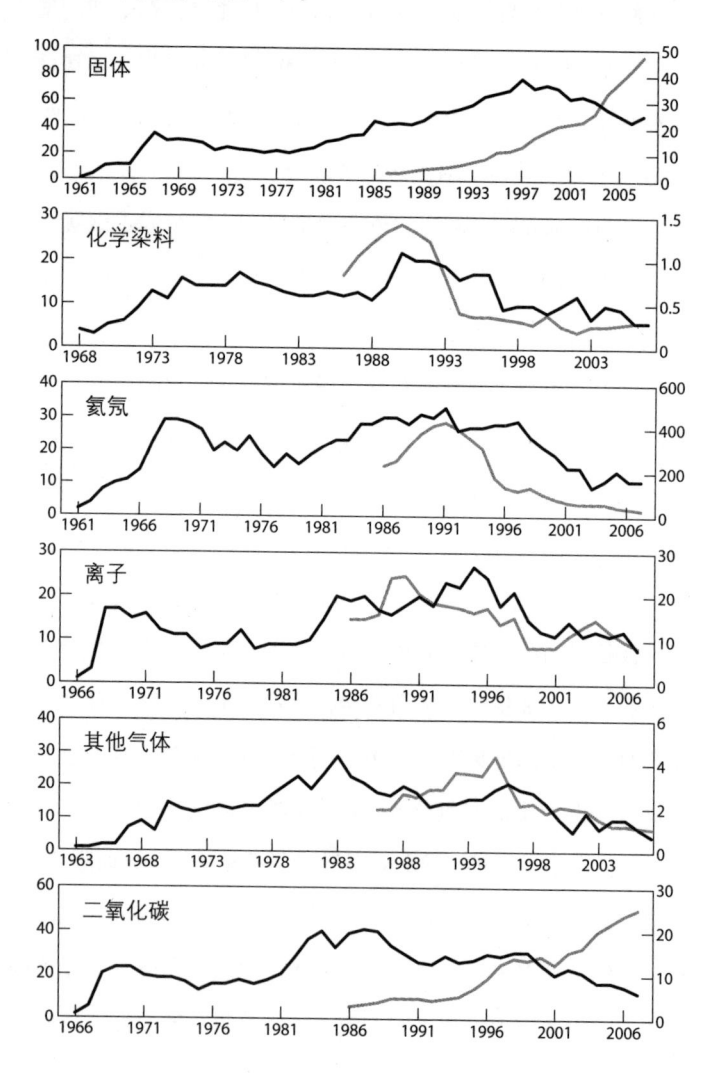

了整个激光行业的衰退。

这也给创新型产业的发展提供了许多经验。简而言之，市场细分是产业衰退的天敌。当产业被细分，不同细分市场的厂商可以共存。即便有些细分市场出现了衰退，只要整个行业能够继续保持创新，创造出更多的细分市场，那么这样一个创新型产业就可能避免产业衰退。不过一旦创新与发展导致不同细分市场的厂家开始竞争，整个产业将面临衰退。相反，如果一个产业从未被细分为多个市场，整个产业内的竞争从一开始就会非常激烈，并且很快就会引发产业衰退。

这种推论可以用来解释为什么汽车、轮胎、电视机和青霉素行业发生衰退的时间不同。电视机和青霉素产业在刚形成的时候就没有形成很多细分市场，因此它们很快就开始滑坡；汽车和轮胎产业虽然没有像激光和半导体产业那样划分得那么细，但是在一开始的时候确实也存在几个不同的细分市场。对于汽车行业而言，1908年T型车面世之前，针对城市和乡村消费者分别有不同的车型。而这两个大的次级市场融合之后，竞争变得越来越激烈，大企业依靠创新带来的企业规模上的优势逐渐占领市场，整个行业的企业数量于是从1909年开始减少。对于轮胎行业而言，20世纪最初十年间有两种不同的轮胎相互竞争。传统轮胎使用混合棉纤维的橡胶来制造轮胎胎体。由于棉纤维中的组织会摩擦生热，这种轮胎很可能会过早报废。另一种类型的轮胎是帘布轮胎，它没有上述风险，寿命更长，但是价格也更高。1923年，风驰通对帘布轮胎进行了技术创新，生产出一种名为低压轮胎的新型轮胎。低压轮胎寿命更长，舒适度也更高，很快占领了整个产业的市场。这也恰好是轮胎产业衰退的开始。低压轮胎创造了单一类型的大市场，这一点和T型汽车在汽车行业衰退中扮演的角色非常相似。

　　因此，产业衰退的产生需要存在一些条件。有时，这些条件在产业形成初期就已经成熟，还有些时候这些条件需要经过一段时间才会慢慢出现。厂商有动机去不断发展创新以获得更广阔的市场前景，因此创新程度最高的产业最终也将遭遇衰退，这一点并不令人惊讶。而这种产业衰退在什么时候产生，从根本上可能与整个产业在一开始被细分为多少个次级市场，以及这些细分市场的生存能力和随时间发展再产生新的细分市场的能力有关。

第 3 章

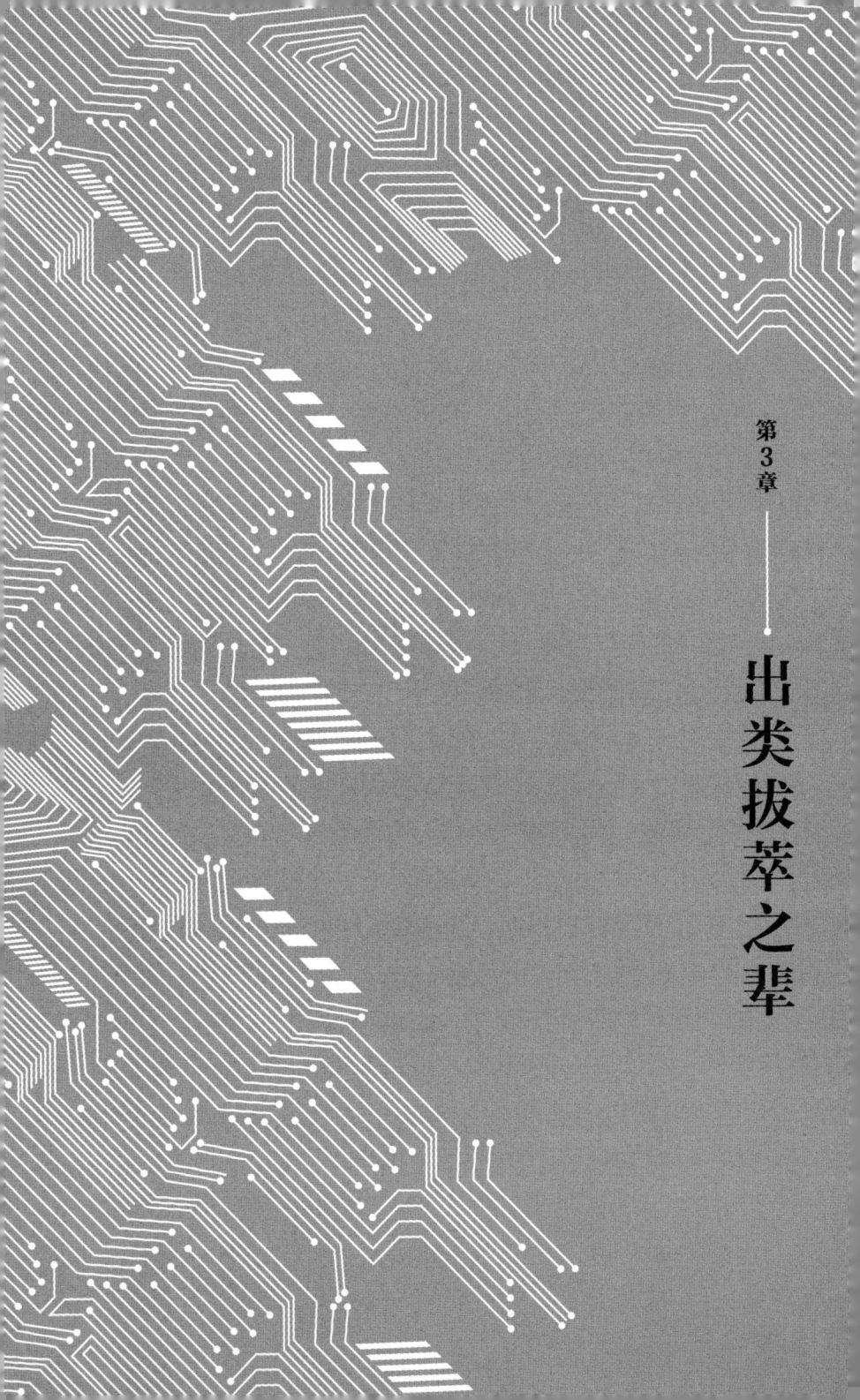

出类拔萃之辈

福特、英特尔、固特异、光谱物理、凯迪拉克、别克、风驰通，以及超微半导体都是本书分析的六种核心产业中的著名美国公司。它们也是纵贯20世纪美国不断涌现出的优质企业的典型例证。是什么因素让美国成为孕育新企业的温床？

没有持续涌现的优质企业，一个国家不可能长时间维持繁荣。因此，正确分析并理解促使成功新企业不断涌现的环境因素是非常重要的。对于很多经济学家来说，这种环境因素显而易见。由政府大力推动公众教育，投资科学研究，加强基础建设，剩下的交由市场调节；降低税收以鼓励投资新企业；减少管制以促进新企业的建立和发展；保持市场公平发展以避免现有企业蚕食新企业。在此基础上，由市场自主发展调节，就会不断有新企业成立，其中又必然有佼佼者生存下来成为行业龙头。

这种理论其实是创业版的"梦幻成真"理论。在电影《梦幻成真》(Field of Dreams) 中，由凯文·考斯特纳 (Kevin Costner) 扮演的主角听到神秘的声音说："你盖好了，他就会来。"于是在一片荒芜之地上建起了一座棒球场，而他的棒球偶像，绰号为"无鞋乔" (shoeless Joe) 的伟大棒球手乔·约翰逊 (Joe Jackson) 和他的七名前队友真的出现在了这座球场，挽救了大局，使主角的心愿变成了现实。以经济学术语来叙述的话，那就是如果你让市场自主发展，新企业就会不断成立。随着新的技术革新不断为后续创新缔造新的机遇，新企业就会抓住机遇。

针对当今美国最成功的企业进行的一项粗略调查显示，美国新企业的成立包含了许多不同的因素。而它们的成功背后并没有单一固定的模式，这也印证了"如果提供了足够的激励，新企业就会不断成立"这一理论。美国计算机界两大企业微软和苹果都是由几乎没有工作经验的大学辍学生成立的，而基因泰克和谷歌的成立者则都是名校精英——基因泰克的共同创办人之一是加州大学旧金山分校教授，而谷歌则是由两名斯坦福大学的研究生成立的。至于英特尔那样由行业中沉浮多年的专业人士联合成立的合伙企业则有着更综合的背景。让市场自主发展，新企业自然会不断起来。

然而，针对这六种产业的进一步调查揭示，更多在粗略调查中未发掘的因素也能影响成功企业的形成。"纳米经济学"的一个典型特征是对一种新产业的发展过程，包括行业内的领导厂商的发展历程进行重构，它通过追溯各企业的起源来分析领导厂商是如何发展起来的。这并不是一项容易的工作。有时候你可以幸运地找到一些人做了很多你需要的基础研究工作，但是大多数时候你需要自己在海量信息源中挖掘，有时甚至需要你从各种古老的数据中排除冗杂的信息。在这个过程中，还需要大量的主观判断和注解来整理这些纷杂的信息。

这一系列工作得出的结果并不支持"梦幻成真"的理论。这六种产业的新企业确实都有着多样化的背景，但是通常都只发生在产业形成初期。在那之后成功新企业的发展更像生物学上繁衍遗传的过程。不断反复之后，最成功的新企业往往都是业内现有企业的衍生公司——并且不只是随意一家现有企业的衍生公司，通常是现有龙头企业的衍生公司。这些企业中最优秀的员工跳槽之后成立了行业下一代龙头企业。不出意外，这些衍生企业在成立伊始会和原来的企业有很多相似之处，不过很快就会转向一个完全不同的方向。通常这些衍生企业会取代业内上一代的主要厂商，包括他们的母公司。

确实，从这六个产业的角度来看，衍生企业确实能将整个行业带到一个新的高度。如果一个国家并没有成立多少新企业，那相应产业的发展就会停滞。也就是说，新企业形成过程中潜在的生物学进化过程对经济的长期健康发展有着重要的作用。不过这种过程也不是我们通常认为的生物进化过程，它不引入交配的过程——衍生企业通常只有一家母公司。同时，母公司也并不希望扮演这样的角色。相反，它从心底会拒绝这样的衍生过程。

经济体的发展如此依赖无意识甚至于不情愿的母公司衍生形成的企业，这听上去很奇怪，但是这可以解释为什么很多经济体没能促成新企业稳定持续地成立，以致经济无法健康发展。即使美国政府也没能完全高效地利用衍生企业对经济的贡献。深入挖掘经济体创建新企业的潜能，需要透彻理解产业发展过程和领导厂商的起源。

本章将重点关注六个核心产业中出类拔萃的企业是如何形成的。

为了奠定研究基础，我们首先来关注两个极端案例：电视机产业和汽车产业。在这两个产业中我们比较容易重建其领导厂商的发展历程并追溯它们的起源。这种重建和追溯也诠释了新产业发展的典型历程——由相关产业的成功企业为先驱形成并发展。电视机产业就是一个典型案例。

如前一章所述，美国无线电公司是美国电视行业的先驱。美国无线电公司在1939年的纽约世界博览会上公布了他们的新型电子电视机系统，并计划开始出售相应的电视机。不过由于联邦通信委员会和第二次世界大战的原因，直到1946年整个电视机行业才正式形成。美国无线电公司总裁大卫·沙诺夫是电视机行业的鼎力支持者。多年来，他都不断劝诫无线电生产商跟随美国无线电公司的脚步进入全新的电视机行业。早在1936年7月7日，美国无线电公司的授权商们就被邀请参加了一场介绍电视机研发进展的说明会。这些授权商几乎覆盖了整个无线电电视行业。会上，沙诺夫称，新的电视机产业拥有"不可估量的潜力"，而与会的所有人都会在其中占有一席之地（Bilby，1986：126）。

电视机行业是由收音机行业天然扩展形成的，那么谁更适合从收音机制造商转型为电视机生产商呢？电视机产业形成伊始，《托马斯美国制造商名录》就列举了1945年到1948年记录在册的266家收音机制造商名录。美国无线电公司是其中最大的企业，约占15%的市场份额，紧随其后的企业是飞歌、珍妮诗电子、艾默生、加尔文（后更名为摩托罗拉）（MacLaurin, 1949：146）。这些主要厂商开拓了电池驱动的收音机市场，给无法供电的农场提供便携式收音机、车载收音机以及售价仅为 6.95 美元的小型收音机。排在这五家企业之后的是克罗尼亚公司的国内零售商西尔斯罗巴克公司。领导企业还包括了通用电气和西屋电气。这两家公司于 1932 年为了摆平一场针对美国无线电公司及其所有者的反垄断诉讼而签署了一份调解协议，承诺在两年半之后再重新进入无线电接收器市场。

1946 年到 1989 年间，总计 177 家美国公司进入了电视机产业，其中 1953 年的新企业数量最多。据《托马斯美国制造商名录》显示，有 56 家（占比 31.6%）在 1945 年到 1948 年间也涉足收音机行业。表 3-1 列出了一些美国电视机制造商的市场占有率数据，这些电视机制造商在 1951 年到 1953 年或一直到 1980 年的这段时间中，曾在某个时间点占有过至少 3% 的市场份额。表中还列有麦克劳林（MacLaurin, 1949：146）估测的 1940 年各厂家在收音机市场中的份额。数据显示，1951 年到 1953 年的十大制造商都曾经是收音机生产商（或者销售过其他收音机厂商的产品，例如西尔斯）。十大电视机制造商中的七家在 1940 年都在十大收音机制造商之列。考虑到这些企业可以将完善的收音机供销网络衔接至电视机市场，并且拥有丰富的生产营销经验，它们可以快速地在这个产业捷足先登也就毫不意外了。

真正出人意料的是这些企业早期的领先优势竟是永久性的。虽然它们的相对地位不断转换，但是表 3-1 显示这些收音机产业的领

表 3-1 美国主要电视机厂商定期市场份额

企业	1940年估测收音机市场份额（排名）	1951—1953年电视机市场份额	1959—1960年黑白电视机市场份额	1968年彩色电视机市场份额	1980年彩色电视机市场份额
美国无线电公司	14.4%(1)	14.7%	14.4%	30.0%	21.0%
飞歌	14.2%(2)	12.7%	9.4%	4.0%	1.2%
珍妮诗电子	8.9%(3)	6.2%	16.3%	20.0%	20.5%
艾默生	8.9%(4)	4.5%	4.6%	—	—
摩托罗拉	8.0%(5)	9.5%	7.9%	7.0%	5.0%(恒星)
通用电气	3.0%(9)	7.8%	7.5%	5.3%	7.5%
西尔斯*	5.5%(6)	3.6%	6.7%	6.0%	7.5%
米罗华	—	—	2.7%	9.0%	7.0%
艾德蒙		11.1%	9.5%	6.5%	0.5%
喜万年	—†	2.9%	3.1%	—	4.0%
西屋电气	—	2.0%	3.1%	—	

数据来源：1940年无线电市场份额估测数据参见麦克劳林的估算（MacLaurin, 1949：146），1951—1953年、1959—1960年黑白电视机市场份额数据参见达塔的估算（Datta, 1971：295），1968年、1980年彩色电视机市场份额数据参见列维的估算（Levy, 1981：84–85）。

* 西尔斯公司主要负责销售由收音机转型的生产商的电视机。

† 喜万年收购了克罗尼亚公司，后者在收音机行业内的市场份额位居第六，其产品由西尔斯销售。

导厂商在美国电视机产业的发展历程中一直维持着统治地位,甚至在美国遭受日本等外国企业的冲击时也是如此。1940年,美国无线电公司是领先的收音机制造商,此后也是黑白电视机和彩色电视机的先驱;珍妮诗电子是第三大无线电厂商,也是美国无线电公司最大的竞争对手;摩托罗拉是第五大无线电厂商,其电视机生产业务于1974年出售给日本厂商松下电器(日本松下的母公司),不过其产品(使用恒星商标)一直到1980年始终占据着一定的市场份额;通用电气作为第六大无线电制造商也紧随其后。尽管随着黑白电视机市场不断发展,收音机制造商艾德蒙、飞歌和艾默生开始不断衰退,但是这些冲进电视机行业的企业无不是从收音机起家的美国公司。尽管最终日本和其他亚洲厂商逐渐占领了整个美国市场,也并没有影响美国本土龙头企业的地位。

汽车产业和电视机产业的发展情况相似。汽车产业起源于欧洲,美国最早的商业化汽车制造商成立于1895年前后。在一份关于美国汽车产业的综合报告中,《汽车季刊》(*Automobile Quarterly*)的编辑将1896年到1970年间美国汽车行业的主要制造商的产量汇编成了图表(Bailey,1971)。表3-2展示了1900年到1925年间每五年时间主要汽车制造商及其相应的市场份额。1925年以后,整个产业的领导厂商名单基本保持不变。这些制造商根据进驻时间不同分为早期厂商和后期厂商。早期厂商均成立于1902年之前,并且在1900年或1905年产量居前;后期厂商的市场份额在1905年以及之后居于领先位置。

汽车厂商的背景可以从《美国汽车标准目录：1805—1942》(Standard Catalog of American Cars, 1805—1942)(Kimes，1996)这本1,612页的纲要中进行检索。①《标准目录》中汇编了各汽车厂商生产汽车的档案，也记录了各企业如何成立的相关信息。如果《标准目录》中记录的企业在生产汽车前还生产了其他产品，那么这家企业就被归类为"分散经营者"。新企业也可以被划分为两类。如果企业创始人之前在另一家汽车公司工作过，这个企业则会被划分为衍生公司，而创始人就职的上一个公司就是这家衍生公司的母公司。② 其他的新企业则划为其他类型的新公司。

整个行业早期的十大企业中，有五家是分散经营企业。1900年业内最大的制造商波普公司曾经是美国自行车行业最大的生产商；1905年的最大制造商奥兹汽车曾经是一家引擎生产商；怀特、帕卡德、H. H. 富兰克林分别是缝纫机、电气装备和铸件生产商。除了上述五家公司之外，托马斯·B. 杰弗里也是从自行车行业转投汽车行业的。公司以成立者杰弗里的名字命名，他曾是美国第二大自行车企业戈姆利与杰弗里的联合创始人，在他的搭档意外身亡之后退

---

① 本书还采用了史密斯(Smith，1968)记录的关于企业在生产汽车前是否生产过其他产品的信息。
② 对于那些并不是很清晰的案例，需要大量的主观规定或判断来进行处理。例如，以前生产汽车引擎的企业转型生产整车不会被认为是分散经营者；一家企业有不止一名创始人曾就职于其他汽车企业，该企业就被视为衍生企业；长远看，一家汽车企业的员工先后衍生出两家衍生公司，则该企业被视为这两家衍生企业共同的母公司。可以参见克莱珀(Klepper，2007)有关这一系列企业分类的细节描述及详情处理流程。

出了自行车行业；斯坦利、美国机车公司和凯迪拉克则是由在其他行业取得成功的人创立的。汽车行业早期主要厂商的多样化商业背景也反映了整个行业不是单一产品的简单扩展，而是囊括了自行车、引擎、马车以及其他许多产品在内的复合元素产业。

因此，与电视机产业类似，汽车产业早期的龙头也更多地来自其他相关产业。不过如表3-2所示，与电视机产业不同的是，这些早期的主要厂商很快就被一系列新企业取代。行业早期的十大企业只有凯迪拉克在此之后一直保持前列，而这还是得益于凯迪拉克于1909年并入通用汽车公司旗下。表3-2中列举了20家后进入的企业，它们从1905年开始占据着汽车行业主要市场份额，除了表中列举的之外，还有一家C. H. 梅斯于1914年也登上了主要厂商的榜单。这21家企业中的18家都是未经营过其他产品的新企业，14家是衍生企业，大多数都衍生自业内的龙头企业。从某种意义上说，这些曾经的龙头企业被一场场"动乱"，或者说"独立战争"所颠覆了。

衍生企业长期占据着汽车行业的龙头地位。在通用汽车之前长期占据汽车行业头把交椅的福特汽车公司就是一家衍生公司。福特汽车公司是亨利·福特被排挤出他创立的第二家公司——亨利·福特汽车公司（福特离开之后不久重组为凯迪拉克公司）之后创立的。通用汽车公司是由22家汽车和零部件制造商于1908年合并而成的，这些合并企业中最著名的当属1916年并入通用汽车的雪佛兰。雪佛兰是由通用汽车公司的创始人之一威廉·杜兰特因并购失败在1910年被迫离开后创立的。克莱斯勒则是由别克汽车公司的前总

表 3-2 1900—1925 年美国汽车行业主要厂商市场份额

早期企业	成立时间	起源背景	成立地点	1900	1905	1910	1915	1920	1925
波普	1895	分散经营	康涅狄格州，哈特福德	36					
斯坦利	1896/1901	初创公司	马萨诸塞州，沃特敦		2				
美国机车	1899	初创公司	康涅狄格州，布里奇波特	18					
诺克斯	1900	衍生企业	马萨诸塞州，斯普林菲尔德	0.3					
帕卡德	1900	分散经营	俄亥俄州，沃伦／密歇根州，底特律		2	2			1
H. H. 富兰克林	1901	分散经营	纽约州，锡拉丘兹		4				
怀特缝纫机	1901	分散经营	俄亥俄州，克利夫兰	0.02	4				

(续表)

企业	年份	类型	地点				
奥兹/通用汽车	1901	分散经营	密歇根州,底特律/兰辛	26		1	2	1
凯迪拉克/通用汽车	1902	初创公司	密歇根州,底特律	16	6	2	1	1
托马斯·B. 杰弗里	1902	初创公司	威斯康星州,基诺沙	16			2	3

后进入的企业

企业	年份	类型	地点				
斯图贝克	1902	分散经营	印第安纳州,南本德	8	5	3	4
联合汽车/巴克艾	1902	分散经营	印第安纳州,安德森	2			
福特	1903	衍生企业	密歇根州,底特律	7	18	56	22	44
别克/通用汽车	1903	初创公司	密歇根州,弗林特	3	17	5	6	5
标准轮胎/威利斯	1903	初创公司	印第安纳州,特雷霍特	9	10	6	6
马克斯韦尔·布里斯科/马克斯韦尔/克莱斯勒	1904	衍生企业	纽约州,塔里敦/密歇根州,底特律	3	6	5	2	4

（续表）

锐欧	1904	衍生企业	密歇根州，兰辛	4	4	2	
斯托达德	1904	分散经营	俄亥俄州，代顿	1			
底特律 E.R. 托马斯 / 查尔莫斯 / 克莱斯勒	1906	衍生企业	密歇根州，底特律		4	1	
布拉奇	1907	衍生企业	密歇根州，底特律		6		
奥克兰 / 通用汽车	1907	衍生企业	密歇根州，庞蒂亚克		2	1	2	1
赫普	1909	衍生企业	密歇根州，底特律		3	1	1	3
哈德逊	1909	衍生企业	密歇根州，底特律		3	1	2	7
佩奇-底特律	1909	衍生企业	密歇根州，底特律					1

(续表)

雪佛兰/通用汽车	1911	衍生企业	密歇根州，弗林特	1	6	12
撒克逊	1913	衍生企业	密歇根州，底特律	2		
钱德勒	1913	衍生企业	俄亥俄州，克利夫兰		2	
道奇兄弟/克莱斯勒	1914	衍生企业	密歇根州，底特律	5	7	5
多特	1915	初创公司	密歇根州，弗林特		1	
杜兰特	1921	衍生企业	纽约州，纽约		3	

资料来源：参见凯姆斯的著作（Kimes, 1996）。各企业的资料信息来源于《汽车季刊》，各企业在整个产业内的市场份额数据由联邦贸易委员会（Federal Trade Commission, 1939）计算得出。

裁沃尔特·克莱斯勒（Walter Chrysler）重组了两家同样是衍生公司的著名公司马克斯韦尔和查尔莫斯之后成立的，其地位在并购了另一家优质衍生公司道奇兄弟之后得到了巩固。

汽车产业内衍生公司的重要性带来了两个问题：这些衍生公司是从哪里起源的，又是为什么产生的？与电视产业进行对比后，第三个问题就此出现：为什么汽车产业的衍生公司取得了巨大的成功，而电视机产业的却没有呢？

这些问题不仅仅存在于汽车和电视机这两种产业中，也存在于半导体、激光、轮胎和青霉素产业中。青霉素产业在主要厂商的发展历程上与电视机产业相似，其他三种产业，尤其是激光和半导体产业，则更接近汽车产业。接下来的部分将着重介绍这些新企业从何而来，又是如何成为汽车、半导体、激光和轮胎产业的主要厂商的。在列出这几个行业的案例之后，我们将继续讨论为什么电视机和青霉素产业的衍生公司没有类似的机会，以及最重要的，在国家需要怎样通过不断涌现的新企业来保持活力方面，我们可以从中汲取哪些经验教训。

* * *

首先把注意力集中在汽车产业上，这些从 1905 年开始就占据着整个市场主导地位的衍生企业究竟从何而来呢？它们又有着怎样与众不同的特点呢？它们的起源与发展是否与大批从未跻身行业前列的企业有所不同？

第二个问题相对来说更好回答。在 1895 年至 1966 年间，汽车产业有共计 725 家企业，其中 120 家（占比 17%）为分散经营者，145 家（占比 20%）是衍生企业，另外 460 家（占比 64%）是初创公司（Klepper，2007）。尽管数量只占企业总数的 20%，但是衍生企业占据了后进入的领导厂商的 67%（21 家中有 14 家）。显然，衍生企业的实力更为出众。

第一个问题关于衍生公司的起源，我们可以利用统计学分析它们的衍生过程。首先考虑哪些企业更容易发生衍生的现象。我们发现最容易发生衍生现象的企业都是那些龙头企业。1924 年，产生衍生公司数量最多的五大母公司分别是奥兹汽车公司和别克/通用汽车（各 7 家衍生公司），以及凯迪拉克、福特、马克斯韦尔·布里斯科/马克斯韦尔（各 4 家衍生公司）。根据它们到 1924 年为止已经运营的年数进行标准化计算后（1924 年之后衍生企业数量较少，忽略不计），我们发现，领先的汽车公司每年产生的衍生公司数量为其他公司的大约 3.5 倍，具体比例为每年 0.087 家（总计 54 家衍生公司/624 个生产年[①]）比 0.026（总计 88 家衍生公司/3,443 个生产年）。

这些主要厂商衍生而成的企业也都有着优异的表现。评价衍生企业经营状况的一项指标是看这家企业是否曾经占据主要市场份额。在 54 家由占据过主要市场份额的领先厂商衍生出的公司中，

[①] 生产年 = 企业数量 × 维持生产的年份。——编者注

有 11 家（占比 20%）达到了这一要求。而其他公司衍生出的 88 家衍生公司中则只有 4 家（占比 5%）占据过主要市场份额。[1] 另一个衡量的指标是衍生企业寿命——很多企业无法维持五年以上的生产经营，而绝大多数企业的寿命无法突破 10 年。除去那些被其他汽车企业并购的衍生公司（无法得知如果它们不被并购可以存活多少年），领导厂商衍生出的企业有 58% 都持续生产了 5 年以上，有 20% 存活了 10 年以上。其他企业的衍生公司的这两项数据指标则分别只有 30% 和 13%。也就是说，无论从市场份额还是企业寿命的角度来说，龙头企业的衍生公司表现都更加优异。

为什么龙头企业会产生这么多成功的衍生企业呢？这些衍生企业的创始人是否像某些经济理论所说的那样，在母公司取得专利或找到其他方式保护知识产权之前带走了这些创新点子呢？衍生公司

---

[1] 有 11 家衍生公司及其母公司都占据过主要市场份额，包括（括号内代表母公司）：福特（凯迪拉克）、锐欧（奥兹汽车）、E.R. 托马斯 – 底特律（奥兹汽车）、布拉奇（凯迪拉克）、奥克兰（凯迪拉克）、哈德逊（奥兹汽车）、赫普（福特）、雪佛兰（别克 / 通用汽车）、道奇（福特）和杜兰特汽车（别克 / 通用汽车）。有 4 家衍生公司占据过主要市场份额，但是它们的母公司并未达到这一标准，包括（括号内代表母公司）：诺克斯（奥弗曼）、马克斯韦尔 – 布里斯科（北方汽车）、佩奇 – 底特律（信实）和钱德勒（洛奇尔）。在第一组的 11 家衍生公司中，福特的母公司凯迪拉克直到亨利·福特离开后，才达到了一定的市场份额和生产规模，而另一家衍生公司奥克兰则是在后来被通用汽车收购以后才达到了这一标准。另一方面，衍生公司和母公司均占据主要市场份额的衍生公司数量某种程度上来说在统计上非常保守，因为克莱斯勒和 E-M-F/ 斯图贝克都没有被列为衍生公司（也没有被列为新进入公司）。克莱斯勒在别克 / 通用汽车的杰出员工沃尔特·克莱斯勒创办的两家衍生公司的基础上重组成立，斯图贝克则是通过与福特汽车公司的优秀员工沃尔特·法兰德斯创建的 E-M-F 以及另外两家由业内老兵创建的企业——韦恩和北方汽车合作并购后才达到领先地位。

中的佼佼者又是否利用了母公司拒绝使用的方案获利呢？克林格里给出了一个普遍认同的观点：

> 每一个自创企业的核心都存在这样一种争论：在一个成功企业内总有一个小的"分裂组织"想要摒弃现有的生产线，将公司的未来押注在一些更加激进的技术上；相反，公司的老板，通常也是研发出现有技术的人，认为这种想法过于疯狂，拒绝了这些"分裂者"，并且最终只能祝他们在他们自己的新征程上一路顺风。（Cringley, 1993：37）

这仅仅是众多"衍生企业形成论"中的两种观点。诚然，促使衍生企业建立的从来不是单一的原因。不过通过挖掘成功衍生企业的历史，我们可以收集关于衍生公司形成的潜在因素，并形成深刻见解。汽车产业的三名先驱人物——兰索姆·奥兹、威廉·杜兰特和道奇兄弟无疑对许多主要衍生企业的形成过程起到了重要的影响作用。从他们的故事中，我们可以了解到是什么导致汽车行业内部发起了"独立战争"，从而产生了如此多优秀的衍生企业。

威廉·杜兰特：完美的商人

1861年12月8日，威廉·克拉伯·杜兰特（William Crapo Durant）出生于波士顿。他的母亲来自一个富庶的家庭，而他的父亲则有些任性不羁。① 他的外祖父在 54 岁的时候搬到了密歇根州的弗林特，并在那里积累了可观的财富，而且成为当地的行政长官。在他外祖父去世以后，他的母亲于 1872 年举家迁往弗林特，威廉·杜兰特也在那里开始了高中生活。在毕业前六个月，他辍学追随外祖父的脚步，开拓属于自己的第一桶金。

作为一名年轻人，杜兰特以他卓越的销售和组织能力出类拔萃。在一系列成功的生意之后，他偶然发现了一种带有全新悬挂系统的马车。在他的朋友达拉斯·多特（Dallas Dort）的协助下，他成立了杜兰特-多特马车公司进行马车研发。当他 42 岁的时候，杜兰特已经是百万富翁了。杜兰特-多特公司向下整合了一些零部件生产商，成为美国最大的马车制造商。杜兰特负责筹资和售卖公司的产品，而多特负责管理公司。

1904 年，弗林特马车公司的董事开始与杜兰特接触，商讨接管别克汽车公司所有权的事宜。别克需要额外的资金来开发基于全新的顶置气门引擎的汽车。这种顶置气门引擎的尺寸不大，但是功率超乎寻常得强劲。杜兰特花了将近两个月时间对别克的引擎进行了严苛的测试，在确信这是一流产品之后，他利用自己的人脉、名誉和强大的营销能力在弗林特和其他地方出售股份，将别克的总资本从 7.5 万美元扩大到 150 万美元。最终，他建成了整个行业在弗

---

① 本部分内容参考的资料包括古斯汀（Gustin, 1973）、佩尔福瑞（Pelfrey, 2006）、邓纳姆和古斯汀（Dunham and Gustin, 1992），以及凯姆斯和艾克曼（Kimes and Ackerman, 1986）。

林特最大的工厂，并且利用杜兰特－多特公司的马车经销商资源开发出了一整套批发及零售分销网络。到1908年，别克已经成为美国第二大汽车生产商，年产量超过8,000辆。

1908年，杜兰特以别克为中心，联合了包括别克、奥兹汽车、凯迪拉克和奥克兰在内的22家汽车及零部件生产商，成立了通用汽车公司。达拉斯·多特并没有参与通用汽车的经营，没有了他稳健的管理，通用汽车很快陷入麻烦。库存管控、生产监督以及资本意识的匮乏让杜兰特很快失去了对通用汽车的财政管控，财政大权落入了一些银行家手中。这些银行家通过关闭和合并一些通用附属公司，才使通用公司回到正轨。

在这次重组中受到惨重影响的是别克公司畅销的10型汽车。这款汽车是通用汽车为了应对福特T型车而生产出来的。据传闻，一些新的管理人员并不喜欢与低价汽车进行对比和竞争，他们更倾向于制造大型汽车（Gustin，1973：142-142；Dunham and Gustin，1992：85）。根据凯姆斯和艾克曼（Kimes and Ackerman，1986：13）所述，杜兰特认为"这些银行家们根本不懂汽车。他们也不会被他曾经在上世纪末本世纪初依靠生产低价马车而不是高价马车取得的成功而说服，更不会被亨利·福特生产T型车的理念说服。"

与亨利·福特不同的是，杜兰特并不憎恨这些银行家，不过他也确实认为"让新的管理班子按照适合他们的方式来经营更好，但是如果我重新获得了通用汽车的管理权，我会用我自己的方式来经营我的公司，而这也正是我想要努力实现的目标"（Kimes and Ackerman，1986：13）。于是，杜兰特于1911年重组了来自底特律和弗林特的雪佛兰汽车公司、梅森电机公司和利特汽车公司。这三家公司都由前别克公司的员工创办的。

梅森公司主要生产发动机。一开始，利特公司生产了一款小型汽车，但是不耐用；而雪佛兰生产的则是不经济实用的大型汽车。杜兰特将这三家公司的成果整合在一起，以雪佛兰的商标推出了数款新车，包括广受好评的低价车型雪佛兰490。1916年，雪佛兰售出62,522辆汽车，1917年销量猛增至125,004辆（Kimes and Ackerman，1986：20-21），一举成为汽车产业第四大厂商。

1916年，杜兰特通过将雪佛兰与通用汽车公司合并，实现了重新获得通用汽车控制权的雄心。接下来的四年里，通用汽车不断向各个方向拓展业务，后来这也被证明是导致杜兰特没落的原因。杜兰特仍然试图独自经营通用汽车，同时还极具侵略性地购入通用汽车公司的股票来支撑股价，而这一切对于任何人来说都是不能承受之重。通用汽车别克分部的总裁沃尔特·克莱斯勒描述道，杜兰特会将他从底特律召唤到杜兰特的驻地纽约，让他白白等上好几天，而杜兰特却在用桌子上排列的8台甚至更多的电话与"半个美国"通话（chrysler，1950：156）。最终，克莱斯勒带着失落和不满离开了通用汽车公司。1920年，第一次世界大战以后的经济繁荣发展的势头忽然间停止，整个国家陷入了迅速的衰退，而杜兰特也永久地失去了通用汽车公司的财务控制权。随后，通用汽车重新恢复，并启用雪佛兰，后者也成为整个产业销量最好的公司，取代了福特公司的行业龙头地位。

杜兰特1921年通过向他的朋友出售500万美元的股份，成立了杜兰特汽车公司，开始了他在汽车产业最后的努力。他的第一款产品是一辆四缸汽车，获得了广泛的好评。接下来，他推出一款低价车，并成功使杜兰特公司于1923年成为业内第五大厂商。然而，杜兰特希望销售全系列的汽车，这也导致他不明智地购买了美国机车公司，这家主营昂贵机车的公司已经开始走下坡路。杜兰特汽车公司在20世纪20年代后期仍然维持住了行业领先的地位，但是逐渐开始出现亏损，最终在经济大萧条期间遭遇重创，于1932年停产。

此后，杜兰特一直不屈不挠地在商界打拼，最终于1947年在纽约去世，享年85岁，身无分文。在他的传记中，他被描述为"是一个个性极端复杂和矛盾的人，他利用惊人的天分将各种组织机构合并在一起，是有着柔和声音的天才推销员。他创造财富，却不在意金钱，最终身无分文地离开了人世。"（Gustin，1973：15）

兰索姆·奥兹、弯挡板小型敞篷车和奥兹汽车的资源流失

兰索姆·伊莱·奥兹也是汽车产业的一名先驱人物，他生产出了整个产业的第一款弯挡板小型敞篷车。[①] 与杜兰特一样，他也被迫离开了自己成立的奥兹汽车制造厂，重整旗鼓创办了另一家汽车

---

① 本部分内容主要参考梅的著作（May，1977）。

公司——锐欧，并且取得了巨大的成功。不过与杜兰特不同的是，奥兹最后退出了锐欧的经营管理，安享自己的劳动果实。

1864年6月3日，奥兹出生于俄亥俄州的日内瓦，是家里五个孩子中最小的一个。1880年，他的父亲举家搬迁到密歇根州的兰辛，在那里开了一家机械修理厂，名为P. F. 奥兹父子店。当时店名里的"子"是指华莱士，不过很快兰索姆就取代了他哥哥开始进入家族生意。后来，他买下了他父亲手中的股份，整个企业也在他的领导之下不断繁荣发展，生产出了一系列蒸汽发动机和销量巨大的汽油发动机。奥兹不仅负责商业活动的经营和管理，还亲自参与产品的研发，他一生获得了34项专利（May, 1977 : 32）。

在一系列有关电动汽车的摸索尝试后，奥兹于1896年研发出了第一款由汽油驱动的汽车。为了给不断发展壮大的发动机生意和后续的汽车研究提供资金，他于1899年将公司重组，成立了奥兹汽车制造厂。为此，奥兹将大部分股份的控制权让给了大股东萨缪尔·史密斯（Samuel Smith）。史密斯通过铜矿事业发家，他把他的儿子弗雷德也带进了奥兹汽车制造厂辅助管理，而这一点被证明是导致奥兹逐渐没落的关键因素。

公司从兰辛搬到了史密斯所在的底特律。1899年和1900年，奥兹对不同类型的汽车进行了大量的实验，最终于1901年研发出了弯挡板小型敞篷车。这是一种由单缸引擎驱动的两座小车，售价650美元。尽管当时有其他企业生产出了类似价格、类似型号的汽车，但是凭借着1901年初的一场精明的营销活动，奥兹的这款车还是收获了大量的订单。即便后来一场大火烧毁了底特律的厂房，整个公司被迫搬回兰辛，奥兹汽车制造厂还是在 1901 年售出了 425 辆小型汽车。到 1903 年，这款车已经成为业内最畅销的车型，销量达到了 4,000 辆，一年后销量更是攀升到了 5,000 辆（Bailey，1971 年：139）。

正如那个年代的大多数汽车一样，这款小型车很大程度上也是组装车。这款车的生产规模空前庞大，需要复杂的零件分包和装配系统。这种新奇的模式后来成为福特开创的大规模生产系统的先驱，但是在当时，奥兹很快和弗雷德·史密斯在生产方式上产生了争执。史密斯希望可以减少汽车的性能缺陷，因此于 1903 年 4 月底制定了他自己的工程运行管理规程，而此时的奥兹还没有能够研发出他需要的改进版引擎。两人之间的不和随之爆发，最终在 1904 年初，奥兹的总经理和副总裁职位被史密斯取代。同年，奥兹出售了手中的股份，永久地离开了公司。

没有人想停留在过去的时光中。很快，奥兹又参与了一家新的汽车公司。这家公司原本以他名字的首字母缩写命名，叫"R. E. Olds"公司，由于受到了来自弗雷德·史密斯和奥兹汽车制造厂的其他股东的抗议，认为这个名字侵犯了奥兹汽车制造厂的权益，奥兹将公司名称进一步取首字母，缩写为锐欧（REO）。很久以后，锐欧公司的名字因为著名摇滚乐队 REO 快速马车（Reo Speedwagon）而被永远铭记，这个乐队的名字正是来源于锐欧在 1911 年推出的卡车商标名。

奥兹在奥兹汽车制造厂时一直拒绝史密斯提出的生产大型汽车的要求（May，1977：212），因此锐欧推出的第一款车多少让人感觉有些意外——一款两缸、16马力、足以容纳5人，售价在1,250美元的旅行车。这辆车是由奥兹和他的首席工程师贺拉斯·托马斯（Horace Thomas）共同设计的，贺拉斯·托马斯是奥兹从奥兹汽车制造厂招募来的几名顶尖工程师之一。锐欧很快取得了成功，销量于1908年达到4,000辆，占据了汽车产业第四名的位置。一直到1923年奥兹长期退出锐欧的经营管理，安享自己的财富之前，锐欧都没有用低价车去和T型车竞争市场，但是都保持住了自己在业内的市场份额排名。

随着奥兹的离开，奥兹汽车制造厂开始大型车辆的研发工作。他们在1905年寻觅到了机会——一款由公司首席工程师霍华德·科芬（Howard Coffin）研发的介于弯挡板小型敞篷车和史密斯钟爱的大型车之间的四缸汽车。这款汽车的生产计划被送到了采购代理人弗雷德里克·贝茨纳（Frederick Bezner）手中，他已经开始商谈零件的采购合同。然而就在最后一刻，史密斯中止了这个生产计划。不久，科芬和奥兹汽车制造厂的首席销售罗伊·查宾（Roy Chapin）一同离开了奥兹汽车，和另外两名跳槽的员工一同成立了一家新公司——E. R. 托马斯-底特律来生产这一款汽车。这个新成立的公司很快取得了成功，到1907年中它已经卖出了500辆汽车，升至汽车行业市场份额第八位。[1]

---

[1] E. R. 托马斯-底特律公司的相关内容参见雷纳的描述（Renner，1973：20-25）。

在史密斯的领导下，奥兹汽车制造厂依靠弯挡板小型敞篷车又维持了两年的辉煌，但是很快就迷失在市场规模有限的大型豪华汽车的生产之中。1908年，威廉·杜兰特将它从水深火热中解救了出来。杜兰特斥资300万美元收购了它，成立通用汽车。弗雷德·史密斯之后就一直销声匿迹，直到1928年撰写了回忆录《我与汽车的1/4个世纪》（Motoring Down a Quarter of a Century）后才重新回到人们的视线中。尽管他记录了他在奥兹汽车制造厂的几乎全部经历，但是唯独没有提到兰索姆·伊莱·奥兹的名字（May，1977：239）。然而，奥兹的名字还是随着通用汽车生产的"奥兹莫比尔"汽车又流传了一个多世纪。这也反映了奥兹对于美国汽车产业的重要影响，以及在下一章会提到的，对于美国汽车产业的中心底特律的影响。

道奇兄弟

约翰·弗朗西斯·道奇（John Francis Dodge）和贺拉斯·埃尔金·道奇(Horace Elgin Dodge)，道奇兄弟二人也是汽车产业早期的先驱人物。他们为奥兹汽车制造厂提供引擎和传动设备，并且也在福特汽车公司的成功中起到了重要的作用。然而，和杜兰特以及奥兹一样，他们最终也被迫离开了那些受他们帮助而取得成功的公司，转而开始创办自己的衍生公司，并最终成为产业内第二大生产商。遗憾的是，两兄弟都没能获得太多享受生活的机会。他们在事业取得巨大成功之后的六年内相继离世。

约翰·道奇出生于1864年10月25日，他的弟弟贺拉斯比他小三岁半，出生于1868年5月17日。两兄弟都出生在密歇根州的奈尔斯，从小他们就形影不离，跟着父亲的脚步在各种工厂内当机械工人。这种状态在他们全家于1886年搬到底特律之后依然维持着。1897年，贺拉斯获得了改良型滚珠轴承的专利，利用这一机会兄弟二人成立了一家自行车公司，又在1900年出售了这家自行车公司，用获得的收益在底特律建立了自己的机械厂。他们的信条是"将所有东西尽可能做到最好，如果有更好的方法，就按照更好的方法去生产，同时保持价格公道"（Kollins, 2002a : 169 of volume 1）。他们也一直践行着这一信条。很快，他们就开始为奥兹汽车制造厂大量提供引擎和传动设备，并向其他汽车厂商供应零件。

道奇兄弟与亨利·福特及福特汽车公司最早签订的合同存在很多不同版本的说法。根据麦克弗森（McPherson, 1992 : 4）所述，福特对他们的能力印象深刻，愿意以福特汽车公司10%的股权招揽他们为福特公司生产引擎。而福特把整个公司的未来押在他们身上也让他们大受触动。麦克弗森称，贺拉斯重新设计了福特的汽车后轮轴以及其他部件，还大幅改进了发动机。他们和福特最早的合同约定由他们供应650套引擎、传动设备和车轴，每套价格250美元，这也需要道奇兄弟投入一大笔额外的资金。根据海德（Hyde, 2005 : 34）所述，福特未能及时支付相应的货款，兄弟俩同意福特以10%的股权作为报酬，将欠款一笔勾销。

随着福特公司日益兴隆，道奇兄弟也获得了不少利润。他们是福特公司的主要供应商，而福特是他们唯一的客户，这也使得他们实际上相当于是福特的员工。当1910年福特公司在高地公园的工厂建成之后，道奇兄弟也开设了一家新的工厂，确保整体生产能力可以满足日益增长的T型车的需求。然而，福特慢慢开始自己生产零件设备，这就将道奇兄弟置于一种危险的处境。约翰·道奇将这种状态比作"自己的公司像是被装在亨利·福特的马甲口袋里随身携带"（kimes，1996：459）。1912年，道奇兄弟提议由福特收购他们的公司，而亨利·福特在一年之内都没有采取任何行动。于是，他们决定自己进驻汽车产业。

他们凭借手上的福特公司股份获得了上百万的分红，作为进驻汽车产业的启动资金。1914年，道奇兄弟推出了第一款汽车。这款汽车采用的方法无论是从生产车间还是从制造装置来说都与福特的T型车如出一辙（Hyde，2005：107）。尽管如此，这两款车却并不是直接的竞争者。道奇车售价为785美元，而T型车的高端导航版售价也只有490美元。道奇车比T型车马力更足，而且也提升了包括行星齿轮变速箱在内的许多设备的性能。道奇和车身制造商爱德华·巴德（Edward Budd）一同设计了这款车的全钢车身，这也是广为人知的第一款全钢车身汽车。1915年，他们制造了约45,000辆汽车，创造当时新企业第一年产量的新纪录（Kimes，1996：459），这也使得道奇一举成为业内第三大公司。1919年，道奇兄弟和巴德一起研发了采用全钢封闭式车身的低价汽车，到1919年底，道奇的市场份额已经攀升到了整个产业的第二位。

然而到了 1920 年，灾难悄然降临。1 月 14 日，约翰因传染了贺拉斯的肺炎而去世。同年 12 月 10 日，贺拉斯也在家中过世。柯林斯（Kollins，2002b：177）写道："兄弟俩一辈子都形影不离，现在也在天国相聚了。"受累于政府繁杂的管理安排，兄弟俩的遗孀于 1925 年 5 月 1 日将公司以 1.46 亿美元的价格（折合至 2015 年约合 20 亿美元）出售。三年后，该公司又被以 1.7 亿美元的价格卖给了克莱斯勒公司。正如兰索姆·奥兹的名字随奥兹莫比尔品牌延续、流传一样，道奇的品牌也一直流传到了 21 世纪。这也反映了道奇兄弟的产品惊人的耐久度和保值度。

从这些衍生公司的形成中浮现出的问题也在这三个具有代表性的行业先驱中得到了印证——整个行业处于不确定的状态中，因此各主要厂商内部围绕未来的经营方向存在着权力斗争。消费者需要不同类型的汽车，问题围绕应该生产什么类型的汽车不绝于耳。各主要厂商的管理层往往都有一些刚愎自用的人，加上技术领域和市场营销上的不确定性，整个公司内部不可避免地会存在一系列的冲突，进而产生衍生公司，改变整个产业的结构。

这一系列冲突的产生不完全是因为新的创意。杜兰特两度因为管理风格问题被排挤出通用汽车；道奇兄弟离开福特汽车公司则是因为亨利·福特没有理会他们的提议；兰索姆·奥兹则是因为和史密斯在生产管理问题上意见不合。一些其他的主要衍生公司也由于相似的原因而形成。例如，参与创立布拉奇和奥克兰的阿兰森·布拉奇（Alanson Brush）在他的专利使用问题上和他的上级亨利·利兰（Henry Leland）发生了争执，最终离开了凯迪拉克（Szudarek，1996：203）。

当冲突真的来自新的创意时，员工们通常不会立刻盗用雇主的知识产权而损害整个企业的利益。相反，员工们会尽力告诉他们的上级这些新想法的优点，以说服雇主。只有在这种尝试失败以后他们才会去成立衍生公司。科芬和查宾离开奥兹汽车制造厂，成立 E.R. 托马斯-底特律就属于这种情况。在其他主要衍生公司中，钱德勒汽车也是由于类似原因形成的。它的母公司洛奇尔（Lozier）拒绝了一些高层的建议，拒绝生产豪华车型之外的低价车，导致这些提议者离开公司建立了衍生公司（Kollins，2002b：142）。

那么为什么更好的企业往往更容易产生衍生企业，而且这些衍生企业的经营状况也往往更好呢？这其中可能有两种机制的作用，类似于关于人类智商和行为的"先天与后天"的争论。一种机制认为，企业的品质取决于员工。如果说好的员工更具备自立门户的能力，并且也可以成立很好的公司，那么更好的企业就会有更多、更好的衍生企业。如果把员工比作企业的基因，那么这种说法就相当于好的企业从基因角度上来说更适合生存，因此会繁衍出更多更好的后代。另一种机制有些类似于"后天论"，认为员工可以在更好的企业学到更多东西。这种学习机会使得优质企业中的员工会更有能力成立自己的企业，进而促使更多更好的衍生公司成立。

这两种机制在汽车产业中都可以找到支持例证。"先天机制"

的例证就是奥兹汽车制造厂。奥兹汽车的创始人兰索姆·奥兹接管了他父亲的生意，并将其发展壮大。他也亲自监管了弯挡板小型敞篷车的生产，使其席卷市场。当他被迫离开自己的公司后，成立锐欧公司并取得巨大成功也就不足为怪了。奥兹汽车制造厂的两名核心员工罗伊·查宾和霍华德·科芬都在大学毕业后加入公司，并且在几年内升职，分别成为首席销售和工程师。他们不满史密斯否决他们想要制造的新型汽车，离开了公司，并先后成立了 E. R. 托马斯-底特律和哈德逊公司。这两家公司取得成功又有什么惊奇的呢？

与此同时，印证"后天机制"——也就是成功的衍生企业的创始人会从他们的母公司那里学到东西——这些案例数量也不容低估。很多企业生产的汽车有意无意地都从他们的母公司那里借鉴了一些思路。典型的例子就是，钱德勒公司因生产低价版的母公司豪华轿车而取得成功。道奇兄弟也依靠生产和 T 型车非常类似的汽车获而得成功，这款车使用的生产工艺几乎和 T 型车一样。甚至亨利·福特也从他的第一家母公司身上学到了不少东西，尽管是一些不好的经验教训。在福特离开之后，母公司通过引入一名大规模向奥兹汽车制造厂供应引擎和传动设备的生产专家，进而获得了一定的成功。同样地，福特也没有一味地追求完全由自己生产整车，而是吸纳道奇兄弟来为福特生产引擎、传动设备和底盘，道奇兄弟也是奥兹汽车的大规模供应商。

两种机制的组合——有天赋的员工从母公司学习大量的经验教训——促成了许多成功的衍生企业。这些衍生企业领先设计新款汽车，引入新颖的生产技术，这些都对汽车产业在形成期的巨大发展做出了重要贡献。这些衍生企业还塑造了日后垄断美国汽车行业多年的三巨头。很难想象，如果没有这些衍生企业，美国的汽车产业还能不能取得这样的成功。同样的话也可以用在半导体行业的衍生公司上。下面我们把目光转向半导体产业。

半导体二极管和整流器在第二次世界大战之前就已经开始在市场上销售了。但是直到1947年贝尔实验室发明晶体管，半导体产业才真正启动。在晶体管之前，真空管是电子设备主要采用的部件。真空管主要用于检测和放大无线电、电视机、磁带录音机以及其他设备的信号，并且开始用于计算机。不过真空管体积庞大、易碎、发热严重，而且使用寿命有限。晶体管是一种微型固态设备，可以实现真空管的功能，并且没有上述缺陷。最终，晶体管被证明是整个产业革命性的发明。发明晶体管的三名贝尔实验室科学家约翰·巴丁（John Bardeen）、沃尔特·布拉顿（Walter Brattain）和威廉·肖克利也于1956年获得诺贝尔物理学奖。

贝尔实验室是美国电话服务主供应商AT&T公司的主要研究机构。AT&T公司的晶体管由专门的附属公司西部电气进行生产。西部电气同样也负责生产AT&T的电话设备。在晶体管发明后不久，AT&T公司遭遇反垄断机构的施压，AT&T被要求将西部电气剥离出去。为了避免拆分，AT&T承诺西部电气只为满足自身需求而生产，并且承诺不介入晶体管的商业化市场。AT&T还以很低的利率将晶体管的专利授权给所有业内企业，只生产满足自身需要或者军事需要的晶体管。作为其授权承诺的一部分，AT&T 在 20 世纪 50 年代召开了许多专题座谈会，分享他们在晶体管上的最新研究成果，包括一个记录了各种生产诀窍的黑色笔记本，也就是众所周知的"贝尔大妈的烹饪手册"。

许多企业从 AT&T 那里拿到了晶体管的授权，半导体产业的商业化市场也就此拉开了序幕。表 3-3 给出了美国各大型半导体制造商的定期市场份额。1966 年及更早年度的数据来源于提尔顿的统计（Tilton，1971：66），后续年度的数据来源于美国集成电路工程学会（Integrated Circuit Engineering，简称 ICE）汇编的 1974—2002 年年度销售额报告，销售额超过最低值的企业都包括在内。① 整个行业的领导厂商被划分为三类：第一类由真空管制造商构成，它们也是整个产业中最早的一批企业；第二类由其他早期企业组成，它们均在 1966 年前攀升至行业领先位置；最后一类则是由美国集成电路工程学会汇编的 1975 年、1980 年、1985 年和 1990 年行业内十大企业之列的后进入企业组成。

和汽车产业一样，半导体行业的公司也被分为分散经营者（diversifers）、衍生公司（spinoffs）和初创公司（startups）这几类。与《汽车标准目录》不同的是，半导体行业没有一个单一的信息源可以追溯所有企业的背景。不过对于那些在硅谷的企业，贸易组织国际半导体设备及材料组织（Semiconductor Equipment and

---

① 表 3-3 只包括了商业化生产者，因此 AT&T 和 IBM 不在表中。IBM 生产的晶体管都只用于自己的电脑，但是它仍以美国最大的半导体制造商闻名于世。

Materials International，简称 SEMI）汇编了截至 1986 年的所有企业的谱系，包括按重要性排列出了企业创始人和他们的前身。对于硅谷以外的企业，需要挖掘许多不同的信息源来追溯他们的背景。最终，我们得出了表 3-3 列出的所有领导企业以及 1986 年为止美国集成电路工程学会年度报表上的所有企业的成立背景。[1]

在晶体管发明之前，美国真空管行业大部分的市场份额由 8 家企业占据，并且根据表 3-3 显示，其中 6 家后来也成为半导体行业的早期龙头企业。表 3-3 中列出的第二类企业，也就是其他早期领导厂商，成立时间虽然没有真空管制造商早，但是也在 1966 年以前上升到了行业领先位置。这些企业大多数都是分散经营者。摩托罗拉、德科、休斯以及通用仪器都是很有经验的电子产品制造商，得州仪器则是一个小型地球物理服务公司。另外三家早期领导厂商则是现有半导体企业的衍生公司。其中最重要的就是仙童半导体，它是肖克利半导体实验室的衍生公司。肖克利半导体实验室是 1956 年威廉·肖克利离开贝尔实验室之后创办的第一家半硅谷导体企业。

与汽车行业的情况相似，表 3-3 显示，半导体行业的早期领导

---

[1] 网络搜索引擎、各种产业研究报告以及由美国集成电路工程学会提供的报告《档案 1997》（*Profiles 1997*）都有助于我们追溯企业的背景。与汽车产业的研究类似，半导体企业的背景研究过程需要引入一些规则来处理那些背景不够明晰的企业。根据惯例，衍生公司被广义定义为包括了由商业生产者和附庸生产者两种企业的前雇员成立的企业，并且这些衍生公司的资金来源有现有企业也有其他传统渠道的企业。有些衍生公司是以注资企业的附属公司形式创立的。在某些案例中，注资企业其实也是半导体生产商，它们通过注资新的附属公司来转变经营方式。这其中最著名的当属美国国家半导体。各衍生公司的母公司定义为衍生公司最初创始人的原就职企业。

表 3-3　1957—1990 年美国领导生产商的市场份额

真空管企业	成立时间[a]	起源背景	所在城市	57	60	63	66	75	80	85	90
通用电气	1951	分散经营	纽约州，锡拉丘兹	9	8	8	8	C	C	C	C
美国无线电公司	1951	分散经营	新泽西州，卡姆登	6	7	5	7	4	3	2	C
雷神	1951	分散经营	马萨诸塞州，波士顿	5	4	—	—	1	1	1	0.5
菲万年	1953	分散经营	纽约州，纽约	4	3	—	—	C	C	C	C
西屋电气	1953	分散经营	纽约州，埃尔迈拉	2	6	4	5	C	C	C	C
菲尔科-福特	1954	分散经营	宾夕法尼亚州，费城	3	6	4	3	C	C	C	C
其他早期领导企业											
得州仪器	1953	分散经营	得克萨斯州，达拉斯	20	20	18	17	20	19	18	15
过渡管电子	1953	衍生公司	马萨诸塞州，波士顿	12	9	3	3	0.5	C	C	C
天合	1954	衍生公司	加利福尼亚州，洛杉矶	—	—	4	—	C	C	C	C
休斯公司	1955	分散经营	加利福尼亚州，洛杉矶	11	5	—	—	C	C	C	C
通用仪器	1955	分散经营	纽约州，长岛	—	—	—	4	3	2	1	0.5
德科无线电 (GM)	1956	分散经营	印第安纳州科科莫	—	—	—	4	C	C	C	C
仙童	1957	衍生公司	加利福尼亚州，山景城	—	5	9	13	9	7	5	A
摩托罗拉	1958b	分散经营	亚利桑那州，凤凰城	—	5	10	12	8	11	13	17

（续表）

后进入企业								
西格尼蒂克	1961	衍生公司	加利福尼亚州，森尼维尔	—	—	5	6	5
模拟器件公司	1965	初创公司	马萨诸塞州，波士顿	—	—	1	1	2	2
AMI	1966	衍生公司	加利福尼亚州，圣克拉拉	—	—	4	2	1	1
美国国家半导体公司	1967	衍生公司	加利福尼亚州，圣克拉拉			10	11	10	9
哈里斯	1967	分散经营	佛罗里达州，墨尔本			2	3	3	4
英特尔	1968	衍生公司	加利福尼亚州，圣克拉拉			7	10	10	17
超微半导体	1969	衍生公司	加利福尼亚州，森尼维尔			2	5	7	6
莫斯特克	1969	衍生公司	得克萨斯州，达拉斯			2	6	A	
美光科技	1978	衍生公司	爱达荷州，博伊西			—	—	0.5	2
VLSI 科技	1979	衍生公司	加利福尼亚州，圣何塞			—	—	1	2
巨积公司	1980	衍生公司	加利福尼亚州，米尔皮塔斯			—	—	2	3

数据来源：1957 年、1960 年、1963 年、1966 年的市场份额数据参考提尔顿的统计（Tilton, 1971）；1975 年、1980 年、1985 年、1990 年的市场份额数据参考集成电路工程学会年度汇编。

"—"表示企业是生产者，但是没有相关市场份额数据；"C"表示集成电路工程学会记录的附庸生产者（captive producer），即只生产供给自身所需的产品，未进驻市场；"A"表示被半导体企业并购（Acquired）。

a 接收管厂家及早期领号厂商的成立日期参考提尔顿的统计（Tilton, 1971）。

b 根据提尔顿（Tilton, 1971）的统计，摩托罗拉在 1958 年前只生产自身所需的半导体。

厂商都逐渐被后进入的企业，也就是表格中的第三类企业所取代。所有的真空管厂商都随着时间推移而逐渐衰落，大部分要么退出市场，要么转为附庸型企业，只生产自身需要的产品。这之中存在着两个例外——得州仪器和摩托罗拉。这两家企业直到1990年仍然是整个产业的前两大企业。仙童在成立初期也很成功，于1966年占据了13%的市场份额，并且在当年取代摩托罗拉跻身第二大企业。然而随后仙童逐渐没落，最终于1987年被美国国家半导体公司并购。

另一个与汽车行业相似的地方，是这些后进入的领导厂商很多都是衍生公司。表3-3列举的11家后进入的领导厂商中，有9家是衍生公司。另一家在1975—1990年间跻身十大企业之列的公司蒙娜利斯克存储公司——1986年跻身前十，同样也是衍生公司。仙童对整个行业的影响是巨大的：西格尼蒂克、美国国家半导体、英特尔、超微半导体、巨积公司、蒙娜利斯克存储公司都是仙童的衍生企业。AMI的创始人也是仙童的前员工，不过他是在短暂地供职于通用微电子公司之后才成立了AMI。VLSI科技公司的创始人曾经是辛那泰克公司的高层管理人员，他在共同创立辛那泰克之前也曾经在仙童就职。另外两家衍生公司则起源于得州仪器。莫斯泰克是得州仪器的衍生公司，而美光科是莫斯泰克的衍生公司。

为了更加透彻地理解这些衍生公司在市场上的表现，追溯所有半导体厂商的起源背景很有必要。前面已经提到，在美国集成电路工程学会汇编的列表上可以追溯到各个公司的背景，不过列表中的都是行业内的大公司，并不能代表整个行业的所有公司。为了找到更有代表性的标准，我们采用了第 2 章图 2-7 中用于统计集成电路行业每年新进入企业和企业总数的信息源《电子采购指南》。这本手册列举了所有曾经生产过集成电路的企业。手册总共记录了 600 家企业，可以采用各种数据源和复杂情况下的规则追溯到其中 468 家企业的背景。[1] 在 600 家企业中，326 家（占比 54%）被划分为分散经营者，103 家（占比 17%）被划分为衍生公司，39 家（占比 7%）被划分为初创公司，剩余 132 家（占比 22%）无法确认背景。即便所有未知背景的企业都是衍生公司，衍生公司的比例也只有 39%，远小于后进入的领导厂商中衍生公司的比例 83%（10/12）。也就是说，半导体行业的衍生公司与汽车行业类似，都有着极其优异的市场表现。

为了更深刻地理解这些衍生公司的起源和市场表现，我们分析了 99 家到 1986 年年底为止，至少在美国集成电路工程学会编写的 1974—2002 年大型半导体企业列表上出现过一年或多年的 99 家

---

[1] 企业被定义为分散经营者的标准是该企业在《电子采购指南》中曾经以生产其他类型的电子产品的名义出现，或出现在邓白氏《百万美元名录》（*Million Dollar Directory*）中，或在进入集成电路产业至少五年前出现在《托马斯美国制造商名录》中。我们也检索了政府的企业合并记录，如果一家企业在开始生产集成电路至少五年前被合并，那么这家公司也被划为分散经营者。新企业的背景则通过硅谷谱系《档案 1997》、贸易型期刊《电子新闻》（*Electronic News*）的周报中偶然出现的资料、网络搜索以及一些以前汇编好的小公司谱系进行检索。定义半导体企业背景的具体细节及流程参见克莱珀（Klepper, 2010）和科瓦尔斯基 Kowalski, 2012）的论文。

企业。这99家企业中，54家是列表上其他企业的衍生公司。产生衍生公司最多的企业都曾是行业龙头企业。衍生公司最多的企业无疑是仙童半导体，有15家衍生企业被编入表册。英特尔排名第二，有6家在册的衍生公司。美国国家半导体和得州仪器并列第三名，各有3家衍生企业。英特尔和美国国家半导体本身也都是仙童的衍生公司，这也反映了仙童对整个半导体产业的重大影响。我们还会在下一章产业集群的内容中对此进行深入探讨。

数据显示，美国集成电路工程学会编目上总共有19家企业曾经是整个行业的龙头企业。从各公司开始生产半导体，到1986年年底，共计427个生产年中，这些龙头企业衍生出了39家进入编目的企业，平均每个生产年产生0.091家衍生公司。其他80家在编目中的企业在共计774个生产年中衍生出了15家衍生公司，平均每个生产年仅产生0.019家。这个规律也和汽车行业一致——汽车行业主要厂商平均每个生产年产生0.087家衍生公司，其他厂商平均每个生产年只产生0.026家。

此外，半导体行业在其他方面也与汽车行业相似——龙头企业的衍生公司比其他衍生公司更有可能成为行业龙头。在美国集成电路工程学会编目中的19家领导厂商衍生出的39家公司，有8家（占比21%）曾是产业的龙头企业。相比较而言，编目中的其他企业衍生出的15家公司，只有一家（VLSI，占比7%）跻身领导厂商的行列，而它的成功还要归功于创始人曾在仙童半导体工作过。这54家衍生企业都经营了很长时间（美国集成电路工程学会汇编的公司大多都是行业内的领先厂商），因此对领导厂商和其他厂商的衍生公司的五年或十年的存活率进行对比并不是很有用。尽管这两类衍生公司的数量相对都较小，导致我们很难得出让人信服的结论，但是从整体趋势上看，我们也可以做出与汽车行业相似的推论：较好的半导体企业也会相应衍生出较好的衍生企业。

两种产业的相似性在主要衍生公司形成的原因上进一步延续。半导体产业的衍生公司形成的主要原因是高层决策者之间的意见不一，这些意见不一很多与新技术相关，还有一部分则围绕管理。有意思的是，有很多导致企业衍生的创意反而来自母公司。这些母公司往往在需要正式将新想法转化为成熟产品时临阵退缩。下面我将以三个半导体衍生公司的案例介绍导致衍生公司形成的主要意见分歧。第一个案例涉及了整个半导体产业史上最重要的发明——集成电路；第二个案例诠释了当一个大公司被完全不了解这个新行业的人控制时会发生什么，有点类似于史密斯和奥兹汽车制造厂之间的故事；第三个案例则是老生常谈的公司合并的悲剧——从另一个行业合并过来的企业将他们愚昧无知的管理团队一同带了过来，导致之前的管理者被迫另谋高就。

仙童半导体公司的衍生公司及集成电路技术

电子电路行业遇到了一个被称为"数量的暴虐"的问题（Reid, 1986：9-23）。电子电路包括五种分立元件：电阻、电容器、电感器、二极管和晶体管。电阻限制电流，电容器储存电场能量，电感器储存磁场能量，二极管使电流单向流动，晶体管控制电流开关，使电流增强或者产生振荡。在集成电路发明之前，一块电路板可能要包括上千个这些元件，而且需要工人手工接线。这种手工连接不仅成本巨大，而且随着一块电路板上的元件不断增加，个别元件失灵导致电路彻底失效的可能性呈指数级别增长。这就是所谓的"数量的暴虐"。

20世纪50年代，许多企业和发明家都在试图寻找解决方案。美国各个军事部门都分别赞助各自的研究团队。这场研究之争的最终取利者是由杰克·基尔比（Jack Kilby）和罗伯特·诺伊斯几乎同时想到的创意。杰克·基尔比是得州仪器刚雇用的员工，而罗伯特·诺伊斯则是仙童半导体的八名联合创始人之一。他们想创造一种单片集成电路，电路中的所有分立元件被以内部连接的形式焊接在一块硅板上。

1958年9月，基尔比最早将这个想法付诸实践。不过他需要细金线来连接各元件，这在当时的条件下显得有些不切实际。几个月后，诺伊斯开始实践这一想法。仙童半导体公司最先在晶体管制造上实现技术突破，他们发现硅表面的氧化物可以防止晶体管短路。后续研究表明，二氧化硅层还是用于连接电路元件的铝线的理想镀层。这也形成了后来众所周知的单片集成电路。诺伊斯把这项研究成果用于他设计的单片集成电路中，也使得仙童最终击败得州仪器，抢先一步占领了集成电路市场。

然而，诺伊斯的想法想要切实可行地付诸生产运营，还需要突破一系列技术壁垒。其中一个重要的技术挑战是如何分离电路中的各元件，使电流可以沿着铝导线传输，而不直接流向电路的主体元件。这项任务被派给了仙童半导体的另一名联合创始人杰·拉斯特（Jay Last）领导的团队。一年后，他研究出了两种方案。最终，他们采用了新的方法，即在硅片内掺入杂质来隔离焊接在一起的电路元件。利用这种新技术，拉斯特的团队成员和其他的工程师研发了一系列集成电路，来实现不同的功能。经过两年的时间，诺伊斯的想法终于被转化成了切实可行的集成电路。仙童取得这一研究成果比它最大的竞争对手得州仪器早了6个月（Lécuyer, 2006：157-159）。

然而仙童很快就失去了他们的领先优势。仙童依靠硅晶体管取得了大量的利润，但是集成电路的研发几乎耗尽了仙童全部的现金流。仙童的市场销售经理汤姆·贝（Tom Bay）控诉拉斯特的团队在集成电路项目上"挥霍了一百万美元"，并且试图叫停这个项目。仙童的另一名联合创始人，同时也是研发部门主管的戈登·摩尔也不支持这个项目。他对集成电路的市场潜能存疑，他后来也承认这是他在仙童犯下的最大错误（Moore and Davis, 2004：27）。"我们大部分人都在实验室里面工作……一开始我们并没有意识到我们对这项重要的技术只知皮毛。我们当时只觉得这只是完成了一个新产品的研发，然后我们需要把目光转向下一个设备，思考'下一步该做什么？'"（Moore and Davis, 2004：28）

拉斯特看问题的视角截然不同。在贝于会议上提出了他对于集成电路项目的担忧之后,他"站起身来,要求请假,立即生效,然后转身离开"(Berlin, 2005：122)。此时,当初协助仙童半导体筹措启动资金的年轻银行家亚瑟·洛克也离开了纽约前往加利福尼亚,准备和他的同伴汤姆·戴维斯(Tom Davis)设立基金资助新的电子企业。洛克很快就成为拉斯特的好友,安排拉斯特和亨利·辛格尔顿(Henry Singleton)进行了一场会面。亨利·辛格尔顿是一名刚从洛杉矶利顿公司研发岗离职的博士工程师,准备着手创办一家大型高科技公司泰瑞达。

辛格尔顿计划在泰瑞达设立研发军用高级半导体设备的部门,而集成电路正好提供了一个绝佳的机会。拉斯特在接受辛格尔顿的邀请之前,向诺伊斯进行了最后的提议,问他集成电路在仙童有没有前景。诺伊斯当时被其他的问题缠身,于是采取了拖延的策略,要求拉斯特等到这一周晚些时候再讨论。而这也让拉斯特彻底下定了决心。1961年2月,拉斯特和另外两名合作创始人让·霍尔尼(Jean Hoerni)和谢尔顿·罗伯茨(Sheldon Roberts)一同从仙童辞职,加入了泰瑞达的子公司阿内尔科(Berlin, 2005年：122-123)。

仅仅用了不到三个月的时间,四名和拉斯特、霍尔尼一同在仙童研发实验室工作的物理学家和工程师就完成了生产集成电路的前置准备工作,他们也就此成立了属于他们自己的公司——西格尼蒂克。他们将集成电路视为一项仙童没能充分利用的革命性技术。西格尼蒂克公司也吸引了纽约的金融服务公司雷曼兄弟斥资100万美元进行投资。雷曼兄弟曾经在十年前依靠投资利顿公司获取了大量收益。与拉斯特和霍尔尼友好的离职态度不同，诺伊斯将西格尼蒂克的创始团队视为背叛者。这也影响了后来仙童与西格尼蒂克的交易（Lécuyer，2006：217-220）。

一开始，集成电路比传统的分立元件电路贵不少，导致阿内尔科和西格尼蒂克的起步并不是很顺利。几年之后，它们的命运发生了改变。1963年，国防部工程研发部门下令要求军用设备使用集成电路。西格尼蒂克是这项命令的最大受益人，到1964年，它已经是硅谷最大的集成电路供应商了。到这时，仙童才意识到自己的错误。他们立刻做出回应，引进了一条和西格尼蒂克很相似的集成电路生产线，价格仅为西格尼蒂克的一半。这也让仙童得以取代西格尼蒂克在美国集成电路产业的领先地位。对西格尼蒂克来说，幸运的是，仙童在刚开始生产集成电路时遭遇了严重的制造工艺困难，这让西格尼蒂克得以维持较高的市场份额。不过他们再也没能重回集成电路行业的龙头地位（Lécuyer，2006：220-243）。

衍生公司、创新者的报酬和高级经理

仙童半导体成立之初，给他们提供资金支持的仙童摄影器材公司得到了两种选择：两年后以300万美元买下仙童半导体，或者八年后以500万美元买下。考虑到仙童半导体早期的成功，毫无疑问他们会采用300万美元的选项。

这两家公司截然不同。仙童摄影器材公司是一家历史悠久的东部公司，依靠向国防部门提供摄影器材和航空设备发家；而仙童半

导体是电子设备和计算机的新生代，是典型的硅谷企业。汤姆·沃尔夫（Tom Wolfe）在1983年12月于美国《时尚先生》（Esquire）杂志发表了文章"罗伯特·诺伊斯的千锤百炼"（The Tinkerings of Robert Noyce），沃尔夫将仙童摄影器材公司总裁及首席执行官约翰·卡特（John Carter）造访仙童半导体之行描述为"将两家公司之间的压力和鸿沟具体化的一次造访"：

> 卡特坐在一辆黑色的大型豪华车后座，风度翩翩地抵达了山景城一座直入云霄的混凝土建筑前。车前座上坐着他的司机，穿着司机制服：黑色西装外套、白色衬衫、黑色领结、黑色大盖帽。卡特的做派足以让仙童半导体侧目。他们从没看到过这种大型豪华轿车和穿成这样的司机。不过这还不是当天令人印象最深刻的场景，真正让人铭记的是司机干等了8小时。仙童半导体的员工纷纷离开工作岗位，争相到窗边一睹为快。一切看上去都非常诡异。一个奴隶一整天什么事都不做，只是站在门外等着他的主人，无论他的主人何时出现他都要第一时间上去服务到位。他们眼前看到的这种纽约式企业的高端奢华在圣克拉拉谷布朗山脉这儿不仅仅是不寻常，更是一种可怕的错误。

仙童半导体帮助约翰·卡特和仙童摄影器材公司大赚一笔。仙童半导体的成功使得仙童摄影器材公司的股价飙升，卡特也从股票期权中积累了大量财富。相反,仙童半导体的经理和工程师们几乎没有或只有很少的股票期权,并没有赚到多少钱。当他们向卡特要求获得更多期权时,被卡特拒绝了(Lécuyer,2006:257)。东部的其他一些母公司也都有着相似的做法。这也确实是衍生公司产生的一个主要的原因。克里斯托弗·勒屈耶(Christopher Lécuyer)在关于硅谷成为半导体产业中心的研究报告(Lécuyer,2006:258)中指出:"在这种环境下,成立新企业似乎是硅和半导体技术研究人员开发新商机,并将成果转化为财富的唯一方法。"

查尔斯·斯波克(Charles Sporck)肯定有着相同的感受。斯波克于1959年从通用电气跳槽至仙童,成为制造部门的主管。他通过改造生产工艺,包括将晶体管组装线搬至中国香港和其他亚洲国家与地区等手段,为仙童赚取了不少利润。然而他和其他高级经理都面临着没有多少期权以及做出的成绩不被公司认同的窘境(Lécuyer,2006:260)。到20世纪60年代中期,仙童爆发了另一个危机。根据斯波克所述(Sporck,2001:139),"我们并不知道实际的数额,但是在山景城里,大家都感觉那些赛奥瑟(指仙童摄影器材公司所在地)的人用来自半导体产品的巨额利润进行不明所以的并购活动。"他们还渐渐觉得,仙童摄影器材公司的管理部门并没有重视那些长远来看能够促使半导体业务非常成功的要素,而这也是斯波克自己认为的导致他自立门户的原因,而且这一点比经济待遇更重要(Sporck,2001:208)。

1966年,第一次成立新公司的机会——英国电子厂商普莱西的注资计划在经历了详谈之后最终未能实现。在此之前的一年，仙童的两名天才员工鲍勃·维德拉（Bob Widlar）和大卫·塔尔伯特（Dave Talbert）离开仙童，加盟当时在美国国家半导体旗下的默莱科特罗。斯波克曾经劝阻他们不要离开仙童，但是没有成功。一年后，他们开始筹划让斯波克取代美国国家半导体的时任总裁。美国国家半导体在1967年的销售额为约700万美元（Sporck, 2001：207）。斯波克称（Sporck, 2001：210），美国国家半导体的资产负债报表显示，该公司实质上已经濒临破产，库存失控，员工数量远超其销售规模。斯波克提出了重组方案，他会从仙童招来一些有能力的员工，如果公司给予他全权信任并且提供足够的股权的话，他可以将公司从危局中挽救回来。

接下来的事情非常顺利。斯波克很快在美国国家半导体位于康涅狄格州丹博里的总部发起大裁员，裁掉了超过一半的员工，并将总部搬至硅谷。维德拉和塔尔伯特被任命为"线性集成电路"的首席开发师。线性集成电路主要用于放大器或其他非数码设备。在硅谷的默莱科特罗工厂，美国国家半导体开始集中精力生产线性集成电路，开发出了一系列数字集成电路，和得州仪器生产的已经在市面上有一定流行度的集成电路设备进行竞争。美国国家半导体的集成电路比得州仪器的集成电路速度更快、更可靠，而且在随后几年，美国国家半导体公司成功再造了得州仪器生产的其他复杂集成电路。新任总裁在管理方面也有独到之处，启用了独立销售人员和应用工程师来扩展生产线。通过将组装线外包到海外（最早外包给了劳动力成本比香港更低的新加坡），美国国家半导体公司也先于其他的竞争对手取得了成本上的巨大优势。到1970年，美国国家半导体的销售额已经上升到4,200万美元，员工数量也从300人增加到了2,800人，成为行业龙头之一（Sporck，2001：211-217；Lécuyer，2006：267-273）。

来自东海岸企业所有者的失败，使得更多仙童高级员工在硅谷自立门户，建立的衍生公司远不止美国国家半导体公司一家。1963年，让·霍尔尼在遭到阿内尔科解雇之后，帮助美国联合碳化公司于硅谷成立了半导体分部，不过他很快就在与一家东海岸公司的生意中受挫。那家公司并不理解半导体行业，因此拒绝给予他任何股票期权。最后，霍尔尼离开了那家公司，成立了自己的半导体公司英特矽尔（Intersil，即International Silicon的合成词，意为"国际硅产品"），集中精力生产供计算器和电子手表使用的高级集成电路（Lécuyer，2006：263）。飞歌福特1966年对硅谷企业通用电子的收购有着类似的结果。飞歌福特将通用电子已经发行的股票期权收回，并且将公司搬到了它所在的费城。四组员工离开了公司，成立自己的衍生公司，包括表3-3中列举的后进入的领导厂商之一AMI（Sporck，2001：149；Lécuyer，2006：263）。

新的领导阶层和衍生公司

除了东海岸企业那些思想过时僵化的领导造成了衍生公司不断涌现，公司受外力影响导致的高层人事变迁，尤其是由非半导体行业的公司收购半导体公司，也是衍生公司形成的一个重要原因。典型案例是VLSI公司和巨积公司这两家分别成立于1979年和1980年的后进入领导厂商。

VLSI公司的创始人之一杰克·巴雷托（Jack Balletto）也是该公司的母公司辛那泰克的创始人之一。辛那泰克成立于1973年，其125万启动资金来源于4家企业的赞助。辛那泰克存储芯片业务的两大主要客户是阿塔里和苹果，年销售额达到2,000万美元，税前利润达到15%。虽然投资的回报颇为可观，但辛那泰克不能上市或从风投募集资金来建设耗资500万美元的第二家加工厂，因此整个公司后来以2,200万美元的价格卖给了霍尼韦尔公司。

接下来的事情是由巴雷托向专用集成电路（即由买家定制集成电路）发展史的先锋人物之一罗布·沃克（Rob Walker）转述的：

> 我原本是一家像英特尔和仙童一样雇用了很多才华横溢的大人物的公司的创始人，是公司的第三号人物，而现在我成了霍尼韦尔的第649,312名员工。然而霍尼韦尔的管理实在是糟糕透顶。我们曾经和霍尼韦尔的五个高层进行过会议，他们向我们保证他们知道小公司是如何成长起来的，也会让我们自由发展。在第一次预算会议之前，一切都显得很美好。由于无法支付自身自动化设计的费用，我们辛那泰克的工程师以前都是在泰姆夏尔[①]（原文如此）设计了所有的芯片。我

[①] 泰姆夏尔是硅谷的一家按时间收费向客户提供大型主机的公司。

们想,有了霍尼韦尔赞助的资金,我们可以拥有属于自己的电脑了。我们的工程师挑选了最经济的内部计算机Prime,并且列出了采购清单。

霍尼韦尔的管理者之后明确表示,Prime计算机是由一群霍尼韦尔的背叛者运营的,因此我们不能购买Prime计算机。同理,Digital和IBM也是政治不正确的选择。事实上,我们唯一的选择就是买霍尼韦尔的计算机。而适合我们的霍尼韦尔计算机还要一年才能生产出来,因此我们的工程师还要在泰姆夏尔设计16位处理器。那时候我才意识到,这次合并是一个错误。6个月后,我就离开了霍尼韦尔,成立了VLSI公司。(Walker,1992:184-186)

威尔弗雷德·科里根(Wilfred Corrigan)也向沃克讲述了一个相似的故事,关于他离开仙童摄影器材公司成立巨积公司的故事(Walker,1992:36-37)。科里根1960年大学毕业于化学工程专业,之后他离开伦敦,到半导体行业早期主要企业之一波士顿的过渡管电子公司就职。很快,他发现在过渡管电子公司给欧洲工程师的薪资较低,于是他跳槽到了凤凰城的摩托罗拉半导体分部。在那里他取得了成功,他不断升值成为摩托罗拉晶体管制造部门的主管。1968年,莱斯特·霍根(Lester Hogan)离开摩托罗拉,成为仙童摄影器材公司的首席执行官,他也将科里根带到了仙童。1970年,科里根成为半导体分布的总经理,这也是他第一次接触集成电路。1974年，他取代莱斯特·霍根成为仙童摄影器材公司的董事长和首席执行官，而莱斯特·霍根成为了副总裁。1977年，科里根被选为总裁兼首席执行官。

1979年，仙童摄影器材公司面临法国大型油田服务公司斯伦贝谢首席执行官安德鲁·古尔德（Andrew Gould）的恶意收购。尽管科里根做了最大的努力，最终还是没能阻止这场收购，他能做的，只是为仙童的股东争取最优厚的出售价格。

很快，激烈的争论就爆发了。科里根表示，斯伦贝谢的企业文化是一种不同寻常的"法国–得克萨斯"式的文化，融合了欧洲企业的复杂世故和得州"乡巴佬"的谨慎保守。在收购之后，斯伦贝谢与仙童摄影器材公司的高级员工进行了会谈，希望替换掉一些仙童的管理团队。科里根和他新上司的关系也因此迅速恶化：

"等一等，"我说，"你们必须要搞清楚，你们刚刚花了5亿美元买下了仙童，我认为最正确的策略应该是让我在最重要的100名员工之间分配20万份斯伦贝谢的股份，这样也相当于你们做出了一个友好的姿态，我们之间也会产生一定的团队凝聚力。所有仙童的员工都刚以每股66美元的价格出售了所有的股份，你们应该给他们一定的股份。"

"这不符合我们的政策。"他们说。

斯伦贝谢派出了他们石油业务的人力资源主管来和我们的人谈话。

"我要和你们的人谈谈。"他说。

我不想让这个乡巴佬惹怒我们的人,所以我说:"不,你不能去。"

"你想要怎么阻止我?"

"很简单,"我说,"让保安把你赶出去。"

如果这是斯伦贝谢准备接管硅谷企业的模式,我很清楚这肯定不管用。

仙童摄影器材公司在斯伦贝谢的领导下不断衰退,最终被美国国家半导体于1987年以1.22亿美元的价格收购,收购价甚至不到斯伦贝谢当时支付价格的25%(Sporck, 2001:168)。1980年2月,科里根离开了公司,领导一个团队创立了巨积公司,它后来成为专用集成电路先驱企业之一。同样,辛那泰克在霍尼韦尔领导下不断衰退,而由辛那泰克出走的核心成员成立的VLSI公司却成为专用集成电路的先驱企业。七年后,霍尼韦尔出售了辛那泰克,退出了半导体产业。

案例中提到的衍生企业很多都来源于成功的企业,而这些衍生企业本身也很成功。在研究汽车行业的衍生企业的过程中,我们提出了一个问题:考虑到更好的企业可以给员工更多的学习机会和经验教训,这些企业在多大程度上会促成更多更好的衍生企业呢?戈登·摩尔与他人合作的一篇论文中对此提供了独特的解释。

摩尔是半导体产业历史上最著名的人物之一。他是仙童和英特尔的联合创始人之一,也是摩尔定律的提出者。近期他仔细思考了硅谷的起源,以及成功的半导体企业的员工可以从企业中学到哪些东西,以便他们自己也能成立同样成功的半导体企业(Moore and Davis, 2004)。

他的第一个案例来自仙童的第一任总经理尤尔特(艾德)·鲍德温(Ewart Baldwin)。摩尔写道:"他将每个工商管理硕士都知道的简单知识带给了仙童半导体公司,并且融入科学技术的背景之中。"包括建立含有制造部门、工程部门和销售部门的组织结构,每个部门各司其职。摩尔还说:"尽管这些事情似乎一目了然,但是我们之前并不了解,并且也花了一些时间才弄明白。"

摩尔的叙述中提到的"我们"指的是技术专家型的经理们。摩尔将他们描述为"努力工作,用科学使企业能够生存下去"。摩尔和他的技术型管理同伴在仙童一起,开始学习如何与天才技术员工一同调整企业目标和激励措施。后来,他们学会了如何建立大规模生产体系,如何管理技术创新研发使技术人员能够用最快捷的方式开发出最可行的技术。仙童是学习这些技能的重要场所。摩尔说:"硅谷的经理人和企业家们一直以来都将'仙童大学'描述为重要的、具有教育意义的管理培训基地。"

经验和教训并不只有这些。技术型管理者们不仅需要知道如何创造新的技术,还需要知道如何通过管理在组织中传播这些知识与技术。仙童费了一番功夫才意识到随着公司愈发成熟,生产团队越来越有竞争力,向他们传授一些新的东西也就越来越难。他们宁愿自己重新建构知识体系，也不愿意去接受现有的东西。摩尔和诺伊斯在英特尔公司做出了补救，也就是不设立单独的研发部门，而是让研发人员在生产车间进行研发工作。

他们还学会了如何评估技术的前景。他们在仙童时对于集成电路技术的前景产生了错误的判断。不过更重要的是，他们通过仔细研究上一章提到的微处理器的市场发现，有意的推广行为有助于中间产品的市场拓展。他们在仙童成立初期学到的另一个经验教训是市场售价一开始可以略低于成本价，然后通过学习研究，改进生产工艺，系统性地降低成本。

摩尔提到的这些经验教训是建设和管理半导体产业组织结构的基本道理。《电子采购指南》分别列举了不同类型集成电路的厂商。对这些半导体衍生企业和他们的母公司进行分析研究，可以看到衍生企业也会从母公司学到某些经验教训，比如如何在他们所选择的集成电路行业中竞争。将这些不同种类的集成电路分为八种大类，我们发现，一家衍生公司追随母公司生产同一大类集成电路的可能性，是生产其他种类集成电路的两倍。即使将集成电路细分为 50 个不同的种类（Klepper, Kowalski, and Veloso, 2011），这种两倍可能性的关系依然成立。这并不让人感到意外，人们可以充分理解到，员工们在成立衍生公司的时候会用到他们在母公司学到的实用知识和普适经验。这种现象在激光行业中也有所体现。我们下面将目光转向激光产业。

激光是人们探索如何利用原子光的巅峰性研究成果。激光背后的理论可以追溯到 1916 年阿尔伯特·爱因斯坦提出的受激发射的假说。受激发射需要将电子激发到更高级别的能态。当它们回到原本的能态时，就会发射出光子。如果光子被反射回来，击中另一个受激电子，就会产生一个同等能态的光子。哥伦比亚大学的查尔斯·汤斯（Charles Townes）和贝尔实验室的亚瑟·肖洛（Arthur Schawlow）利用这些理论成功研究开发了出激光器。激光（LASER）就是放大由受激电子辐射产生的光（Light Amplification by Stimulated Emission of Radiation）的首字母缩写。随后，一场关于生产第一个可行激光器的竞赛由此展开了，最终的胜者是休斯实验室的西奥多·梅曼（Theodore Maiman）。1960 年，他采用掺有杂质的合成红宝石晶体制造出了红色的激光。梅曼实现技术突破后不久，基于各种材料的激光器也陆续被开发出来，许多企业也开始售卖军用或商用的激光器。

我与斯利普合著的文章利用各种信息源追溯了 1961 年到 1994 年进驻激光产业的企业的背景（Klepper and Sleeper，2005），并将这些企业按照汽车和半导体行业的方法分为分散经营者、衍生公司和初创公司三类。[①] 截至 1994 年，在共计 486 家企业中，可以检索

---

① 分散经营者的定义标准为在进驻激光产业之前至少有四年时间生产其他产品。为了确认这类型的企业，我们检索了一系列商业目录，包括邓白氏的《百万美元名录》、美国专利局的记录，以及激光部件和激光系统生产厂商列表。衍生企业和它们母公司的信息主要通过贸易杂志《激光聚焦》（Laser Focus）每个月刊登的企业公告和关于企业历史的回顾文章进行确认。此外，公开出版物和网络搜索等渠道也被用于追溯衍生公司和初创公司的起源。关于这些企业的背景信息及信息处理的相关细节流程参见克莱珀与斯利普的论文（Klepper and Sleeper，2005）。

到465家的背景。其中，293家（占比63%）被划为分散经营者，79家（占比17%）划为衍生公司，剩下93家（占比20%）是初创企业。根据之后与企业创立者的访谈，有一家衍生公司被重新划分为初创公司。

激光企业无法检索到市场份额数据。某种程度上是因为激光厂商在销售配备有激光器的系统的同时，也销售单独的激光器，而这两个部分的产量数据没有分开统计。为了确认行业内的领导厂商，我们咨询了5名业内专家。我们提供给他们一些著名的、存在时间较长的激光企业的名单，让他们根据自己的主观印象列出早期和后期的业内领导厂商，对我们给出的名单进行增补或者删减。表3-5列举了至少有两名专家提名的早期或者后进入的主要厂商，以及这些厂商的背景。

激光产业领导厂商的演变，和汽车以及半导体产业有相似之处。9家早期主要厂商中，有4家曾经是国防电子产业的公司，后来分散经营，进驻激光企业。它们分别是美国无线电公司、雷神公司、美国通用电话电子公司（GTE）/喜万年，以及休斯。另外5家包括了2家初创公司和3家衍生公司。在这些早期主要厂商中，只有4家一直维持着领先的地位，其中有两家是衍生公司。后进入的13家新企业也加入了领导厂商的名单，这13家企业中有9家（占比69%）是衍生公司。考虑到衍生公司仅占整个行业公司总数量的17%，衍生公司再一次成为整个产业的佼佼者。

与汽车和半导体企业相似的是，这些主要厂商也会衍生出更多更好的衍生公司。有三家产生的衍生公司最多，分别是光谱物理（6家）、相干公司及休斯（各5家），而这三家公司在早期和后期都是业内的龙头企业。表3-4列举的22家早期或后期的领导厂商平均每个生产年衍生出0.073家衍生公司，而业内其他公司总计每个生产年衍生出0.021家。在领导厂商衍生出的公司中，26.7%也曾经是早期或者后期的领导厂商，而其他企业衍生出的公司该比例仅为10.4%。[①]从企业寿命角度来说，领导厂商衍生出的企业在没有被收购的情况下有79%都生存了至少5年，68%生存了超过10年。其他企业衍生出的公司的这两项指标分别仅为60%和39%。[②]

2003年，我指导一名博士生杰弗里·谢勒收集了关于激光产业衍生企业的附加信息。尽管大多数的衍生企业成立于20世纪60年代和70年代，并且早已经退出市场，但是谢勒仍然完成了一项史诗级的工作，他找到了原先被划为衍生企业的79家企业中72家的创始人，并且与每一名创始人进行了会谈，还让他们完成

[①] 激光产业内，以领导厂商为母公司衍生出的企业有30家，其中有8家也成为了行业龙头，包括（括号内为母公司）：大学实验室（光学技术）、Korad（休斯）、相干（光谱物理）、阿波罗（Korad）、Lexel（相干）、Liconix（相干）、拉克曼（休斯）和尤尼菲斯（光谱物理）。以非主要厂商为母公司衍生出的48家公司中，有5家成为了行业龙头，包括（括号内为母公司）：Quantronix（TRG/控制资料公司）、美国激光（激光开关公司）、XMR（ILC）、Omnichrome（光电系统）、西盟科技（日光科技）。
[②] 这一部分计算排出了到1994年时仍然存活在激光产业中，但是由于成立时间过短，生存时间不足5年或10年的企业。

表 3-4　激光产业早期和后进入的领导厂商及它们的起源背景

早期领导厂商	成立时间	起源背景	后进入领导厂商	成立时间	起源背景
光谱物理	1961	初创企业	光谱物理	1961	初创企业
Korad	1961	衍生公司	korad	1961	衍生公司
雷神	1961	分散经营			
美国无线电	1962	分散经营			
光学技术	1962	初创企业			
休斯	1963	分散经营	休斯	1963	分散经营
喜万年/GTE	1963	分散经营			
相干	1967	衍生公司	相干	1967	衍生公司
大学实验室	1967	衍生公司			
			Holobeam	1968	初创公司
			阿波罗	1969	衍生公司
			Quantronix	1969	衍生公司
			美国激光	1971	衍生公司
			坎德拉	1972	初创公司
			Lexel	1974	衍生公司
			Liconix	1974	衍生公司
			拉克曼	1980	衍生公司
			尤尼菲斯	1980	衍生公司
			XMR	1981	衍生公司
			Omnichrome	1982	衍生公司
			光谱二极管实验室	1985	初创公司
			西盟科技	1987	衍生公司

了问卷。问卷的问题主要集中于创始人的工作经历、创立衍生公司的原因，以及他们究竟利用了多少在原来就职的企业学到的知识与经验。

激光产业衍生公司的创立者与半导体产业衍生公司的创立者也有很多相似之处。他们都具备相关的技术背景，职位涉及了技术部门主管等技术经理以及研发科学家、工程师。而他们创立衍生企业的主要动机也与汽车、半导体行业相似，他们在什么类型的激光器更值得生产和开发的问题上与他们的上级意见不合或理念不同。

为了进行详细例证说明，表 3-5 重现了我和斯利普提到的 8 家代表性衍生公司的成立原因（Klepper and Sleeper，2005）。包括 4

表 3-5　衍生公司和母公司的经营策略

◆氦氖激光器（HeNe）——尤尼菲斯（衍生公司,1980 年），光谱物理（母公司）：参与重新设计氦氖激光器的员工在光谱物理看衰氦氖激光器前景并因此放弃整个项目之后，选择离职成立尤尼菲斯公司。尤尼菲斯在光谱物理的基础上开发了一种小型升级版的氦氖激光器，这种激光器还引发了一起专利侵权诉讼，不过最终得到了和平解决。起初这种激光器的客户群体和光谱物理一样，后来它被用于手持扫描器，开创了一片新的市场。

◆二氧化碳激光器（CO_2）——拉克曼（衍生公司,1980 年），休斯（母公司）：凯西·拉克曼和彼得·拉克曼运用了他们在休斯开发的密封二氧化碳激光器的专利技术。这项技术在休斯没有受到重视。拉克曼最早将目光投向休斯的军用市场，不过很快将市场转向了商用和药用。

（续表）

◆固态激光器（NdYag，钕钇铝石榴石）——JEC（衍生公司，1980年），Holobeam（母公司）：在 Holobeam 被收购并从东北部迁至佛罗里达州之后，JEC 的创始人离开 Holobeam，成立了一个面向 Holobeam 东北部市场的分销公司。JEC 开发了一种钕钇铝石榴石激光器，作为 Holobeam 产品的替代。此后，他们进一步开发了一整套用于标识系统的钕钇铝石榴石激光器。而 Holobeam 的收购者原本集中精力开发 Holobeam 已有的用于电阻微调的钕钇铝石榴石激光器，后来也开发了一套与 JEC 竞争的系统、

◆染料激光器——北极星（衍生公司，1992年），坎德拉（母公司）：坎德拉的创始人买下了坎德拉的研究部门成立了北极星，继续研究坎德拉拒绝投入市场的小型低价化学染料激光器。该公司与坎德拉一同在某些药用市场展开竞争，以致后来坎德拉提起专利侵权诉讼。

◆离子激光器——Lexel（衍生公司，1974年），相干（母公司）：相干公司利用了一项部分由其他公司研发出来的技术，研究出了利用陶瓷电子管提升离子激光器性能的技术，但是最终由于制造上的困难而放弃了这个项目。提出了解决方案但是未能受到重视的员工选择了离开，开发了一款相似类型的激光器，面向比相干公司产品功率更低的市场。后来，他们又研发出了高功率款的激光器，正式与相干的离子激光器竞争。

◆半导体激光器——激光二极管实验室（衍生公司，1968年），美国无线电公司（母公司）：当美国无线电公司遭遇国防用半导体激光器研发上的瓶颈，一名研发人员离职，开发了一款用于烟雾环境下军用成像的半导体激光器。然而激光二极管实验室的初步计划并不成功。

◆激元激光器——奎斯泰克（衍生公司，1984年），兰姆达物理（母公司）：兰姆达物理被收购之后，奎斯泰克的创始人选择离职，成立了生产与兰姆达相似的激元激光器的公司。这种新的激光器有更好的软件接口和更优越的实地性能。奎斯泰克本来将目光锁定在与其母公司相似的科学研究市场，不过直接竞争的效果并不好。后来，他们把目光投向母公司不涉及的眼科应用市场，并取得了成功。

◆氦镉激光器（HeCd）——Omnichrome（衍生公司，1982年），施乐（母公司）：在一场内部争论之后，施乐放弃了氦镉激光器项目。那些对氦镉激光器前景有着充分自信的员工决定离职，并沿用了施乐提供的知识产权和库存继续研发这一产品。Omnichrome 主要市场为复印相关的应用，而施乐是其主要客户。

家后进入的领导厂商尤尼菲斯、拉克曼、Lexel 以及 Omnichrome。这四家衍生公司之前都生产 8 类主要激光器中的一种。这四家后进入的领导厂商以及另外两家公司——北极星和激光二极管实验室,成立衍生公司的主要目的都是继续研究他们在母公司被拒绝或是没有被重视的创意。例如,尤尼菲斯继续研究被母公司光谱物理公司放弃的项目——用于手持扫描器的迷你版光谱氦氖激光器;拉克曼主要利用的技术也是其创始人在母公司休斯所研发出来的,但是休斯没有重视低价版二氧化碳激光器,而这正是商用用户普遍接受的产品。另两家衍生企业奎斯泰克和 JEC 的形成则源于并购。奎斯泰克的创始人认为他们在并购交易中没有得到足够的补偿,因此选择自立门户;而 JEC 的创始人则利用了并购之后母公司放弃的一个区域市场。

和半导体行业的衍生公司相似,激光产业的衍生公司通常也生产和它们母公司相似的产品。最终被归类为衍生公司的 78 家企业中,有 72 家的母公司曾经在衍生公司建立前后生产或研究过后来衍生公司生产的激光器产品(Klepper and Sleeper, 2005)。[①] 和这种重合现象一致的是,这些衍生公司的成立者也承认,母公司是他们主要的知识和信息来源。在一个四选一的问题中,26% 的衍生公司创始人认为如果不具备在母公司学到的知识和经验,他们将不会成立自己的衍生公司;36% 认为他们后来衍生出来的公司,研究工

---

① 在克莱珀与斯利普的论文中,原始数据分别是 79 家和 73 家,不过其中一家衍生公司后来被调整重新分类为初创公司。

作中的一些重要内容均来源于从母公司获得的信息；28%认为他们用到了他们在母公司学到的各方面知识；只有10%认为他们在母公司学到的东西毫无价值。

总体上来看，激光企业的衍生公司与汽车行业、半导体行业有着极其相似的模式。衍生公司远超比例地统治了后期的行业市场；衍生公司形成的主要原因是某种程度上的意见不一；龙头企业会衍生出更多更好的衍生公司；类似于"仙童大学"，衍生公司看起来会从母公司学到很多通用或专业的激光知识。

接下来把目光转向轮胎产业，学习过程似乎也在其中起到了非常大的作用。

轮胎产业的衍生企业不像汽车、半导体和激光产业那样突出，但是也是整个行业内一股不容小觑的势力。比起其他几种产业，追溯轮胎产业的衍生公司的信息显得更具有挑战性。几乎无法收集到关于它们成立原因的信息。不过，整个产业在俄亥俄州东北部的阿克伦集聚为我们提供了一个独特的视角来研究衍生公司创始人积累的行业经验如何影响衍生公司。

《天然橡胶世界》这本行业期刊设立了一个定期专栏，刊登阿克伦地区的新闻。这也使得我们有机会追溯俄亥俄州东北部这片区域的许多轮胎企业的起源背景。截至1930年，一共有126家俄亥俄州的企业进驻了轮胎市场，之后进入的企业数量较少，可以忽略不计。俄亥俄州企业进驻的规模远大于其他任何一个州。为了让轮胎企业溯源研究更加可行，我们将目光局限在这126家俄亥俄州的企业上。和其他产业的研究一样，我们也通过各信息源将企业划分为分散经营、衍生公司和初创公司。[1]大城市会定期汇编城市工商人名录，列举每一名工人的雇主和岗位。这份清单使我们可以追溯到各衍生公司创始人的工作经历细节。

我们成功追溯了126家俄亥俄州的企业中的117家的背景资料。与汽车行业类似，这些企业大多数是全新企业——44家是衍生公司，56家是初创公司，只有17家是分散经营者。美国轮胎产业四大公司中的三家——百路驰、固特异和风驰通都位于阿克伦。这三家公司共计拥有13家衍生公司，后面我们将把它们简称为"直接衍生公司"。[2]此外，只有一家俄亥俄企业梅森，拥有相对较多的衍生公司——4家。这些衍生公司创始人的工作经历显示，另外还有9家俄亥俄衍生公司的创始人也曾就职于百路驰、固特异或者风驰通，但是在成立衍生公司之前都去过其他轮胎企业。这些也可以溯源至三大轮胎公司的衍生公司将在后面被简称为"间接衍生公司"。我们也可以从中研究这些创始人从他们最初的母公司那里获得的经验是不是会超过他们最直接的母公司。

尽管缺乏各主要轮胎厂商的市场份额数据，表3-6根据企业

---

[1] 分散经营企业最容易溯源。它们往往是从橡胶产业或橡胶机械产业转向轮胎企业的。这部分企业主要根据《托马斯美国制造商名录》汇编的厂商名录进行筛选。新企业根据许多信息源被划分为衍生公司或者初创公司，信息源主要包括《天然橡胶世界》、郡县志、讣告以及地区企业记录。与其他产业类似，在划分的过程中需要引入一些主观规则和判断。具体采用的规则参见布恩斯托夫和克莱珀的文章（Buenstorf and Klepper, 2010）。

[2] 这其中包括了一家名为钻石橡胶的衍生公司，该公司1912年被百路驰收购。

寿命，列举了轮胎产业不同类型的衍生公司的相对市场表现。[①] 第一项数据是寿命超过五年的轮胎企业比例，其中直接衍生公司比例最高，有 77% 寿命都超过 5 年。紧随其后的是间接衍生公司，有 56% 寿命超过 5 年。这两类企业的比例都远大于其他衍生公司的 32%。以 10 年寿命为界，寿命超过 10 年的间接衍生公司的比例赶上了直接衍生公司，两者分别为 46% 和 44%，而其他衍生公司的比例仅为 14%。考虑平均生产寿命这一指标，间接衍生公司最长，达到 22.3 年。直接衍生公司和其他衍生公司这一数值分别为 16.5 年和 7.9 年。数据表明，龙头企业的衍生公司，包括直接和间接的衍生公司，再一次成为整个行业的佼佼者。

表 3-6　俄亥俄州轮胎产业不同类型衍生公司的寿命

类型	数量（家）	寿命超过 5 年的企业数量（占比）	寿命超过 10 年的企业数量（占比）	平均寿命（年）
直接衍生公司	13	10（77%）	6（46%）	16.5
间接衍生公司	9	5（56%）	4（44%）	22.3
其他	22	7（32%）	3（14%）	7.9

这一规律也证明，在龙头企业中，人们可以更早地获得更好的锻炼。回顾半导体行业的数据分析结果，只有两家后进入衍生型龙

[①] 44 家衍生公司中，只有 2 家（1 家直接衍生公司和 1 家间接衍生公司）在累计经营达到 10 年之前被其他轮胎企业收购。因此上述计算中忽略了这些收购的情况。

头企业的母公司不是业内主要企业,而这两家公司的创始人也曾经在仙童半导体工作过。因此我们可以得出一个合理的推论,就是半导体产业中的龙头企业也可以使人们更早获得更好的训练。事实上,下一章我们也会讨论到,企业之间的传承对早期的汽车行业也有着重要的影响。

唯一无法确认这种传承是否对产业产生影响的是青霉素产业。青霉素产业的故事相当简明扼要,所有榜上有名的企业都参与了第二次世界大战的军用生产项目。这些企业都是政府挑选出来的,也都是分散经营企业。类似于电视产业,青霉素产业的衍生公司也没有在业内存活太长时间。

* * *

那么我们能从这一系列产业的衍生公司和它们在资本市场的地位中学到什么呢?

在汽车行业、半导体行业和激光行业中,衍生公司毫无疑问是一股重要的势力。在轮胎行业中,其重要程度可能稍低一些,但是也不容小觑。这些行业的早期龙头企业大多数来自相关的产业,不过随着时间的推移,许多早期企业被衍生公司替代。在进入的企业中,衍生公司占据了相当高的市场份额,而最优秀的企业往往会衍生出更多的衍生公司。

在这些曾经的主要厂商中,很多都在某一个时段被那些并不擅长管理的人所控制。这也让很多主要的创新者在失望中选择离开这些企业，成立了后来占据领先地位的衍生公司。例如，兰索姆·奥兹离开奥兹汽车制造厂的原因是史密斯一家认为他们才更了解如何运营公司，然而他们最终让公司跌入谷底；查尔斯·斯波克和其他人则是因为觉得仙童摄影器材公司的人并不知道如何在半导体行业内经营而离开了仙童，而后来仙童半导体的衰落也印证了他们的担忧。杰克·巴雷托和威尔弗雷德·科里根离开的原因则是他们对收购他们公司的人的经营能力缺乏信心。类似的例子还有很多。

每一个案例中，都是"错误的人"控制了成功的企业，使得那些想出了最适合企业的经营策略的人不得不离开公司，成立自己的企业。即使是由于在技术方面的意见不一而引出的衍生公司也可以用类似的方法解释。在很多案例中，企业的决策者不具备能力去评估内部形成的一些新观点。例如，戈登·摩尔承认他缺乏管理经验和相关培训，无法准确评估集成电路的前景。与之相似的是，史密斯也缺乏汽车相关的专业知识，无法在兰索姆·奥兹离开后正确评估奥兹汽车制造厂应该生产什么类型的车。

而真正让人惊讶的是这种情况如此频繁地在汽车、半导体以及激光行业的发展历程中出现。回顾这三个产业的发展史，我们会发现由于整个产业基于丰富的创新发展机会，朝着许多不同的方向发展。因此，在这种环境下，评估整个产业在技术上如何发展，应该去进行哪些创新确实具有一定的挑战性。如前面章节所述，即使是最成功的企业在创新方面也缺少宏大的创新战略。通常新的想法都是由一些天才员工想出来的，并且是自下而上形成的。在这种环境下，高层的决策者不能很好地分析出哪些创意更值得进一步钻研开发也就不足为奇了。

这一类案例在创新型产业发展初期尤为普遍。在这个时期，企业可以从许多角度研究技术。从某种意义上来说，最大的挑战也许就是分析出哪一种技术是最有可能成功的，换言之，就是哪一种技术目标更容易实现。这也基本上是戈登·摩尔作为技术经理的职责范畴。但是这些技术专家却受限于管理技能和经验，他们可能更擅长判断一项创新发明从技术上是否可行，但是他们在判断其市场潜力方面的能力有限。比这种情况更糟糕的是那些不精通技术的人控制了整个企业，例如史密斯管理奥兹汽车制造厂以及仙童摄影器材公司管理仙童半导体。更让人们惊讶的是，权力斗争和并购的结果通常使这些缺乏经验的人获得了成功企业的掌舵权。

意见不一的情况还不只发生在成功企业之中。很多汽车、半导体、激光以及轮胎企业的衍生公司都来源于少数企业的内部不合。值得注意的是，在某些特例中，这些衍生公司的表现并不尽如人意。一家企业需要具备一些特定的能力才能进驻一个产业，并在产业中立足创收。虽然衍生公司肯定都从既有的母公司那里学习了很多经验，但是从结果上看，除非是龙头企业的经验，否则没有太大的价值。衍生公司的创始人具体从他们的母公司如何学习商业贸易经验尚不明晰，但是在新产业中，这种经验的实质内容极其重要。

电视机和青霉素产业的衍生公司似乎并没有那么突出，这主要是因为这两种产业的技术并不像其他产业那样，引发出那么多的意见不合。乔纳森·列维（Jonathan Levy）调查了电视行业的工程师和行政人员，得到的结论是整个行业在形成之后只有一项重要的技术革新，也就是彩色电视机（Levy，1981：36）。根据第 2 章的内容，美国无线电公司统治了整个彩色电视机行业的发展。其他的公司基本上就是原地踏步，直到整个技术已经成熟地商业化，并且获得了美国无线电公司授权许可之后才开始行动。在青霉素产业中，参与了战时军用项目的企业也都参与了早期的技术研发，它们主要的任务都是以尽可能低的成本制造出青霉素。这也并没有引发太多的分歧。

当意见分歧确实产生的时候，衍生公司也就成为实验资本主义的重要成分。这些衍生公司确保了整个产业不会错过创新的机会或过度延迟。如果没有衍生公司，那么美国的汽车、半导体、激光和轮胎产业将以何种不同的格局发展就只能靠想象去猜测了。如果没有福特汽车公司和雪佛兰，美国的汽车厂商需要多长时间才能研发出广受欢迎的经济适用车型呢？如果没有阿内尔科和西格尼蒂克，集成电路又会面临着怎样的命运呢？如果没有拉克曼和尤尼菲斯，我们还需要多长时间才能开发出小型的二氧化碳激光器和氦氖激光器，并将其拓展至诸多应用呢？尽管这些技术革新最终都会出现，但是没人知道它们要被推迟多久才能面世，也没人知道这会对美国的产业发展带来多大的影响。

资本主义市场的一个优势在于决策分散化。如果"错误的人"控制了一个成功的企业或者在大有希望的创意形成时掌权，那么企业内"正确的人"也有渠道将他们的创意带到别的地方。在极少数情况下，这些人可能自己就有能力出资组建衍生公司，例如道奇兄弟用他们在福特汽车公司赚来的钱成立了自己的新公司；大多数情况下他们需要公司外的投资人的帮助。如果这些"旁观者清"的投资人比"当局者迷"的掌权者能更好地评估创意以及衍生企业创始人的天赋，那么衍生公司就有机会成立，进而追寻新的研究发展方向。现有公司的利益可能因此会受到损害，但是整个产业会向前发展，最终受益的将是整个社会。

至少这在理论上是可行的，但是现有企业并不愿意顺着这种模式发展下去。正如摩尔注意到的："大企业一直在与衍生公司斗争。衍生公司在市场份额和人力资本两个层面上会给母公司带来巨大损失（衍生公司经常雇用母公司的员工），因此它们通常不会给现有企业带来积极影响。大多数现有企业，包括英特尔和硅谷的其他公司都会尽一切办法压制衍生公司。"（Moore and Davis, 2004: 34）。蒂姆·杰克逊也称英特尔相当擅长压制衍生公司（Jackson, 1997）。不过摩尔也承认，衍生公司确实会给社会带来一定的利益，尽管他们提升了人力成本。同时，衍生公司也确实促使硅谷成为一个有活力的企业园区（Moore and Davis, 2004: 34）。

衍生公司也给整个产业的环境带来了紧张的气氛。现有企业希望限制衍生公司，而社会却需要衍生公司的存在。如果没有现有企业探索新的创意，培训员工，衍生公司也无从立足。但是随着衍生公司不断抢夺母公司开发的技术和培训的员工，现有企业继续研发和培训的动力也会遭到破坏。为了确保整个产业的正常发展，必须从政策出发把握好微妙的折中方案。技术创意和员工培训是企业知识产权的一部分，而建立衍生公司，他们必定会用到母公司的知识产权。与有形的私人财产不同，创意可能同时被多个企业利用。不过企业首先需要有足够的动力来不断探索新的创意。

这种紧张的状态在半导体产业尤其明显。前一章关于微处理器的发明中提到的英特尔采用的硅栅工艺就是一个很好的例证。1968年2月，在费德里科·法金从意大利分公司来到仙童之后，仙童率先开始研究硅电极技术。六个月后，仙童的员工罗伯特·诺伊斯和戈登·摩尔成立了英特尔公司。英特尔很快雇用了负责仙童大部分集成电路生产业务的经理吉恩·弗拉斯来担任英特尔的生产经理（Bassett，2002：178）。弗拉斯也迅速从仙童的生产部门招来了两名工程师汤姆·罗威（Tom Rowe）和加里·哈特（Gary Hart）。英特尔能够迅速掌握很有挑战性的硅栅工艺，罗威在其中起到了至关重要的作用。罗斯·诺克斯·巴塞特（Ross Knox Bassett）这样描述罗威对英特尔的贡献："尽管罗威没有携带任何手写资料前往英特尔就职，但是他的脑海中存储了足够的信息。英特尔需要的所有技术，他都可以利用仙童的相应技术。英特尔的研发基础也来源于仙童的经验。"（Bassett，2002：184）

半导体行业的衍生公司也有许多相似经历，甚至成为常态。硅栅工艺不受专利保护不代表它得不到法律保护。近年来，法律学者开始提醒经济学家要重视商业机密法。商业机密一般有着特别的价值，但是企业出于各种原因考虑不申请专利。员工不能将保密技术带入其他企业。罗威应用的知识属于商业机密吗？由于仙童并没有质问英特尔是如何掌握硅栅工艺的，因此我们也无从得知法律将如何裁决这个问题。其他的案例则相对容易裁定。尤尔特·鲍德温离开仙童成立瑞姆公司时，他将仙童的生产手册和自己在休斯招募的员工一起带到了新的公司。而他也被仙童起诉窃取商业机密，并且败诉。勒屈耶指出，20世纪60年代后期，在硅谷的半导体行业中，这一类诉讼的数量呈指数级增长（Lécuyer，2006：275）。

根据很多州的法律，仙童都不需要依靠商业机密法来阻止罗威在英特尔使用他在仙童获得的知识与技术。仙童可以在聘用罗威的时候与他签订一个合理的禁止竞争条约，规定他在一定时间内不能去其他直接竞争的企业，进而防止他跳槽至英特尔。哪怕只是拖延一年的时间，半导体行业的高速进展也可能使罗威掌握的知识技术被淘汰。不过在加利福尼亚州，仙童以及其他企业却不能这么做。加利福尼亚州是少数几个不允许雇主强制签订禁止竞争合约的州之一。

位于加利福尼亚州的硅谷也以"频繁跳槽"闻名。员工们频繁地从一家企业跳槽至另一家企业，大多数情况下都是在同一种产业内跳槽。如果雇主们可以与员工签订禁止竞争合约，硅谷还会存在吗？下一章在讨论产业集群时我们将探讨这一问题。值得注意的是，眼下很多学者正在倡导各州修改相关法律，废除禁止竞争合约。从汽车、半导体和激光产业的发展历程来看，这显然是一个值得深思的想法。如果这项提议被采纳，势必会使得法律机构进一步加强对于商业机密法的监管。罗威在英特尔使用的技术是否应当受商业机密法保护呢？如果答案是"是"的话，英特尔的创新研发速度势必会大幅减缓，可以想象，这也势必会影响英特尔在半导体存储器和微处理器技术上的研发脚步。对仙童进行禁止竞争的保护又能带给社会哪些收益呢？本书将在最后一章重拾这个问题。

本书的最后一章也会探讨美国的环境是否特别容易引发企业的衍生，以及包括美国在内的各个国家应当采取什么样的政策来改善衍生公司的生存环境。首先，我们将在下一章探讨衍生企业对于产业集群形成的重要意义。

第 4 章

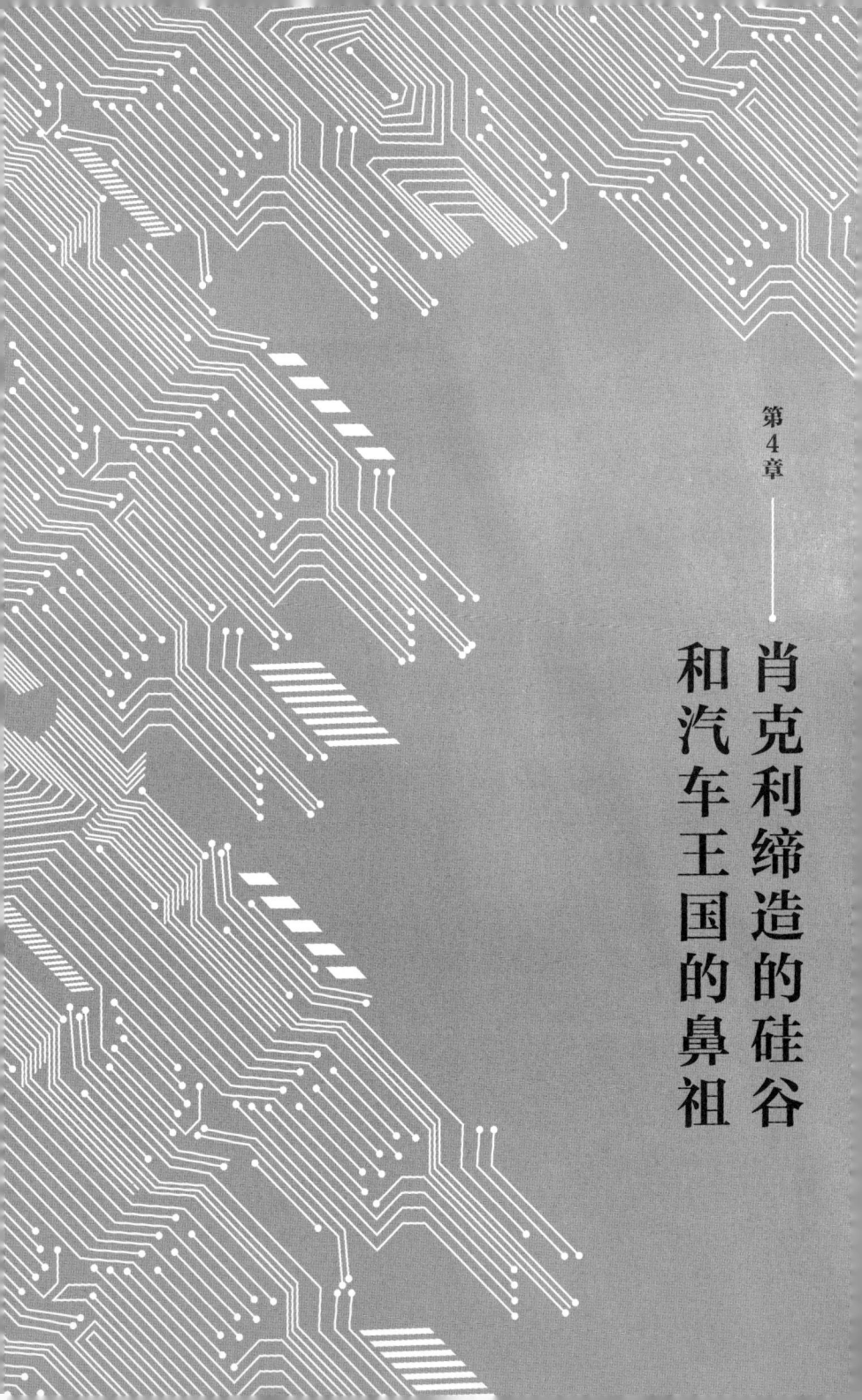

肖克利缔造的硅谷
和汽车王国的鼻祖

过去 50 年中，世界上最具创新精神、最充满活力的工业园区是哪里呢？很多人可能都会回答：硅谷。

如图 4-1 展示的，硅谷位于加利福尼亚州旧金山半岛最南端的圣克拉拉县。即便已经经历了多年发展，硅谷的面积仍然不大。截至 2010 年，圣克拉拉县的人口也仅占美国总人口的 0.5%。然而，硅谷依旧是相当多的著名科技公司的聚集地，其中绝大多数都是近 50 年在这片土地上成立的。按照字母顺序，下面简单列举几个位于硅谷的企业，可见这片区域蕴含的令人难以想象的高科技能量。

- 奥多比
- 超微半导体
- 苹果
- 思科
- 易贝
- 谷歌
- 惠普
- 英特尔

- 甲骨文
- 雅虎

苹果是目前世界上总市值最高的上市公司。谷歌、英特尔、微软和甲骨文紧随其后。其他的公司也都不是等闲之辈，都是科技圈家喻户晓的名字。许多人都因这些公司的上市成为百万富翁，甚至有的成为亿万富翁。然而，这也只是硅谷主要高科技企业中的一小部分。究竟是什么原因使得这一片小小的土地培育出这么多高科技企业，创造这么多财富呢？每一个国家和地区都想仔细探究硅谷的秘诀。

从硅谷名称中的"硅"，我们就可以知晓，在这片区域集中了大量半导体生产商。有些人可能会说这一片地区就是由半导体产业催化而成的高科技产业中心。不过这又回到了上一级的问题——半导体产业又是怎样集中到硅谷的呢？这显然不是因为硅谷对于半导体厂商来说有着自然环境优势，因为硅是地球上储量最丰富的资源之一，而且在半导体产业集聚到硅谷之前，硅谷也并没有很多电子类的厂商。

经济学家和地理学家对于这种产业集聚现象有一种解释，他们猜测这是一种自我强化机制的作用结果。一旦某一种产业在一个区域内形成集群之后，整个区域内的企业都会受益。企业可以从更多的工人中找出最符合它们需求的员工；搬迁过来的供应商也离这些厂商更近，降低了交易成本；较近的距离也使得企业之间可以更好

图 4-1　硅谷区划图

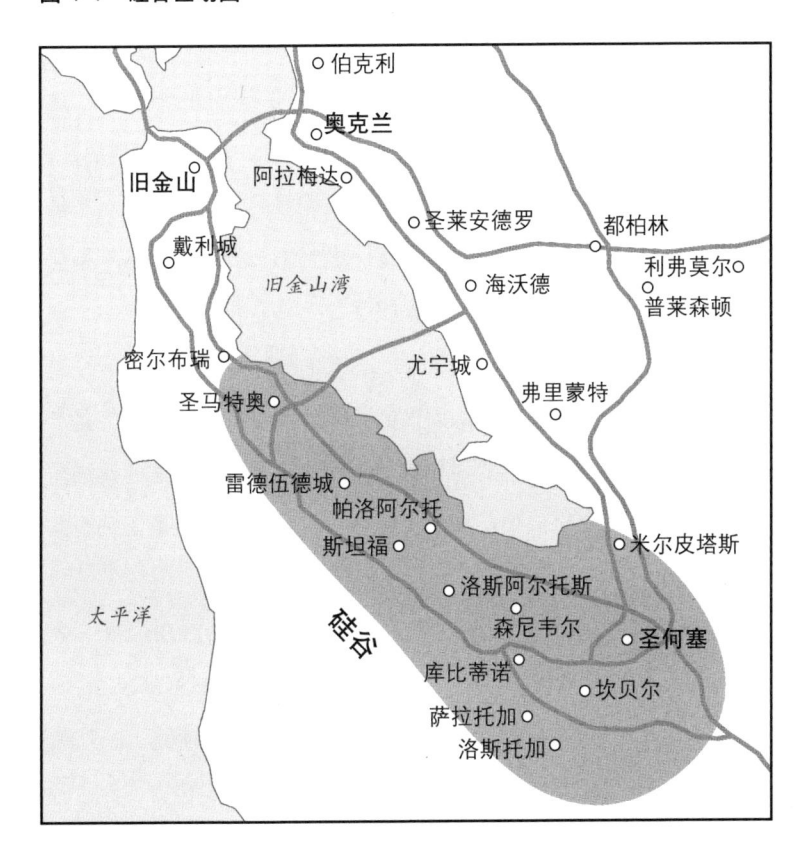

地交流最新的技术进展。这一切优势都使得集群内的企业可以在产业中成为强有力的竞争者，最终不断繁荣发展，占据整个产业的大部分市场份额。事实上，一旦产业集群形成，整个集群就会自然发展，直到过度饱和或者受其他因素影响而势头减缓。

现有的一些证据似乎可以印证这种理论（Rosenthal and Strange,

2004）。集群内的企业比其他竞争对手更高产，寿命也更长，集群区域内成立的新企业也更容易成长起来。关于产业集群现象最早是如何出现的问题我们目前所知甚少，不过这并不是最关键的地方。很多偶然因素都可能触发产业集群的形成。然而，令人感兴趣的是，很多产业都没有像半导体产业那样有这么明显的集聚效应。对于传统的制造产业来说，工厂之间的距离一般都不会太远，虽然不是完全随机选址，但是集聚效应却不是很强，尤其是在没有任何一个地区有自然环境优势的情况下（Ellison and Glaeser，1997）。这或许是因为最先触发整个集群形成的因素需要强大到足以引发被认为是产业集群发展重要因素的自我强化机制，又或许是产业集群的发展需要引入其他的因素，例如早期需要有一些异常突出的企业。关于这些可能性我们目前所知同样甚少。

哈佛商学院研究企业战略的教授迈克尔·波特（Michael Porter）在他的著作《国家竞争优势》（The Competitive Advantage of Nations）（Porter，1990）中，对产业集群的重要性已经做了不少研究。他认为，发达国家的繁荣程度取决于国家在创新型产业中的竞争力，而这种竞争力可以依靠产业集群得到加强：

· 企业邻近（例如产业集群）可以增强信息的集中程度，也能提升它们的受关注度和行动。此外，企业邻近还加快了信息在国内传递的速度以及技术革新传播的速度。与此同时，在这种模式下企业间的交流形式（例如面对面交流）还限制了信息外泄的速度。最后，企业邻近也使得企业可以更好地观察到竞争者的动向，进而提升企业进行技术改进后可以获得的利润，并且这种地方荣誉感可以和经济上的激励一起促进企业更好地经营。（Porter，1990：157）

波特认为，能够建立强大的创新型产业集群的国家也更有可能在国际竞争中取得优势并获取利益。硅谷这样的地区不仅仅是这个区域内的宝贵资产，也提升了整个美国的企业在国际上的竞争力。

如果产业集群正如波特所说，是国家竞争力的重要部分，那么理解产业集群是如何形成与发展就变得非常重要。本书提到的六种产业，除了半导体产业外，还有两种产业在发展过程中出现了非常明显的集聚现象，分别是围绕底特律集聚的汽车产业，以及围绕阿克伦集聚的轮胎产业。虽然近年来底特律随美国汽车产业的下滑遭受了重创，在阿克伦附近也很难再寻觅到轮胎产业集群的踪迹，但是在它们各自的全盛时期，产业集群规模甚至比硅谷的半导体行业集群还要庞大。与硅谷相似的是，这两个地区也没有任何与这些产业相关的自然环境优势。本章的中心内容就是研究到底是什么因素导致了这三种产业集群的形成。

与大多数关于产业集群的研究不同，本书的分析主要着重于这三种产业集群是如何形成并发展的。采用"纳米经济学"解构每一种产业集群，寻找企业发展过程中导致它们不断集聚的共同特征。本书也会解构电视机产业。电视产业并不是众所周知的集群产业，但是一开始整个产业也确实出现过高度集聚的现象，只是随着时间的推移，这种集聚现象不断减弱。我们同样采用"纳米经济学"来解构电视机企业的发展，寻找线索，解释为什么这个产业与其他三个高度集聚的产业有着不同的发展路线。

普遍观点认为，半导体产业在硅谷的集聚现象标志着资本主义的一个根本性变化，开创了一种新的创新模式和一种新的财富创造模式（Lindgren，1971；Sporck，2001、Moore and Davis，2004）。汽车、轮胎以及半导体产业的聚集现象都是资本主义国王发展史的一种普遍现象，甚至是一种可以追溯到资本主义形成初期的现象，但是对它们进行的纳米经济学分析得出的结论正好相反。这种现象的关键因素就是衍生公司。这三种产业集群与其他地区最明显的区别在于新企业中衍生公司的比例远高于其他地区，并且衍生公司对集群起到了关键作用。当今经济学家和地理学家提出的关于产业集群的传统观点，并没有将衍生公司视为引发集聚现象的一股强劲力量，也没有解释清楚为什么主要的衍生公司可以占据最有利的位置，进而从工业集群中获取最大的区域优势。事实上，我们也确实需要一定的证据，来说清楚在这三个产业集群中，企业是否会因为在集群内选址而有着更好的表现。

在汽车、轮胎及半导体产业中，衍生企业不断繁衍继承，一系列优秀企业不断围绕早期成功企业成立，这也是各产业集群产生的基础。汽车和半导体产业证明了衍生公司是如何驱动产业集群形成的。在这两个产业中，曾经的龙头企业衰退都引发了衍生企业爆发式增长，并且衍生企业创造的业绩远远超过了原龙头企业滑落的部分，这也说明这些衍生企业不仅仅是依靠母公司发展起来的。电视机行业有所不同，因为衍生公司并非有力的竞争者，因此产业集聚也就缺少关键的驱动力。

半导体、汽车及轮胎行业由于其极端的集聚现象而不同寻常。这也正是我们研究这几个产业的原因——某种现象的极端案例在解释现象发生的原因时尤其具有启发性。虽然这几种产业都不是模范标准，但是它们从某种程度上也说明极端的集聚现象为什么不常见。例如，我们很少能看到像底特律或硅谷这样，在一个区域内爆发式地涌现出众多的成功衍生企业。事实上，像电视机产业那样，衍生公司不活跃，产业集聚效应不明显才是更普遍的现象。青霉素产业跟电视机产业情况类似，而激光产业则介于中间，衍生企业活跃度和地理集群程度中等。这两种企业也会在本章内提及，不过会比其他几种产业简略一些，因为这两种产业并没有贡献什么新的理论。

本章得出的结论会引出很多问题。波特和其他学者基于公认的企业位置相邻带来的利益，将产业集群描述为影响一个国家国际竞争力的重要因素。如果这些利益并没有那么突出，产业集群还能否起到预想的作用呢？波特不断强调衍生公司在产业集群形成中的重要促进作用，不过在产业集群有助于国家繁荣这一点上，他的观察与他的逻辑并不直接相关。如果衍生公司足够强大，即使它们的母公司不断衰退，也能刺激产业集群形成与发展，那么它们是否是推动产业集群成为国家国际竞争力的重要因素呢？如果答案是肯定的，对于推动产业集群的公共政策又有什么意义？这一系列问题将在本章末尾讨论，并将在第 7 章综合各章节的经验教训后再次回顾。

* * *

硅谷是现代工业奇迹之一，因此我们从半导体行业如何在硅谷集聚这一问题开始研究产业集群。天才企业的分崩离析引发了超乎想象的繁荣，这真的是一种令人侧目的矛盾结合。

硅谷的成功可以追溯到一个人——威廉·肖克利。肖克利是半导体产业的"贝比·鲁斯"。贝比·鲁斯（Babe Ruth）大概是世界上最伟大的棒球运动员，他有着惊人的全垒打能力，尽管他在场外的不羁生活方式跟他在场上的赫赫功勋一样著名。纽约洋基队于 1919 年将贝比·鲁斯招入麾下，几年后冒着巨大的风险建了一座巨大的球场。而接下来，纽约洋基队也收获了数个世界大赛的冠军，也吸引了无数的球迷，洋基球场因此被称为是"贝比·鲁斯之屋"。

和鲁斯一样，肖克利在他所在的领域也是有着重要影响力的伟大人物，在领域外却没什么影响力。他是一名受人尊敬的物理学家，因发明晶体管而分享了诺贝尔奖的荣誉，他还建立了硅谷的第一家半导体企业；他也因种族歧视的言论和偏执的管理方式声名狼藉，最终导致了他的公司覆灭。不过他也是一名独具慧眼的伯乐，他的企业虽然覆灭，却迎来了一大批有天赋的半导体衍生企业，最终形成了硅谷。如果洋基球场是"贝比·鲁斯之屋"，那么硅谷也可以被称为"威廉·肖克利的山谷"。

肖克利与硅谷的渊源要追溯到他孩童时期。他的母亲是位于帕洛阿尔托的斯坦福大学的第一批女毕业生之一，他出生于伦敦，但是三年后，也就是1913年，他们全家搬到了帕洛阿尔托。年少时期，肖克利就经常无法控制地进入狂暴状态，这也成为未来之事的预兆。肖克利需要专人照看，而公立学校并不能做到这一点，因此8岁之前他一直在家接受教育。他的父亲激发了他学习自然科学的兴趣，但是在肖克利15岁时，他的父亲不幸去世，由他母亲继续教他数学。1923年，他们家搬到洛杉矶，他也在当地就读高中，并升入加州理工学院，主修物理专业。毕业后，他于1932年9月前往美国东部，参加了麻省理工学院的一项物理博士项目。

肖克利决心研究量子力学，这是一个生机勃勃的领域，主要研究波与粒子的关系——物质和能量的粒子的波动性和波的粒子性。四年后，肖克利拿到了博士学位，成为贝尔实验室（AT&T的研究部门）自经济大萧条而停止招聘以来招募的第一名物理学家（Riordan and Hoddeson，1997：4-5）。在贝尔实验室的研究主管默文·凯利（Mervin Kelly）的鼓励下，肖克利开始着手研发用固态设备（即用固体材料制作的设备）来替换电话设备内笨拙且不可靠的开关和放大器。肖克利很快组织了一个研究小组，包括贝尔实验室和附近大学的科学家与工程师，他们力图揭示半导体特性的奥秘，以及如何使用现代的固体理论解释这种特性。为了取得研究进展获得成功，他们亟须理解电子是如何在锗和硅这一类导电性强于橡胶和玻璃等绝缘体但弱于金属的半导体材料中流动的。第二次世界大战期间，固态电子相关的研究取得了一定的进展，也为肖克利团队提供了一定的思路。凯利成为贝尔实验室副总裁之后，于1945年在新泽西组建了一个全新的固态物理团队，任命肖克利为联合主管。

肖克利团队的两名成员约翰·巴丁和沃尔特·布拉顿率先取得了技术突破，于1947年底发明了点接触式晶体管。巴丁是一名理论物理学家，1945年开始就职于贝尔实验室；布拉顿则是1929年入职的一名科学实验人员。巴丁提出了一些核心思想，这些思想由布拉顿付诸实践。巴丁和布拉顿肩并肩奋战了将近一个月，终于研究出了可以运行的设备。这款设备由一块锗板组成，两条电导线由一小条金箔焊接，并封装至锗板表面的塑料楔子内。随着功率增大，这块设备可以成倍放大输入的电信号。布拉顿通过用麦克风即兴说了几个词来演示这款设备的效果。与亚历山大·格拉姆·贝尔（Alexander Graham Bell）在70年前第一次成功测试电话的实验相似，布拉顿的声音嘹亮地回响在电路另一端连接的耳机中。

点接触式晶体管是一种很粗糙原始的设备，很难投入生产，但是确实展现了固态半导体设备用于放大器的潜力。肖克利为他的研究团队取得的成功感到振奋，但也因为不是发明者之一而感到有些懊恼。研究的前两年，各种想法都在孕育和发酵，肖克利的团队，尤其以肖克利为主导，讨论了很多创意与想法。不过巴丁和布拉顿完全是靠他们自己取得了这样的突破。受到这样的刺激，肖克利几乎耗费了他全部的空余时间，尝试制造出一款更好，同时比点接触式晶体管更容易制造、也更容易使用的固态放大器。大约用了一个月左右，他想到了一个主意，在一小片半导体材料（锗或硅）两端各连接两条电线，中间再用另一条电线将两端的导线连接起来。他的设备取名为结型晶体管，以半导体材料内通过化学杂质扩散建立的区结为基础，不再需要巴丁和布拉顿发明的笨拙设备中易损的触点装置。[1]

肖克利花了几年的时间才将想法付诸实践，并且证明了其价值。肖克利对他的想法很有信心，也绝不放过任何机会将这些想法传达给巴丁和布拉顿。这使得巴丁和布拉顿与肖克利的关系不断恶化。在点接触式晶体管发明出来之后，肖克利的团队将主要精力集中于他的理论式想法，之后又进行了实验研究。巴丁也是理论学家，但是他事实上却被禁止参与这个小组的研究，"除非我想直接与我的上司竞争，这是我无法容忍的局面"（Riordan and Hoddeson, 1997：185）。

巴丁一直早抱怨肖克利的强权管理，但是直到巴丁决定转投伊利诺伊大学物理系，高层都没有采取任何行动。尽管巴丁和布拉顿凭借发明晶体管，与肖克利共同获得了1956年诺贝尔奖，但是巴丁还是在1951年写了一封三页纸的信，向凯利解释晶体管的研究项目

---

[1] 巴丁和布拉顿在1949年在《物理评论》（Physical Review）的发表了文章"晶体管作用中的物理原理"（Physical Principles Involved in Transistor Action）。肖克利不甘示弱，于同年在《贝尔系统技术杂志》（Bell System Technical Journal）（1949年）中发表"半导体中的P-N结和P-N结型晶体管理论"（The Theory of P-N Junctions in Semiconductors and P-N Junction Transistors），随后他完成了经典论著《半导体中的电子和空穴》（Electrons and Holes in Semiconductors）的手稿，并在1950年发表。这篇论著清晰地论述了半导体中的少数载流子（又叫空穴）的作用。

是如何使他下定决心离开贝尔实验室。"晶体管的发明是这一切的根源","在目前的管理和指导模式下，我根本无法有效参与半导体项目"（Riordan and Hoddeson, 1997：192）。1972 年，巴丁凭借他在伊利诺伊大学关于超导体的研究再度获得诺贝尔奖。

巴丁离开之后，肖克利想要在贝尔实验室升职的计划也未能通过。巴丁对于肖克利的抱怨引起了高层的注意，而其他世界级的物理学家也在抱怨肖克利蛮横的好胜心和严厉的管理手段。根据肖克利的传记作者（Shurkin, 2006:145）所述，肖克利遭遇了中年危机。"肖克利在 1955 年初夏时节来到了他人生的顶峰，之后两个月内，45 岁的肖克利先后离婚离职，并决定开始创立他自己的公司。他甚至卖掉了心爱的名爵汽车。"

肖克利四处寻找投资，着手创办属于他自己的新公司。他计划在新公司内利用他在贝尔实验室研发出的最新成果生产硅晶体管。最终，肖克利熟识的一名加州理工学院的校友阿诺德·贝克曼（Arnold Beckman）同意资助肖克利的新公司——肖克利半导体实验室。贝克曼曾经于 20 世纪 30 年代初在南加州成立了一家生产 pH 监测仪的公司，并且获得了成功。他希望肖克利将公司也建在南加州。不过肖克利更倾向于将公司建在旧金山湾地区，他母亲生活在那，他也是在那里成长起来的。斯坦福大学工程院的院长及教务长弗雷德里克·特尔曼（Frederick Terman）听说了肖克利的计划，说服肖克利把地址选在斯坦福大学附近。他们有着相似的理念，都认为应该招募顶级的员工，并以高薪留住人才。特尔曼就此成为肖克利创立新公司的亲密盟友。在斯坦福大学附近成立公司具有的人力资源优势最终让贝克曼同意肖克利落脚帕洛阿尔托附近。

肖克利的名声和人脉吸引了一批顶尖人才。起初，他想从贝尔实验室的研究部门招募一些他熟识的员工，不过遭到了拒绝。失望之余，他也付出了加倍的努力。舒尔金描述说："他横穿整个美国，甚至跑到欧洲，在类似《化学工程新闻》(Chemical & Engineering News)等出版物上刊登广告，并且在各个实验室搜寻人才。他表面上去帕萨迪纳出席美国物理学会的会议并发表演讲，实际上他和观众说他主要是想来招募贤才。他还与劳伦斯利莫福尔实验室在内的许多机构签订协议，希望获得在那里求职被拒的人员名单。也正是通过这种方式，他发现了戈登·摩尔。"（Shurkin，2006：169）

他在费城的飞歌公司发现了刚从麻省理工学院获得物理学博士学位的罗伯特·诺伊斯。诺伊斯在飞歌主要从事晶体管研究，但是他对飞歌的前景感到失望，也对肖克利充满敬畏。当肖克利给他打电话的时候，他回忆说"感觉接到了神的来电"。"他绝对是半导体电子领域最重要的人物。"（Riordan and Hoddeson，1997：237）。肖克利给他所有的潜在雇员都进行了智商测试，甚至自己设计了一些问题来测试他们的创造性思维。他个人最喜欢的问题是：如果127名运动员参加一场传统的（也就是说单淘汰赛制）网球比赛，需要打多少场比赛才能决出最后的胜者？肖克利一直在寻找最优解，而诺伊斯给出了这个最优解。既然只能有1名胜者，那么要淘汰126人，也就是需要126场比赛（Berlin，2005：60）。

肖克利还招募了许多其他天资聪颖的科学家与工程师，他们绝大多数都不到30岁。起初，他着力于利用在贝尔实验室研发的新技术——在硅板内扩散化学杂质，建立交互层以便于电子传导——来生产硅晶体管。然而进展并不顺利。肖克利经常需要和贝尔实验室的科学家们通话以获得一定的技术指导，还时不时请一些科学家飞到帕洛阿尔托来进行现场指导。事实证明，在扩散硅层内建立良好的区结非常困难。某一天，肖克利忽然决定改变方向，将全部精力投入一款他发明的全新的、更复杂的、比扩散硅晶体管更难制造的设备，这着实令人费解。他手下的很多员工都认为这对于整个公司来说不是一个好的方案，不过对于肖克利而言，科技进步通常是天才独行的结果，最多也只能是极少数的几个天才合作的结果，因此他不为所动。

这一决定加上肖克利有些神经质的管理方式，让他和员工的关系愈发紧张。他秘密进行了一些科研项目，包括这款新设备在内，只有少数几名员工获准参与。他并不信任手下的雇员，经常需要打电话到贝尔实验室，来确认他手头的工作是否正确。他控诉一名员工是"病态说谎者"，还经常尖叫着辱骂别人，很多无辜受波及的员工都因此提出辞职。随着他的一名秘书被门上的一颗钉子扎到手之后，矛盾开始激化。肖克利坚称这是某些人蓄意而为，据舒尔金所述（Shurkin，2006：176），肖克利要求所有员工在旧金山进行测谎。当第一个人接受测试并通过之后，其他人拒绝接受测试，最终肖克利不得不妥协。肖克利的问题扎根于他好胜心极强的本性。"他始终觉得自己处于竞争之中,就像他在贝尔实验室的时候把自己置于布拉顿和巴丁的对立面一样,他现在开始把自己置于员工的对立面,而这些员工都是他觉得很聪明而亲自招来的。他不希望他们变得和他一样聪明。"(Shurkin,2006:175)

接下来发生的"叛乱"准确时间已无从考证,不过没过多久,所谓的"叛逃八人组"就离开了肖克利的公司,组建了仙童半导体公司。这八人组包括了诺伊斯、摩尔、杰·拉斯特、让·霍尔尼、C. 谢尔顿·罗伯茨、维克托·格里尼克(Victor Grinich)、尤金·克莱纳(Eugene Kleiner)和朱利叶斯·布兰克(Julius Blank)。他们的年纪都在30岁左右,克莱纳和布兰克曾在西部电气工作过,是经验丰富的机械工程师,其他人都拥有博士学位。在此之前,尽管他们用了很多办法让贝克曼找别的人来管理公司,贝克曼也确实尝试着处理了他们的担忧,但是最终贝克曼还是宣布由肖克利继续担任公司的老板。所有人都被要求"要么接受,要么离开"(Riordan and Hoddeson, 1997:250)。

八人小组被逼到了墙角,只能选择离开。一开始,他们试图找到一家能够接纳他们所有人而且就在附近的公司。事实证明这是不可能的,他们接受了阿尔弗雷德·科伊尔(Alfred Coyle)和亚瑟·洛克的提案——他们来自纽约一家小投行海登斯通——开始着手准备成立自己的公司。上一章提到,他们得到了来自长岛的一家参与过导弹和卫星项目的仙童摄影器材公司的投资。1957年,带着130万美元的初始启动资金,他们在距离肖克利半导体实验室一英里远的加利福尼亚州山景城创建了仙童半导体公司。他们计划生产在肖克利半导体实验室研究的扩散硅晶体管。

在这些联合创始人中,只有诺伊斯称得上有管理经验,他也担任了研发部门的主管。他们从休斯半导体邀请了具有物理学博士学位的经验丰富的经理人尤尔特·鲍德温担任总经理,还聘请了托马斯·贝担任市场销售部门主管,他具有向军用航空电子设备企业销售零部件的丰富经验。鲍德温很了解如何组织规划半导体公司,也知道如何将新产品的产量提升到新的高度。他还对半导体的军用市场和扩散硅晶体管的潜在市场规模有着良好的判断。

整个半导体产业最初生产的是锗晶体管,但是锗比硅熔点低,而且无法在 90 华氏度以上的温度中运行。这个温度对于军用设备来说恰恰是关键。此外,锗晶体管不能完全关闭,就像"一个让人发狂的永远不能彻底关闭的水龙头"一样"不断滴落电子"(Riordan and Hoddeson, 1997:221),这也限制了锗晶体管在贝尔电话系统中的应用。得州仪器公司最早发家于生产石油勘探用地震仪设备,它在 1954 年研发出了第一款硅晶体管,随后他们垄断了军用市场。不过他们的晶体管在特定的军用领域还有着巨大的局限性,这也给仙童打开了大门。

仙童摄影器材公司的总裁谢尔曼·费尔柴尔德是 IBM 公司最大的股东,他说服 IBM 与仙童签订合同,由仙童来生产 B-70 炸弹内置的升级版数字计算机所需的硅晶体管。事实上,成功签订这个合同与生产出符合 IBM 严苛标准的扩散硅晶体管实际上是两码事。因此,创始人决定把任务划分开来。关于此事，摩尔这样叙述：

> 我们将工作根据团队背景进行了划分。罗伯茨成立金相实验室，负责硅晶体的培育生长和切割；诺伊斯和拉斯特负责光刻技术研发，包括掩模制作、晶圆镀膜、曝光、显影和蚀刻等；格里尼克负责设置电气测试设备，在电子问题上给团队内其他成员提供指导，并教大家如何测量不同的晶体管参数；克莱纳和布兰克负责管理设施，并且建立机械生产车间来制造和修理那些我们买不到的设备；我负责扩散问题、金属化以及组装技术研发；我们的理论学家霍尔尼负责坐在办公桌前思考。（Moore，1998：55-56）

为了应对各个阶段面临的挑战，仙童的创始人进行了许多技术创新。到1958年8月，他们终于将第一款晶体管送往IBM。这款晶体管的性能特征高于得州仪器的硅晶体管，因此销量猛增。随后，仙童也迎来了一次关乎生死存亡的危机，那就是敲打封装晶体管的容器可能会使整个晶体管失灵。经过几个月的试验失败，他们终于发现，这是由于松动的微粒受扩散硅层之间的区结中的电场吸引，而导致的晶体管短路。虽然在生产线末端进行敲击的测试可以减少故障可能性，但是他们并不能根除这种故障。

仙童的理论学家和思想家霍尔尼挺身而出，拯救了整个公司。他用一种非常规的手段解决了这个问题，并且引出了一项里程碑式的技术革新——平面工艺。以贝尔实验室最新研究结果和他在肖克利半导体实验室曾参与的实验为基础，霍尔尼在制造过程的初始阶段，在晶圆上增加一层二氧化硅。尽管二氧化硅被认为对硅晶体管有害，但是他把这一层二氧化硅留到了整个生产线末端，来保护晶体管容易发生短路的位置——区结。这种处理不仅解决了敲击短路的问题，还大幅度提升了晶体管的电子性能。

然而，将霍尔尼的想法付诸实践也颇具挑战性。平面型晶体管早期的合格率——性能指标合格的设备占总产量的比例——非常低，不超过5%（Lécuyer，2006：12）。贝尔实验室也研发出了相似的方法，不过后来"由于看上去并不能投入生产而放弃了这种想法"（Lécuyer，2006：153）。仙童并没有半途而废的奢侈资本，在之后的一年，"诺伊斯和摩尔贡献了大量工程和财政资源，去发展霍尔尼略显薄弱的理论以及平面晶体管设计"（Lécuyer，2000：175）。他们的努力获得了回报，平面工艺让仙童成为行业龙头，也巩固了硅作为半导体产业主材料的地位，还为始于20世纪50年代后期的整个产业的发展指明了方向。

平面型晶体管的成功也促使仙童摄影器材公司于1959年10月以300万美元行使期权，收购了仙童半导体公司，将其转变为全资子公司。仙童半导体公司就此落入一家认识不到半导体产业广阔前景的企业之手。除此之外，就在平面型晶体管面世之前，尤尔特·鲍德温离开仙童建立了他自己的公司——瑞姆半导体，还带走了许多他在休斯招募的员工。仙童团队并没有另找一名总经理来代替，而是由诺伊斯接任总经理的职位,并由戈登·摩尔接替了诺伊斯研发部主管的职位。勒屈耶和布洛克在他们关于集成电路的历史纪实中略带悲观地描述说:"公司命运此刻交给了一群经验不足的管理者。"(Lécuyer and Brock,2010:32)一场暴风雨正在仙童内部酝酿,最终引发了"衍生公司大爆发"。

平面型半导体很自然地引出了集成电路。不过正如上一章所说,诺伊斯和摩尔都没能正确意识到集成电路的重要性。他们当时的计划是为公司的研发实验室在远离生产部门的地方新建一些设施。于是,围绕金属氧化物半导体(MOS)为基础的第二轮技术革新,公司内部的矛盾不断激化,而金属氧化物半导体大幅拓宽了集成电路的应用范围(Bassett,2002)。强有力的领导者可能避免这些困难,而这正是诺伊斯管理风格所缺乏的。当仙童半导体的母公司需要招募一个新的首席执行官的时候,他们对诺伊斯的评价是过于软弱,最终他们选择了仙童的竞争对手,摩托罗拉的莱斯特·霍根。霍根从摩托罗拉带来了100多名经理,他们在当时被称为"霍根英雄",这个名字来源于红极一时的同名电影。与此同时,摩尔的研发部门不断地快速研发出新的或者改进的设备,而这恰恰也是仙童的生产经理和销售经理不愿意看到的。

这一系列情况也导致仙童内部的矛盾激化并爆发。1972年金属氧化物半导体时代尘埃落定,仙童衍生出了19家衍生公司,在此后的12年内又陆续衍生出了10多家。其中,1961年至1969年间仙童遭遇的打击最严重,一系列由仙童的创始人或高级员工创办的衍生公司陆续成立并取得成功。正如第3章所述，这一系列的衍生公司都始于生产集成电路的阿内尔科和西格尼蒂克的建立。这两家衍生公司带走了拉斯特、霍尔尼、罗伯茨、克莱纳以及四名仙童高级研发科学家和工程师。两年后，仙童内部对于如何回应西格尼蒂克的成功引发了争论，一群顶级微电路工程师也提出离职，成立了通用微电子公司。尽管通用微电子公司最终没有取得成功，但是它的两家衍生公司却取得了巨大的成功，包括由托马斯·贝在仙童雇用的第一个销售员霍华德·鲍勃（Howard Bobb）成立的AMI公司。正如前面的章节提到的，1967年，仙童的几名高级生产经理，包括生产部主管查尔斯·斯波克，由于不满于母公司吝啬的薪酬政策而离职，重新在硅谷成立了美国国家半导体公司。诺伊斯在错失母公司首席执行官一职的一年后，仙童研发部门和生产部门的内部矛盾严重阻碍了新产品面世，这样的情况愈发使诺伊斯和摩尔感到疲倦，于是他们成立了英特尔公司。第二年，仙童的市场主管杰瑞·桑德斯（Jerry Sanders）也在和新晋执行官莱斯特·霍根发生争执后离职成立了超微半导体。

综合《电子采购指南》列出的晶体管和集成电路厂商数据、美国集成电路工程学会汇编的名单以及硅谷系谱，我们可以绘制出截至1987年硅谷地区和其他地区所有（确认的）衍生公司的图谱，参见图4-2和图4-3。[1]为了节省空间，我们只列举最著名的衍生公司，

---

[1] 硅谷区域被广义定义为包括旧金山半岛在内的旧金山及周边的联合大都市统计区（联合大都市统计区是由人口统计局用来定义城市劳动力市场的概念）。

各企业的衍生公司按年代顺序从左到右排列。图4-2的上半部分描述了被戏称为"仙童子孙"的所有仙童衍生公司以及这些公司衍生出的四代公司。这些公司几乎都位于硅谷。根据美国集成电路工程学会的销售数据，在仙童的29家直接衍生公司中，6家在1974年至1990年间位列十大厂商之列，另有2家在二十大厂商之列。包括让·霍尔尼成立的英特矽尔在内的另外三家由仙童前员工创立的衍生公司同样取得了成功，1家位列十大厂商之列，另有2家在二十大厂商之列。还有7家仙童的第二代或第三代衍生公司也进入了二十大厂商的行列，其中4家还进入了十大厂商之列。

图4-2的下半部分列出了硅谷内与仙童无关，但是有衍生公司的企业。在这6家企业中，只有惠普较为出名，它有6家衍生公司，其中只有1家进入了二十大厂商之列，其余5家虽然都在硅谷，但是都没能进入二十大厂商的名单。[①]如图4-3所述，得州仪器也有一家位于硅谷的衍生公司，并且进入了二十大厂商之列，但是其他硅谷之外的公司都没成为二十大厂商。可以说，仙童和仙童的衍生企业构成了硅谷的半导体产业。

相反，硅谷之外的衍生公司既少也不重要。图4-3显示，硅谷之外最重要的衍生公司都源自得州仪器。得州仪器共计有15家衍生企业，其中6家是直接衍生公司，比起仙童的29家直接衍生公司和

---

① 这些企业中，绝大多数的背景可以追溯，但是其他的只能根据企业的成立时间被划分为新企业。这些企业中可能有一部分确实也是衍生企业，但是并没有任何关于它们后裔的证据出现。

192 | 创新的演化

图 4-2 硅谷企业图谱

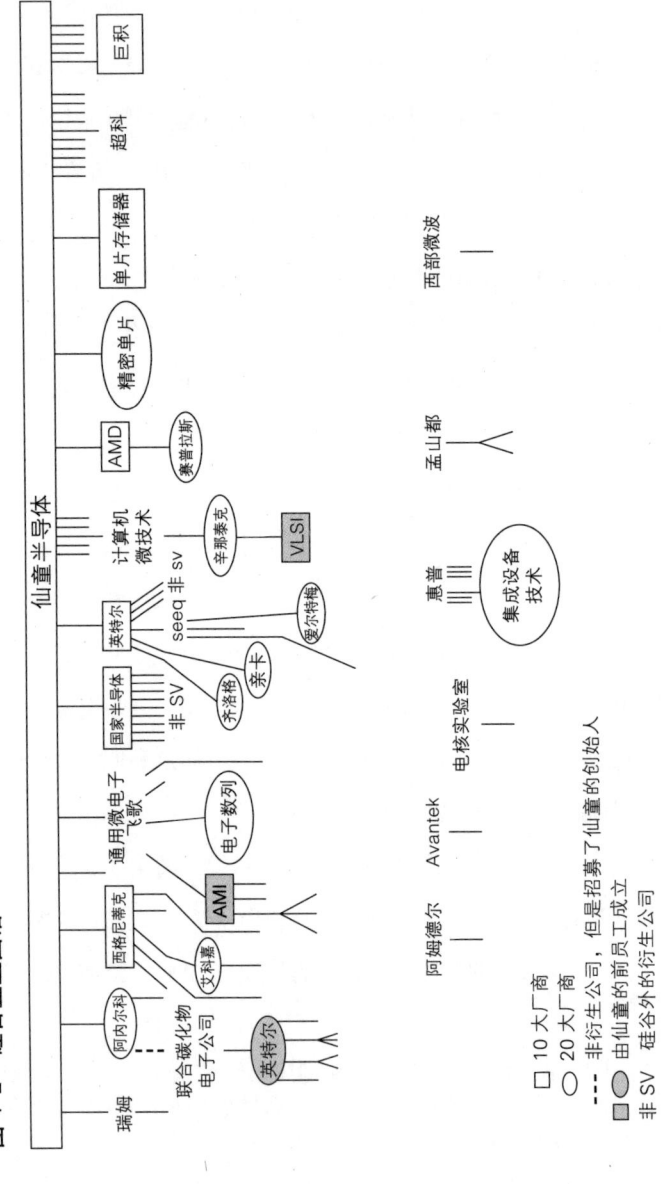

仙童半导体分支:
- 瑞姆
- 联合碳化物电子公司 — 阿内尔科 — 英特尔
- 西格尼蒂克 — 艾科嘉 — AMI
- 通用微电子 — 电子数列 飞歌
- 国家半导体 — 非 SV、齐洛格、亲卡
- 英特尔 — seeq 非 SV、辛那泰克、爱尔特梅、计算机微技术 — VLSI
- AMD — 赛普拉斯 — 精密单片 — 单片存储器 — 超科 — 巨积

其他:
- 阿姆德尔
- Avantek
- 电核实验室
- 惠普 — 集成设备技术
- 孟山都
- 西部微波

图例:
- □ 10 大厂商
- ○ 20 大厂商
- --- 非衍生公司,但是招募了仙童的创始人
- ■ 由仙童的前员工成立
- 非 SV 硅谷外的衍生公司

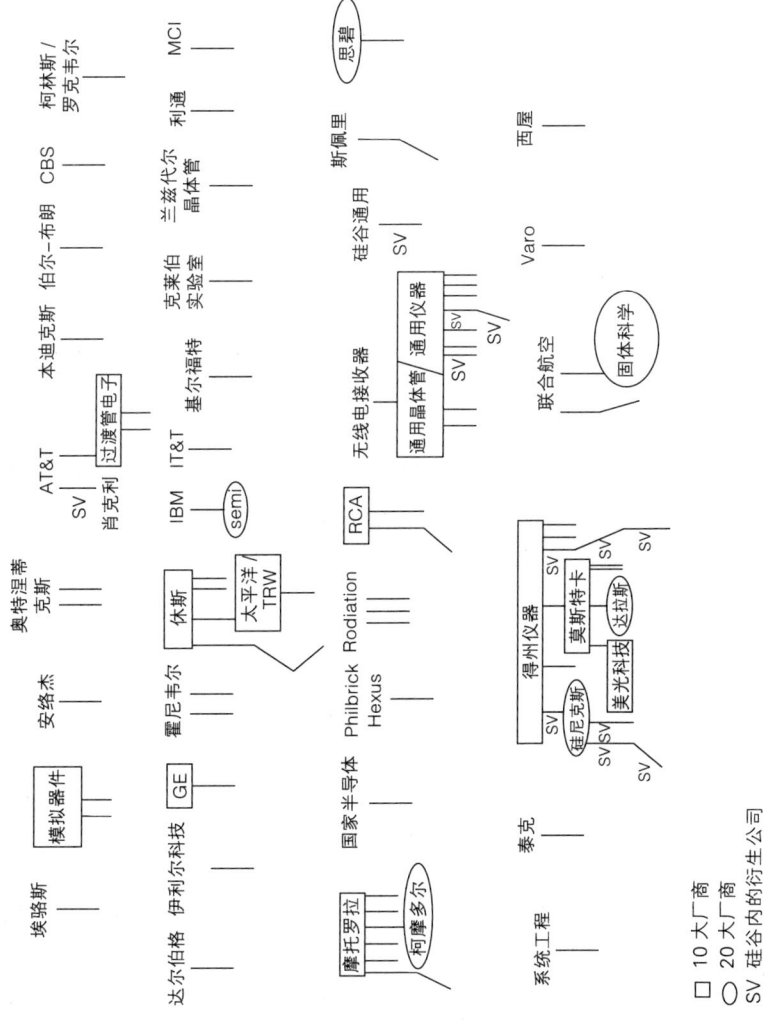

第 4 章 肖克利缔造的硅谷和汽车王国的鼻祖 | 193

图 4-3 硅谷外企业图谱

□ 10大厂商
○ 20大厂商
SV 硅谷内的衍生公司

总计94家衍生企业肯定相形见绌。硅谷外的衍生公司总数仅为75家，仅为硅谷外半导体厂商总数686家的11%。而硅谷内的衍生公司占硅谷内半导体厂商总数163家的66%。[1]除此之外，与硅谷不同的是，硅谷外的主要厂商大多数都是分散经营者，包括硅谷外的四家主要的衍生公司来源——得州仪器、通用仪器、摩托罗拉、休斯。显然，硅谷与其他地方最明显的区别就是由仙童衍生出去的衍生公司数量和质量都非比寻常。

地理效应对于这些衍生公司的影响非常明显。图4-4反映了从1949年半导体产业形成到1990年，硅谷企业占美国半导体产业市场份额。数据来源于第3章表3-3给出的各企业市场份额和美国集成电路工程学会列出的其他企业的年销量数据。起初，硅谷内并没有相关企业，整个产业主要集聚在纽约、波士顿和洛杉矶周围。据《电子采购指南》1961年列出的晶体管厂商数据，这三个地方当时分别占据了全国市场份额的51%、15%、15%（Klepper, Kowalski, and Veloso，2011）。仙童的成功使硅谷闻名于世。在1963到1966年的列表上，仙童是唯一的硅谷企业，其市场份额最多的时候不过13%。尽管到1975年，仙童的市场份额已经下滑到9%，但是硅谷企业整体市场份额却上升到了43%，这也反映出仙童的早期衍生公

---

[1] 硅谷系谱使我们能够比其他地方更轻松地辨认出硅谷的衍生企业，因此比起硅谷内衍生公司的比例，硅谷外的衍生企业比例可能相对来说被低估了。如果我们把衍生公司比例的对比限制在美国集成电路工程学会列表上的大公司，那么这些企业的背景都能够追溯，而此时我们可以得出相同的结论，也就是硅谷的衍生企业比例比其他地方的比例都高出许多。

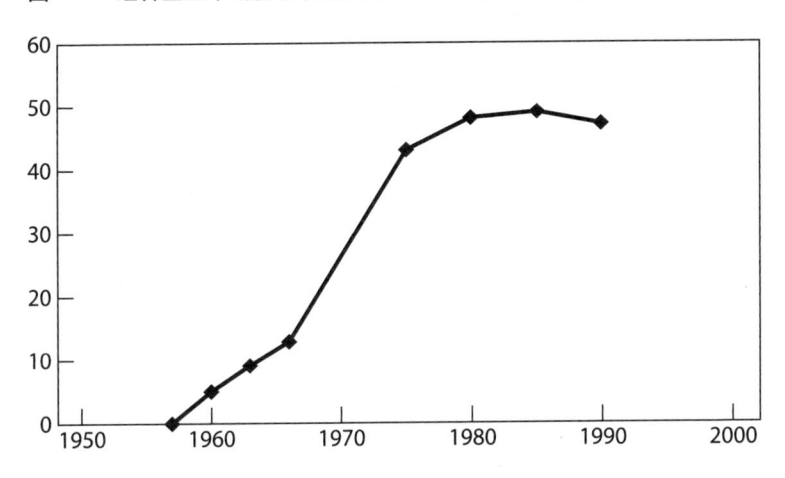

图 4-4　硅谷企业市场份额（占美国半导体产业总市场份额的百分比）

司的成功。随后，仙童进一步衰落，但是硅谷企业整体的市场份额持续增长，于 1980 年达到 48%，又在 1985 年进一步增长到 49%，直到 1990 年才小幅下滑至 47%。尽管美国的晶体管和集成电路企业数量和硅谷企业的比例都随时间稳步增长，但是硅谷企业占业内总企业数量的比例从来没有超过 30%（Klepper, Kowalski, and Veloso, 2011），这个数字远小于硅谷企业总计市场份额的比例。

仙童从人才济济，到初见成效，再到后来的内部瓦解，整个过程已经足以说明硅谷内半导体产业的集聚现象。不过硅谷的产业集聚是否也能反映出企业在集群内也能受益呢？并且这是否也是硅谷半导体企业中衍生公司比例较高的原因之一呢？通常我们很难彻底排除某一种因素的作用，但是种种证据表明，硅谷的半导体企业集群的形成主要还是源于衍生公司，而并不是在集群内设立企业可能带来的好处。硅谷内有55家新进入者是非衍生公司，但是没有任何一家跻身二十大厂商之列。相反，有不少其他地方的非衍生公司成为龙头企业。如果企业能够因进驻硅谷而具有集群优势——也就是经济学家所说的"聚集经济"效应，那么硅谷的所有企业都应该能大赚一笔。然而事实并不是这样的，相反，硅谷半导体产业市场份额的增长更多地来自仙童早期的衍生公司推动，并且在20世纪70年代初是增长最快的时期，也就是在半导体企业大规模进驻硅谷之前的时期。最后一点，硅谷中最成功的衍生企业基本都有着各自不同的家系，这也表明促使它们成功的因素更多的应该是它们的背景或者血统，而不是集群内的潜在利益。

由于高级人才大面积流失，仙童从20世纪60年代开始不断衰退，所以它最终以很低的价格被收购再被卖给美国国家半导体也就不足为奇了。真正让人惊讶的是仙童衍生出的后裔不仅填补了仙童滑落的份额，还累计占据了比仙童巅峰时期还要多的市场份额。这很大程度应该归功于仙童的衍生企业是开发半导体市场的先驱，特别是开发了金属氧化物半导体和互补金属氧化物半导体（CMOS）的市场。例如，英特尔公司开创性地研发了金属氧化物半导体存储器，开启了半导体的新市场。不久后，英特尔又在微处理器的市场开发中发挥了类似的作用。勒屈耶也提到了仙童的其他衍生企业在半导体相关产品市场拓展中起到的先驱作用，例如英特矽尔开拓了手表中使用互补金属氧化物半导体集成电路的市场（Lécuyer，

2006：273-283）。通过开发这些新的市场，仙童的衍生企业不仅推动了整个行业的发展，也提升了硅谷企业占整个行业的市场份额。

半导体产业很大程度上可以看作硅谷的一个转折点。肖克利实验室早期招募的员工中，有一部分是直接从斯坦福招来的，其他人则来自美国各个地方甚至海外。我们用各种信息源追溯了仙童早期专利所有人的背景，发现第二次世界大战以后，仙童主要在当地招募研发人员，包括斯坦福、伯克利以及一些要么成立于斯坦福地区，要么在斯坦福地区有分公司的电子厂商。仙童也有大量员工来自硅谷以外的地区，包括东部的许多电子厂商和美国各地的大学。自从威廉·肖克利招来仙童八名创始人，硅谷焕然一新。正如里奥丹和霍德森总结说：

（肖克利）把一大群一流的科学家和工程师带到了斯坦福地区，鼓励他们一起汲取扩散技术与硅这捧生命之泉。后来，他们离开了肖克利，创立了一系列数目繁多的衍生半导体企业，将一个草木繁茂的沉睡山谷变成了整个地球上最大的财富之源。从1957年第一群人离开肖克利半导体开始，急性子的企业家们成百上千倍地增长，使得整个硅谷地区跳槽和剽窃商业机密的行为愈发成为常态。在"点硅成金"的过程中，许多人成为百万富翁，更有一部分成为亿万富翁。不过由于固执及命运的嘲弄，肖克利自己从来没抵达应许之地，享受财富。他完全配得上他的人生挚友和旅伴弗雷德·塞茨（Fred Seitz）给他起的绰号——"硅谷的摩西"。（Riordan and Hoddeson，1997：275）

和硅谷及半导体产业在20世纪50年代到60年代的发展类似，底特律和阿克伦在20世纪初期也并不大可能是汽车和轮胎产业的集聚地。如图4-5所示，底特律和阿克伦都位于美国中西部，远离20世纪初美国人口聚集的东部地区。此外，这两个地区都没有任何有利于产业发展的自然环境优势。这两个地方有没有可能像硅谷那样，由于一个或几个像肖克利那样的人，留下了远远超过个人成就的遗产，使得整个地区爆发式发展呢？为了回答这个问题，我们首先把目光转向汽车行业在底特律周边的集聚现象。

据观察，硅谷半导体产业的衍生公司浪潮充分反映了现代科技根本性地转变了资本主义的性质。倒拨时钟，回到硅谷崛起的50年前，我们可以看到汽车行业也经历了类似的过程。衍生公司不仅仅在硅谷的发展中发挥了重要的作用，也驱动了汽车产业在底特律形成集群。正如威廉·肖克利触发了硅谷的衍生公司大爆发，底特律衍生企业的形成也是由一个人驱动的——他就是兰索姆·奥兹。

与硅谷类似，起初并没有汽车厂商在底特律地区建厂。1895到1900年间，汽车产业刚刚形成的时候，美国有69家汽车公司，但是没有一家在底特律附近。1901年，由兰索姆·奥兹领军的奥兹汽车修理厂开始生产弯挡板小型敞篷车，随后迅速占领了整个产业的市场。正如仙童抓住了由锗晶体管转向硅晶体管的过渡机会一样，奥

图 4-5　底特律和阿克伦地图

兹也抓住从蒸汽动力车和电动车到内燃机动力汽车转型的机会，到 1904 年，奥兹的年销量已超过 5,000 辆。

尽管奥兹汽车制造厂在转向汽车行业之前曾经是引擎生产商，但是为了生产出满足需求的汽车数量，奥兹外包了所有部件的生产，包括引擎。奥兹两个最主要的引擎和传动设备承包商是利兰福尔科纳以及道奇兄弟，这两家当地机械制造商也为其他公司生产零部件。另一家承包商布里斯科兄弟则是为奥兹提供散热器、油箱以及挡泥板的金属板制造商。

1902年，亨利·福特被撤职之后，利兰福尔科纳公司技术高超的机械技师和设计师亨利·利兰来到亨利·福特公司，与亨利·福特公司的股东商谈他们公司的资产价值。福特不能或不愿将生产出来的汽车投入市场，因此股东们想关闭公司减少损失。利兰建议说，他们可以转而生产一种使用改进版奥兹引擎的新型汽车。这款引擎是他在奥兹制造厂设计开发的，但是奥兹认为再加工成本巨大而拒绝投入生产。这家重新成立的公司被命名为凯迪拉克，并且很快就成为整个产业的龙头企业之一。第3章曾提到，1903年，道奇兄弟同意为亨利·福特新成立的福特汽车公司生产引擎、传动设备和车轴。他们也为二度创业失败的福特在第三次创业时取得成功立下了汗马功劳。同样是1903年，布里斯科兄弟投资了别克，而别克最终被出售给威廉·杜兰特，成为通用汽车的基石。

　　就像仙童的发展历程那样，这也为之后底特律地区衍生公司的全面爆发埋下了伏笔。如第3章所述，兰索姆·奥兹在不得不出售股份向汽车产业转型之前，他实际上已经失去了公司的控制权，整个公司已经被控制在缺少管理制造企业经验的外行人手中。这种情况和仙童摄影器材公司控制仙童半导体的情形相似。亨利·利兰和亨利·福特都是性格倔强强硬的人，他们目标明确，不会轻易接受上级的意见。威廉·杜兰特是一个有些狂躁的组织者，缺乏管理经验，也无法维持对公司的掌控，他曾两度被通用汽车解职。这也导致奥兹、凯迪拉克、福特和别克/通用汽车产生了许多衍生公司。这几家公司总计有22家衍生公司，如果算上所有的"后裔"，共有

41家企业，它们大部分都位于底特律地区。它们的谱系如图4-6所示，图中还包括了各衍生公司的信息和存在时间（为节约空间，统计截至1936年）、是否因收购而退出市场、是否曾经跻身龙头企业的行列（统计截至1925年）等信息。

与硅谷相似，底特律地区的衍生公司占企业总数量的比例也达到了惊人的数字，达48%，其他地区的衍生公司比例仅为15%。[①]还有一点与硅谷相似的是，表3-2中列出的底特律地区所有龙头企业几乎都是早期较为成功的底特律企业和它们的衍生企业。就像硅谷的半导体衍生公司的状况一样，底特律的这些企业的母公司几乎无一例外都是业内领头企业。

时间线上的不同记号分别代表一个衍生公司（这家衍生公司在下面的时间线中以同样的记号开头）。

参照表3-2的企业市场份额数据，底特律地区的汽车衍生公司占整个汽车市场份额见图4-7。与仙童相似，奥兹汽车制造厂将底特律推上了产业版图，而整个底特律地区企业的总市场份额随着奥兹衰落而大幅增长。到1910年，底特律企业的市场份额已经达到了65%，而到了1925年，随着整个产业整合成三巨头——福特、通用汽车和克莱斯勒，底特律企业的市场份额已经达到了85%。正如第

---

① 密歇根州的企业大部门都位于底特律，其他一部分大多都坐落于底特律附近的其他密歇根城镇。有时候底特律的企业会在密歇根州内的邻近地区建立分厂或者搬迁过去，也有相反的情况。因此，底特律地区被定义为密歇根州内底特律周边100英里以内的区域。

图 4-6　主要母公司的谱系和 1901(1)—1936(36) 年期间持续生产的年份（寿命）

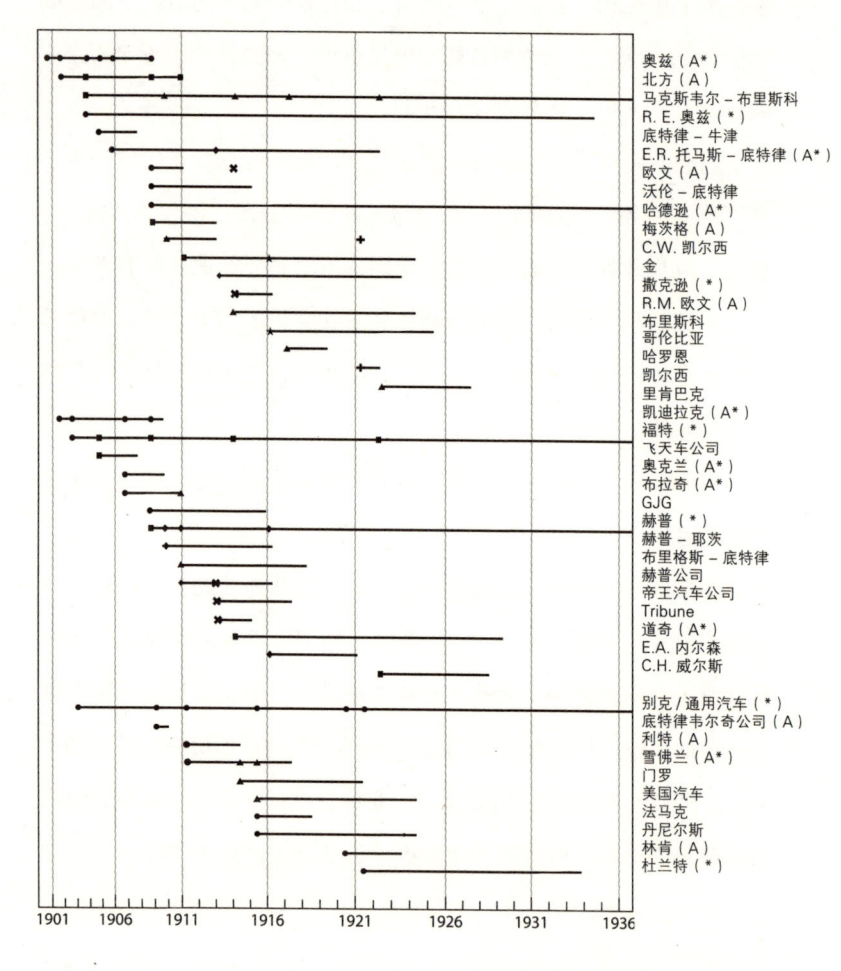

图 4-7　1900—1925 年底特律地区的汽车公司产量占美国汽车公司总产量的比例

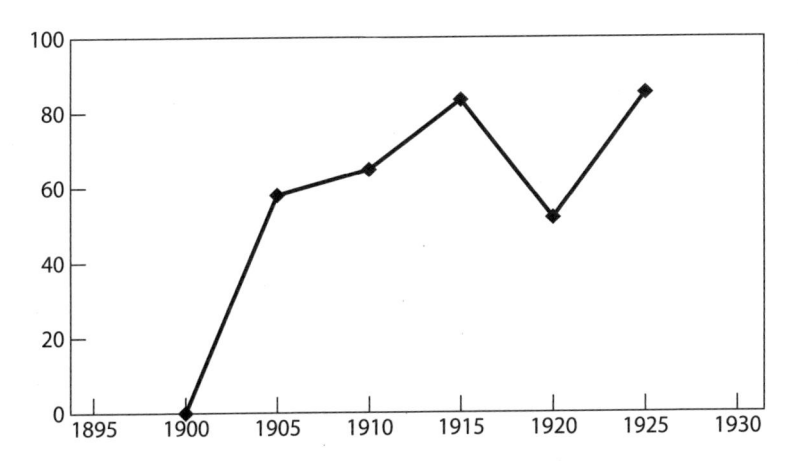

2 章提到的，1909 年汽车产业的厂商数量达到了最高值 272 家，随后这一数字不断下滑。底特律地区的汽车企业数量很快也达到了最高点，但是底特律企业的市场份额仍然在上升。与硅谷相似的是，到 1925 年，底特律地区的汽车企业数量从未超过美国汽车产业企业总数量的 30%。

因此，与硅谷类似的是，人们在解释汽车产业在底特律地区的集聚现象时，免不了会提到这些龙头企业的衍生公司。不过就像硅谷一样，底特律地区的企业出现衍生公司的比例也远高于其他地方的企业（Klepper，2007：2010）。这是否也说明了底特律地区的产业集聚现象不只受衍生公司的驱动，也受益于邻近其他汽车厂商所带来的好处呢？

汽车产业比半导体产业的历史更加悠久，各企业寿命的相关数据也都有迹可循。这些数据有助于解释把企业建在底特律是否更优势。根据我的理论，由于底特律地区的衍生公司有着更优质的传承，其期望寿命比其他地区的衍生公司长。如果这确实是底特律工业集群的优势的话，那么在底特律地区的其他类型企业（例如分散经营企业和初创新企业）的寿命也应当比在其他地区的同类型企业长。

为了验证这一理论，表4-1列举了截至1924年底特律地区及其他地区汽车企业衍生公司及其他公司寿命超过5年、10年、15年和20年的比例。[①] 生产未达到一定年限就被其他汽车公司收购的企业不在这一比较之列，例如计算寿命超过10年的企业所占比例时，只包含了那些生产维持10年以上的企业，而10内年就被收购的企业被排除在外。

正如预期的那样，底特律的衍生公司的寿命显著长于其他地区的衍生公司。在那些没有被提前收购的公司中，底特律的衍生公司有一半寿命超过5年，有17%持续经营了超过20年。而其他地区的衍生公司只有32%寿命超过5年，2%寿命达到20年。不过在其他类型的企业中，底特律地区的企业和其他地区企业差不多，寿命超过5年的企业比例均略微超过30%，寿命达到20年的企业比例都在5%上下。这些比例明显低于底特律地区的衍生公司，而与其他地区的衍生公司相近。这种规律也反映了底特律地区与众不同的原

---

① 有一些企业搬进或迁出底特律区域，这些企业的地点判定取决于它们在哪个地方进行生产的年份更长。

因并非来自底特律的集群优势，而是来自底特律地区的衍生公司。

这一结论在表4-2中得到了进一步强化。表4-2给出了母公司是或不是龙头企业的底特律衍生公司寿命超过各个年份的比例。正如我所预料的那样，寿命超过各年限的企业中，母公司是龙头企业的衍生公司所占比例显著高于母公司不是龙头企业的衍生公司。而母公司不是龙头企业的底特律衍生公司，其寿命达到5年和10年的比例与其他地区的衍生企业或底特律地区和其他地区的非衍生公司相近，不过寿命达到15年和20年的比例要略高于其他几类公司。但是，这一结果也只是根据两家存在时间较长的衍生公司得出的，其中一家是由奥兹汽车制造厂的知名前员工成立的，在此之前他还成立过另一家公司。如果这一家衍生公司也被视为龙头企业母公司（或祖母公司）的衍生企业的话，那母公司不是龙头企业的底特律衍生公司的比例数据，将与非底特律的衍生公司以及底特律和非底特律的其他类型公司的相应比例数据不相上下。

从联合市场份额来看，底特律地区的衍生公司的市场份额远不止填补了奥兹汽车制造厂下滑的部分，就像硅谷的衍生公司不只填补了仙童下滑的市场份额一样。这其中的原因似乎也和半导体行业相似。底特律的衍生公司突破行业的边界，扩展了汽车产业的需求。布拉奇、赫普和撒克逊生产出了流行的低价小型车；福特开拓性地引入了大规模生产，后来雪佛兰也进一步取得了这方面的突破；道奇兄弟生产出了高级的现代版T型车，他们采用了价格低廉的封闭式车身，直到现在仍然广受欢迎；锐欧、E. R. 托马斯-底特律/查

表 4-1 根据起源背景和地点划分的汽车企业寿命超过 5 年、10 年、15 年、20 年的比例

起源背景及地点	>5 年	>10 年	>15 年	>20 年	企业总数
底特律衍生企业	55%	24%	19%	17%	52
非底特律衍生企业	32%	12%	6%	2%	90
底特律其他企业	32%	12%	10%	4%	60
非底特律其他企业	34%	15%	9%	6%	511

表 4-2 根据母公司类型划分的底特律衍生企业寿命超过 5、10、15、20 年的比例

起源背景及地点	>5 年	>10 年	>15 年	>20 年	企业总数
龙头企业	74%	30%	26%	22%	30
非龙头企业	32%	16%	11%	11%	22

尔莫斯以及哈德逊生产的高价大型车,也取得了不错的销量。与半导体行业相似,多样化的商品类型也为整个行业带来了许多新的消费者,而大部分的商业机会都被底特律的主要衍生公司所吸引。

在汽车行业诞生之前,底特律已经是一座大城市了。1900 年到 1930 年,底特律首府韦恩郡的人口增长了 6 倍,这一增幅与硅谷所在的圣克拉拉郡在 1960 到 1990 年间的人口增幅不相上下。正如威廉·肖克利刺激了硅谷的形成一样,我们也可以说,兰索姆·奥兹促成了底特律汽车城的形成。与肖克利不同的是,兰索姆·奥兹虽然也被他自己创立的公司驱逐,但最终成功实现了人生目标,到达了应许之地,享受了属于他的财富。不过他对于整个汽车产业的贡

献也像肖克利对半导体产业的贡献那样，远远超过了他自己的成就。同时，他也是促使底特律成为举世闻名的汽车城的重要人物。因此，如果说肖克利配得上"硅谷的摩西"这个称号，兰索姆·奥兹也配得上是"汽车王国的校长"。这一头衔也纪念了所有在他的指导下获益匪浅的底特律著名汽车人（Doolittle, 1916：44）。

关于轮胎行业，我在前面说过，我们只收集了126家俄亥俄企业的起源背景数据，并且轮胎产业内主要厂商可获取的市场份额数据也相对有限。这都限制了我们对于俄亥俄州阿克伦周边的轮胎产业集群的研究。阿克伦产业集群与硅谷和底特律的产业集群也有所不同。阿克伦的龙头厂商很早就崭露头角，而且它们并没有遭遇滑坡。本杰明·富兰克林·古德里奇博士（Dr. Benjamin F. Goodrich）对于整个地区的成功发挥了重要作用，而龙头企业的衍生公司也在阿克伦形成产业集群的过程中起到了重要的推动作用。

古德里奇曾是一名训练有素的内科医生，但是他在商界挖到了第一桶金——尽管他也费了不少的周折。他在年轻时收购了一家没落的纽约橡胶公司，并于1871年将公司迁至阿克伦，以此作为交换条件，从阿克伦当地的商人那里获得了一笔数额可观的贷款让公司得以运营下去。1888年古德里奇去世的时候，百路驰公司已经盈利颇丰。随后，百路驰公司利用19世纪90年代的自行车热潮，推出了充气自行车轮胎，并赚取了大量收益。随后，百路驰又于1896年生产出了第一个汽车用充气轮胎，成为美国最大的充气汽车轮胎生产商之一。

古德里奇的成功也促使固特异和风驰通选择在阿克伦建立公司，最终美国四大轮胎厂商中的三家都集中于阿克伦（第四家是美国橡胶公司，位于康涅狄格州的哈特福德，之后迁至密歇根州的底特律）。[1] 固特异成立于1898年，由早期资助百路驰的一名阿克伦实业家的两个儿子创立。受到百路驰获得的成功所感染，他们很快也将公司的生产方向定位为自行车轮胎，并随后转向了汽车轮胎。出生于俄亥俄州哥伦比亚纳附近的哈维·费尔斯通（Harvey Firestone）在来到阿克伦之前，曾为芝加哥和阿克伦马车橡胶轮胎企业进行销售工作，有着丰富的经验。他最初到阿克伦的目的是去当地的一家马车轮胎厂商——惠特曼和巴恩斯工作。1900年，他成立了自己的公司，安装并销售其他厂商生产的马车轮胎。1903年，他又利用百路驰供应的成品橡胶和构件，开始生产自己的橡胶轮胎。另一家成功的阿克伦橡胶轮胎企业钻石橡胶，是在1894年由百路驰的员工创立的。1912年，钻石橡胶被百路驰收购。

与硅谷和底特律产业集群不同，阿克伦依靠百路驰、固特异和风驰通这些最早进入的企业占据了汽车和卡车轮胎产业的有利地位。此外，与仙童半导体和奥兹汽车制造厂不同的是，这几家企业并没有爆发内部矛盾，而是与美国橡胶公司一起，长年保持对整个行业的垄断，并持续取得可观的利润。由于缺少早期企业的市场份额数

---

[1] 关于阿克伦地区轮胎企业早期的发展历程参见布莱克福德和科尔的著作（Blackford and Kerr，1996），以及布恩斯托夫和克莱珀的文章（Buenstorf and Klepper，2009）。

据，我们无法追溯整个阿克伦产业集群的发展历程。不过我们可以利用制造业普查的数据来理解俄亥俄地区轮胎行业的发展。图4-8展示了1899年至1919年，俄亥俄轮胎与橡胶企业（合并统计）占美国轮胎和橡胶总市场份额的比例，以及1921年至1935年俄亥俄轮胎企业（仅考虑轮胎产业）占美国轮胎总市场份额的比例（因为统计局于1921年开始将轮胎产业区分出来单独统计）。俄亥俄地区的市场份额稳步攀升，在1935年达到峰值67%。与韦恩郡和圣克拉拉郡的发展历程相似，阿克伦首府萨米特郡的人口在30年内也增长了5倍，从1900年的7万增长到1930年的35万。

这一系列数据的增长很大程度上反映了百路驰、固特异和风驰通的发展。布恩斯托夫和克莱珀进一步预估说，到1921年，俄亥俄州第二梯队的企业占据了俄亥俄州总产值的约三分之一，这些企业大多数都建在阿克伦附近（Buenstorf and Klepper，2009）。除了追溯俄亥俄州126家企业的知识产权背景，布恩斯托夫和克莱珀还追踪了这些企业的起源地。分散经营企业主要是根据它们以前的生产地来划分，衍生公司的发源地记为其母公司所在地，初创公司的发源地记为创始人的居住地。初创公司相对最难追踪，很多时候我们只能确定，没有证据显示这些企业发源于它们后来的所在地或者发源于萨米特郡。126家俄亥俄企业中，有9家企业的背景无论从创始人还是从发源地角度都无从考证，有103家可以确定发源于俄亥俄州。图4-9展示了这些企业具体发源于俄亥俄州哪些郡县（Buenstorf and Klepper，2009）。

图 4-8　1899 年—1919 年俄亥俄轮胎与橡胶企业占美国轮胎和橡胶市场的份额比例

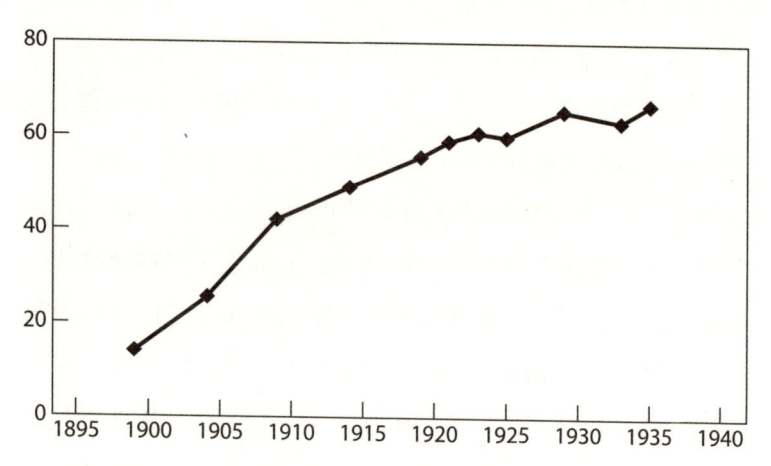

这 103 家企业的发源地主要集中于俄亥俄州东北部。发源于阿克伦所在的萨米特郡的企业最多，有 36 家。发源于凯霍加郡的企业数量排名第二，为 16 家。凯霍加郡与萨米特郡相邻，是克利夫兰的首府，也是俄亥俄州最大的城市，它还是汽车零配件供应产业的中心。这 126 家俄亥俄企业所在地的分布图与这些企业发源地分布图很相似（与布恩斯托夫和克莱珀的研究进行对比），这也反映了俄亥俄的企业通常都位于它们的发源地附近。萨米特郡和凯霍加郡分别有 36 家和 16 家企业，到 1930 年及以后，总计有超过 70% 的俄亥俄企业位于俄亥俄东北地区阿克伦附近。

与硅谷和底特律的产业集群相似，俄亥俄州最突出的轮胎厂商发源于萨米特郡（并且也位于萨米特郡）。举例说明，在百路驰、固

第 4 章 肖克利缔造的硅谷和汽车王国的鼻祖 | 211

图 4-9 103 家俄亥俄企业的发源地分布图

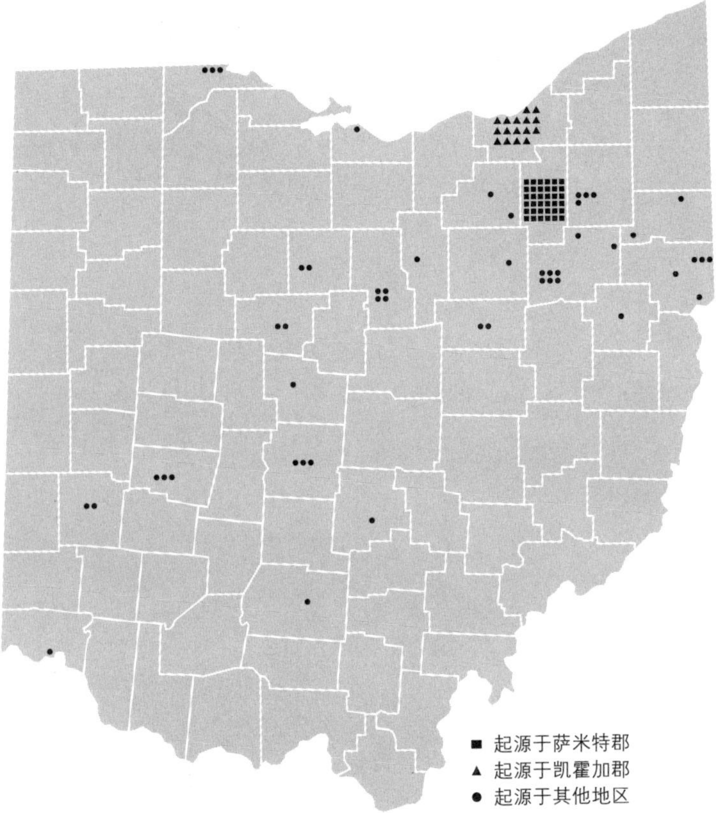

■ 起源于萨米特郡
▲ 起源于凯霍加郡
● 起源于其他地区

特异和风驰通成立之后,发源于萨米特郡的企业有 29% 都持续生产了 20 年以上,发源于其他地区的企业仅有 9%。将发源于萨米特郡的企业和发源于其他地区的企业按照起源背景进行划分之后,我们将更清晰地观察到这一优势。在发源于萨米特郡的 36 家企业中,21

家（占比58%）是衍生公司，8家（占比22%）是初创公司，7家（19%）是分散经营公司。相反，在发源于其他地区的81家企业中，23家（占比28%）是衍生公司，48家（占比59%）是初创公司，10家（占比12%）是分散经营公司。显然，萨米特郡的衍生公司显著多于其他地区的衍生公司。这也与硅谷的半导体产业和底特律的汽车产业衍生公司多于其他地区的衍生公司的趋势相符。

发源于萨米特郡的全部21家衍生公司中，只有3家不是百路驰、固特异和风驰通的直接或者间接衍生企业——也就是说这些企业的创始人至少曾经在这3家企业中的1家工作过。相反，在23家发源于其他地区的衍生公司中，只有4家是这3家企业的衍生企业。考虑到这些衍生企业的血统差异，表4-3显示出的萨米特郡衍生公司的表现远好于其他地区的衍生公司也就不足为奇了。

如果再对比位于（以及发源于）萨米特郡的衍生公司和俄亥俄其他地区的衍生公司，这种差距将更加显著。发源于萨米特郡的21家衍生公司中，有8家后来搬到了附近郡县或者是紧邻郡县，另有1家衍生公司位于萨米特郡与其他郡县的交界处，在萨米特郡的界线外。这8家公司中，只有1家维持生产超过10年，因此如果把条件限制为发源于萨米特郡，并且一直位于萨米特郡的衍生公司，表4-3中的百分比数值将会更高。发源于萨米特郡，并且始终位于萨米特郡的衍生公司中，寿命最长的公司包括通用轮胎、塞柏林、亚马孙、莫霍克和斯文哈特。这些企业大部分都是阿克伦集群中百路驰、固特异和风驰通之后的第二梯队的主要厂商。

表4-3 按照发源地划分寿命超过5年、10年、15年和20年的俄亥俄州衍生公司比例

起源背景及地点	>5年	>10年	>15年	>20年	企业总数
萨米特郡	76%	50%	42%	39%	21
其他地区	27%	14%	0	0	23

除了百路驰、固特异和风驰通以及他们的衍生企业之外，萨米特郡的其他企业的表现并没有明显好于俄亥俄州其他地方的企业。萨米特郡的其他企业中，生产维持20年的都是分散经营企业，包括八分之三位于萨米特郡的分散经营企业（不包括百路驰）。然而在其他地区，分散经营者的表现同样可圈可点，有四分之一落户于萨米特地区以外的衍生企业生产持续了超过20年。此外，在萨米特以外的地区还有4家初创公司也维持了20年以上的生产。与硅谷和底特律的产业集群相似，阿克伦和俄亥俄其他地区乃至美国其他地区最大的区别在于衍生公司的数量和质量。阿克伦集群的龙头企业很早就在那里立足，并且随着时间推移取得了巨大的财富，与硅谷和底特律集群一样，这些早期龙头企业衍生出的成功衍生公司也驱动了整个集群的发展。

我们现在将目光转向电视机产业。这是一个很有趣的行业，它给我们提供了一个机会，去研究当衍生公司并不具有较强竞争力时会产生什么样的地域效应。如第3章所述，电视机产业中有三分之一都来自无线电产业的分散经营者，这些企业也是电视机行业龙头厂商。要理解无线电厂商在这个行业中有多么强的竞争力，我们可

以观察一下1946年到1989年间进驻电视机行业的177家公司的表现。在这177家公司中，58家（约占三分之一）是从无线电产业转移过去的分散经营者。这58家企业中，14家（占比24%）寿命超过了20年，这14家企业中有9家在1940年时位居16大无线电厂商之列。尽管我们无法全面地追溯另外119家企业的起源背景，但是这119家企业中大多数都是在电视机产业形成时的最初8年中进入的。通常，衍生公司的形成需要更长一段时间的孕育期，这也说明这些企业中，大多数可能都是初创公司，而不是衍生公司。这119家企业中，只有1家（占比不到1%）寿命超过20年。

无线电厂商的统治地位之所以尤其突出，是因为它们本身就高度集中于美国电视最早商业化的三个城市：纽约、芝加哥和洛杉矶。1945至1948年间，美国266家无线电厂商中有55%坐落于这三个城市方圆25英里的范围以内。而且毫不意外，无线电产业转向电视机产业的分散经营企业中，有55%也坐落在这三个城市方圆25英里范围内。真正令人惊讶的是，另外119家电视机厂商以更高的比例（81%）集聚于这三个城市方圆25英里的范围以内。合计下来，177家曾进入电视机产业的企业中，有73%位于这三个城市方圆25英里之内，其中单纽约市周围就聚集了44%的企业。在半导体、汽车和轮胎产业中，企业的地域分散度远高于电视机产业。如果有一种产业注定会集聚，那应该就是电视机产业了。

图4-10绘制了从1946年电视机产业成立到1989年只剩三家企业为止，纽约、芝加哥和洛杉矶三个城市每年的电视机生产厂商的

比例。这幅图也表明整个产业并没有发挥其集聚的潜能。考虑到整个产业的企业都集中于三个城市，人们可能会认为在整个行业的发展过程中这三个城市会一直保持垄断。然而，日本企业开启的国际竞争搞砸了这样的预期。即使在 20 世纪 60 年代后期日本入侵之前，这三座城市的产业集群也没有展现出蓬勃发展的趋势。到 1965 年，纽约厂商的比例已经从最高时候的 50% 下降到 30%，而洛杉矶和芝加哥厂商比例基本维持在 20% 的水平。

接下来的 5 年中，彩色电视机的普及度越来越高，而来自日本企业的低价竞争迫使美国企业将它们的一些低端组装环节外包至海外，主要外包给中国台湾和墨西哥。此时，纽约厂商的市场份额继续滑落至 20%，洛杉矶厂商市场份额已经从 20% 降到了 5%，而芝

图 4-10　1946—1989 年间纽约、芝加哥和洛杉矶的电视厂商比例

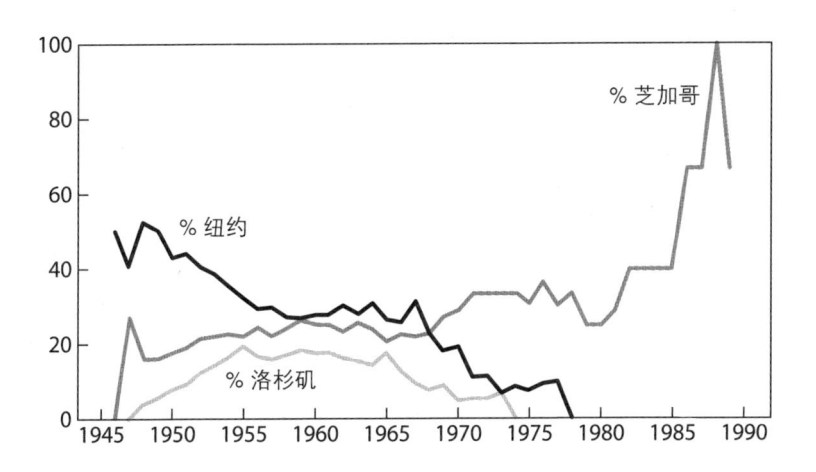

加哥厂商的市场份额则上升到30%。在接下来的10年中，随着来自日本厂商的竞争不断升温，许多坚持下来的美国企业也退出了市场。纽约和洛杉矶的所有企业都退出了市场，而芝加哥厂商的市场份额也在短暂上升之后回落到了30%以下。紧接而来的，是芝加哥厂商的市场份额急剧增长，不过这并不能阻止整个美国电视机产业走向覆灭。到1989年，整个行业只剩下3家美国厂商，其中2家位于芝加哥。

美国电视机产业的龙头厂商全都是由无线电产业转移而来的分散经营者。它们也开创性地将一些加工操作环节转移到了低薪国家和地区。考虑到这些企业庞大的规模，它们可以通过大规模产出摊销向海外转移的成本，就像我们在第2章探讨产业衰退理论时提到的，通过提升生产规模摊薄研发成本一样。纽约和洛杉矶的企业显然没有从这一系列发展中得到实惠，只有19%的纽约企业和13%的洛杉矶企业是来自无线电产业的分散经营；并且这两个城市的全部企业中，只有1家在1940年位居16大无线电厂商之列。相反芝加哥的26家企业中，54%来自无线电产业的分散经营者，其中5家在1940年位居16大无线电厂商之列。最终，也只有芝加哥的三大电视机厂商珍妮诗电子、摩托罗拉和艾德蒙生存了下来。如果说在这些集群内建立企业存在什么优势的话，这种优势在更强大的外部竞争面前显然微不足道。与此同时，由于没有衍生公司给行业龙头制造挑战，纽约和洛杉矶的企业也就没有足够的动力去维持自己的地位。因此，纽约和洛杉矶注定会失去所有的电视机厂商。

在《银色马》(Silver Blaze)中，夏洛克·福尔摩斯正是认识到预期的缺席——狗没有叫，发掘其背后的意义，进而解决了整个谜题。鉴于电视机企业的高度集聚性，整个产业似乎注定要出现产业集群。然而，"犬不吠"事件发生了——整个产业并没有出现具有竞争力的衍生公司。早期企业周边没有涌现出成功的企业，最初的产业集群也就无法持续繁荣，更不会形成其他的地域集群。如果在这样的集群内建立公司有利可图，这种利益也不足以抵消强大的外部竞争带来的冲击。

青霉素产业和电视机产业的发展道路相似。业内所有取得成功的企业都参与了由联邦政府赞助的第二次世界大战战时项目。它们的所在地反映了战前它们处于哪里，并且很大程度上也决定了美国青霉素生产商的最终位置。由于没有成功的衍生公司，在这些成功的厂商周围没有形成产业集群。

激光产业在硅谷周围聚集，它是一种由衍生公司驱动产业集聚的中间情形。光谱物理和它的衍生企业相干公司长期居于整个产业的领先位置，这2家企业都位于硅谷。[1]正如第3章表3-5所示，这2家企业也是整个产业在硅谷地区仅有的2家在后期仍然能保持领先地位的早期龙头企业，但是这个产业集群后期也补充了5家龙头企业，其中4家是衍生公司。其中2家衍生公司尤尼菲斯和Lexel分别是光谱物理和相干公司的衍生企业，在企业背景可以追溯的1961年

---

[1] 类似半导体企业中的划分，硅谷地区也被广义定义为旧金山周边联合大都市统计区。

至1994年间，光谱物理和相干公司也是衍生企业最多的2家公司，分别有6家和5家衍生公司（位于南加州的休斯也有5家衍生公司）。综上，激光产业的衍生公司高度集中于硅谷，1961年至1994年间，79家衍生公司中有23家（占比29%）是由硅谷的母公司衍生出来的。与汽车和半导体产业类似，在集群内的衍生企业中，成为后期龙头企业的比例为41%，高于整个地区所有其他类型企业成为龙头企业的比例15%。虽然缺少像仙童那样能衍生出许多衍生公司的企业或是像奥兹、别克/通用汽车、福特、凯迪拉克那样一系列有很强衍生力的企业，硅谷的激光产业集群也对整个产业的发展起到了重要的作用，只是不像半导体、汽车和轮胎这些最著名的产业集群那样令人印象深刻。

* * *

如今，硅谷已经是美国工业皇冠上的一颗明珠，也是美国创业精神和经济发展不可或缺的动力之源，帮助美国保持在全世界高科技产业的领先地位。底特律的汽车产业集群和阿克伦的轮胎产业集群当时也曾帮助美国巩固世界高科技中心的地位。

现代以来，许多不具有优越自然环境的地区成为杰出的集群地区，这三个产业集群也在其中。不过它们也为研究产业集群的形成和发展提供了理想的参照。产业集群由于受一种自我强化机制的驱动而惠及集群内的企业，新企业于是涌向这些集群；与此同时，集群内的企业经营状况也确实好于美国各地的企业。这一点与传统观点是一致的。

然而，通过用"纳米经济法"，花费大量人力深挖各产业集群光鲜表面之下真正的情况，我们得出了下面的结论：只有一种类型的企业能够在集群中真正赚取巨大的财富，那就是衍生公司。如果再具体一些，就是龙头企业的衍生公司。正是这些衍生公司才为这些集群带来了极高的新企业进驻率。相反，在电视机产业中，衍生公司并没有很明显的竞争优势。由于没有强有力的衍生公司，尽管业内企业高度集中于三个美国大城市，整个集群却没有繁荣起来。这一发现也更能让人意识到衍生公司对于产业集群的形成具有非常重要的影响。尽管不能完全排除集群内部的自我强化机制带来的优势，但是硅谷、底特律和阿克伦集群得以形成的主要动力绝不是这些优势，而是衍生公司。也就是说，真正影响了这三个地区产业发展历程的是先天因素——企业的遗传基因和知识财富，而不是后天因素——聚集经济。

在这三种集群地区，尤其是硅谷和底特律，出现衍生企业大爆发的现象十分罕见。在硅谷和底特律的产业集群中，都有一个起到关键作用的个人，这也使得我们更加难以预测这样的产业集群会形成于何处。在产业形成早期，整个产业的龙头企业往往是从相关产业转移而来的分散经营者。然而，如果是在一个突破原有技术的全新产业，这些相关产业转移过来的企业具有的优势也相当有限。意想不到的技术突破带来的潜能，一旦时机成熟，产业集群就能够发展10到20年。

由衍生公司驱动的产业集群在形成过程中，最引人注意的问题是整个产业为什么会伴随着龙头企业的组织结混乱、失控和衰退，激发出新的成功。这个问题在半导体产业和汽车产业中都得到了印证。在这两种产业中，这一现象与衍生公司的发展及其带来的多样化新产品存在关联。但是为什么这种多样化与衍生公司关联呢？为什么不能在既有企业的基础上走向繁荣昌盛呢？例如，为什么得州仪器公司在集成电路技术上取得的成功突破不足以让达拉斯形成像硅谷一样充满活力的半导体集群呢？得州仪器衍生出的衍生公司数量肯定比仙童少，不过为何得州仪器本身的长期成功不能弥补衍生公司数量的不足，进而使达拉斯无法与硅谷相比呢？

这并不是一个容易回答的问题，经济学家也一直在研究这个问题。那些既有的龙头企业几乎都不是产业中主要的发明革新源头。城市及城市发展探源研究的著名学者之一简·雅各布斯（Jane Jacobs）针对这个问题给出了一个很有意思的诊断结果：

> 当大企业想要积极地在现有产品以外增加新产品或服务时，它们会像特殊的生殖器官一样，针对这种需求创建特殊的部门，命名为研发部门，引用专门的人才进行研发。显然，研发部门能够取得的成就与整个大公司已经取得的成就相比还是相当有限的。而且即使是这些有限的成就，研究人员发现的这些新技术往往也与母公司整体的利益无关甚至相悖。因此我们总是会得出这样的矛盾：有用的创新发明总是被费

时费力研发出它们的企业忽视。(Jacobs，1969：76-77)

切斯布鲁夫研究了20世纪70年代和80年代从施乐公司(Xerox)位于硅谷帕洛阿尔托的研究中心(PARC)衍生的35家衍生公司。(Chesbrough，2003)。从中我们可以进一步理解这种现象。帕洛阿尔托研究中心是施乐公司进行设计策划的"未来办公室"，研发出了许多极具创新性但没有被施乐应用的发明与技术，并因此广为人知。施乐对这35家衍生公司的影响和参与度不尽相同。在其中一些衍生公司，施乐掌控了大部分股权，并且控制了衍生公司的董事会，这些衍生公司中大多数的首席执行官也来自施乐；在另外一些衍生公司中，施乐则完全没有参股，例如后来非常成功的奥多比公司是由风投公司大规模参与投资的。

切斯布鲁夫基于这35家衍生公司是否上市发行股票以及它们当时的市场份额，研究分析了这些公司的表现(Chesbrough，2003)。他的主要结论是，施乐参与度越高的衍生公司表现越差。切斯布鲁夫和罗森布鲁姆集中精力研究了包括最成功的奥多比和3Com在内的6家衍生公司，分析为什么施乐的介入是有害的(Chesbrough and Rosenbloom，2002)。他们发现这6家衍生公司在最初都没有形成成功的商业模式，显然风投比施乐的管理模式更适合衍生公司，能够更有成效地调整他们的商业模式。然而，施乐在一家衍生公司中的介入程度越高，风投参与的空间就越小。施乐囿于在复印机业务中形成的狭窄视野，阻碍了新技术的研发。正如史密斯和亚历山大将这种现象描述为"施乐在摸索未来"（Smith and Alexander，1998）。

从整个社会的立场来说，施乐最好是不介入任何衍生公司。不过显然对于施乐来说，这不是最理想的策略。因此，如果一家既有企业目光短浅甚至彻底丧失经营能力，那么将有成效的创意和技术变革完全交给衍生公司来开发，将会使这些衍生公司所在的地区乃至整个社会获得最大利益。从这种角度来说，硅谷而不是达拉斯，最终成为半导体产业的中心很大程度上是因为仙童内部矛盾的爆发，而得州仪器则经营良好。得州仪器极具侵略性地研发了许多新型的集成电路，只留给衍生公司很小的发展空间，也使这些新创意的潜能无法得到完全开发。另外，来源于仙童的创意在不同的更适合的衍生公司中得到彻底的开发和利用，硅谷也因此受益匪浅。

值得一提的是，鲍威尔、派克艾伦以及惠廷顿分别研究了三个成功的生物技术产业集群区域——旧金山、圣迭戈和波士顿，并得出了相同的结论（Powell, Packalen, and Whittington, 2012）。他们发现，这些地区的龙头企业都支持衍生公司发展，并对与衍生公司合作持开放态度，这也是让这三个地区从其他地区中脱颖而出所必不可少的因素。此外，在圣迭戈的案例中，龙头公司的一次并购行动导致了衍生公司在圣迭戈大面积爆发，这种情况和仙童十分相似。反之，如果一个地区的龙头企业利用各种创意在公司内部进行研发，而没有培育出新公司的话，整个地区也就无法持续发展。

当然，由某地区的龙头企业发源出的新创意，如果只得到同一个地区内的新衍生企业的开发利用，那么也只能支持这个地区的发展。总体来说，这个理论似乎也是正确的——新企业一般不会冒险搬至远离它们扎根的地方。当然，这一理论对于硅谷、底特律和阿克伦的衍生公司来说肯定是成立的。在这些地区中，几乎所有的成功衍生公司都是本地企业。可能有很多因素会导致新企业不愿意搬迁太远，不过对于高科技产业来说，值得重点关注的一个原因是研究人才的聘用。谢雷、克莱珀和维罗索发现，半导体衍生公司最早的研发人员中，有大约三分之一来自它们的母公司（Cheyre, Klepper, and Veloso，2015）。几乎所有这些衍生公司都离母公司很近，如果搬到其他地方，衍生公司还能不能雇用到这些人，这一点值得怀疑。

有些经济学家推理说，新企业可能会倾向于在集群外建立，防止员工被竞争对手挖角（Combes and Duranton, 2006）。不过这种挖角行为只会发生在企业走上正轨，并且有其他企业需要的员工的时候。考虑到企业在尚未成型时有着极高的失败率，这种担忧会被靠近母公司所带来的利益抵消——无论母公司在集群内还是集群外。如果一家企业已经取得了成功，那么稍后再迁至集群外防止挖角也并不晚，不过硅谷、底特律和阿克伦很少发生这样的情况，这或许是因为搬迁至集群外，企业就要重新招聘合适的特种劳动力。因此，即使一家企业已经取得了成功，并且继续留在集群内也不是最好的策略，惯性仍然会打消企业搬迁的念头。这也解释了得州仪器和摩托罗拉那样的公司为何远离产业核心硅谷，仍然能长期保持成功。

我们能从这些关于产业集群的公共政策中学到哪些经验教训呢？其中一条经验就是，仅仅将某一产业的企业集中到一个区域内，并不一定会取得明显的收益。欧盟一直以来都很支持产业集群的发展，这也反映在欧盟委员会的通讯标题中——"发展世界级的欧盟产业集群：贯彻实施广泛创新战略"（the Commission of the European Communities, 2008 年）。俄罗斯也着手启动了一项耗资巨大的项目，在俄罗斯西郊的斯科尔科沃建立类似硅谷的大型高科技产业集群（Gage, 2010）。不过本章的结论显示，仅凭政府自己的力量，这一系列行动很难促进经济发展。产业集群的繁荣是由衍生公司驱动的。仅仅将某一产业的所有企业集中在一个区域内并不会对衍生公司的形成起到太大作用，就像电视机产业那样。产业集群需要有机发展，而不是仅仅把同一类企业集中到一起这么简单。

那么是否有可能干预集群的有机发展呢？每一个地区可以做到的一点是，如果衍生公司已经蓄势待发，那就应当引入适当的知识产权法，允许这些衍生公司在建立过程中不会受法律限制或阻碍。上一章中，我们提到强制员工签署禁止竞争契约会限制衍生公司的形成。斯图亚特和索伦森研究了生物科技公司发生并购之后，行业内衍生公司不断涌现的现象（Stuart and Sorenson, 2003）。正如我们在上一章提到的巨积公司和 VLSI 的案例那样，并购往往会刺激衍生公司的形成。这一点也在斯图亚特和索伦森的研究中得到了证实。他们发现，生物科技行业的并购发生之后，在员工禁止竞争契约受到限制的州，衍生公司往往更多。每个地区也应该考虑一下关于商业机密法的问题。英特尔利用商业机密法限制了衍生公司（Jackson, 1997），每个地区应该考虑抑制这种现象发生。

那么，每个地区是否能够在确保环境有利于衍生公司形成之余再多做一点呢？例如，台湾的半导体产业是以台北为中心，在衍生公司的驱动下形成的，而台湾当局在其中发挥了重要的推动作用。也就是说，政府确实可以参与并推动高科技产业形成。在本书论述的这六种高科技产业的形成过程中，美国政府也起到了一定的影响作用，包括半导体产业。接下来我们就将目光转向一个很基本的问题：发达国家的政府是否可以对高科技产业的形成起到积极的社会作用。如果可以的话，应该以什么样的形式发挥这种作用。

第 5 章

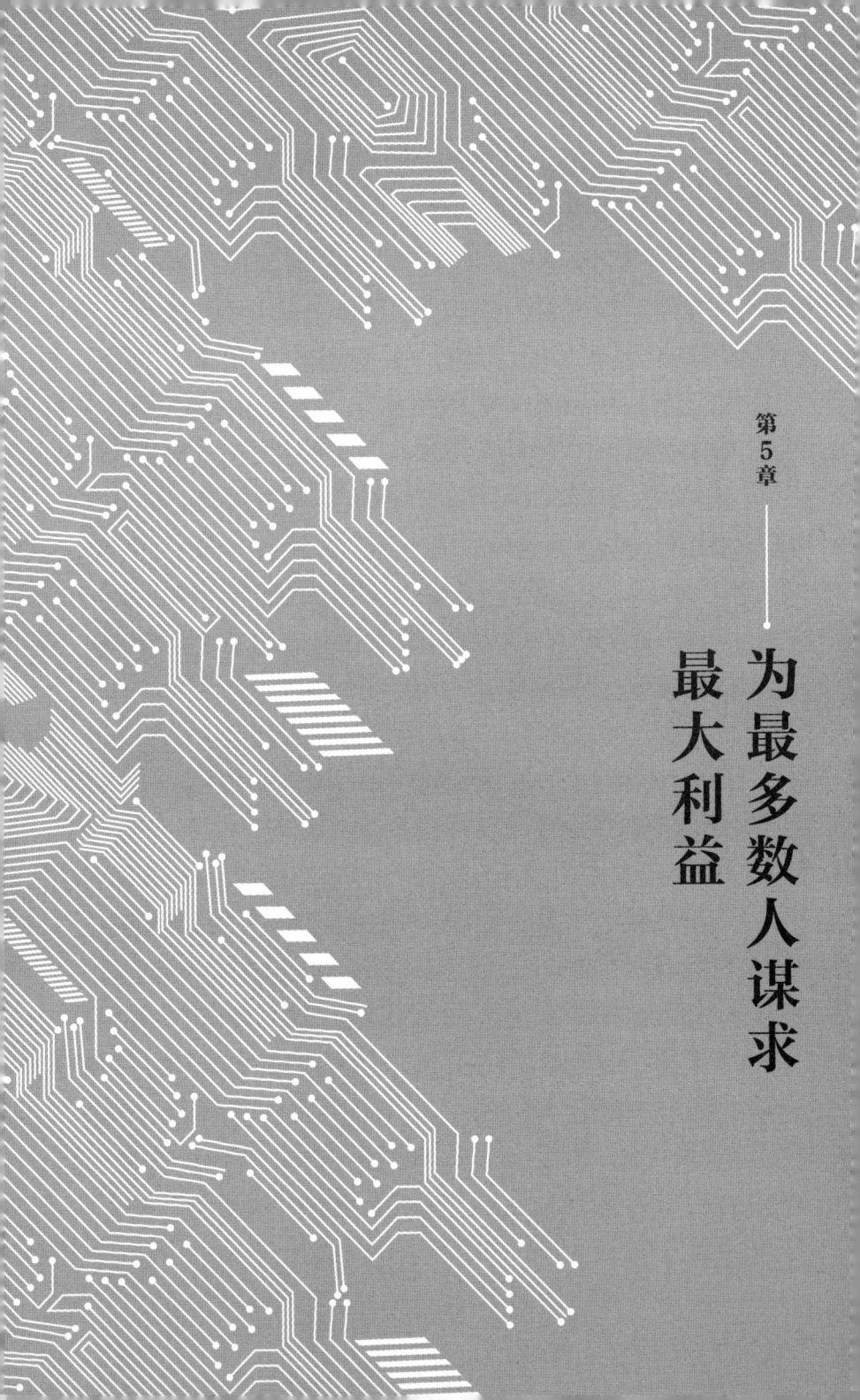

为最多数人谋求最大利益

本书以战时青霉素生产计划为开篇，因为它引出了一个重要问题：政府在高科技产业的形成过程中起到了什么样的推动作用。政府提出的方案同样也推动了半导体、激光以及电视机产业的形成。本章我们将通过这些政府项目深入探讨政府对新兴产业的支持如何潜在地推进了社会的长期利益。

发展这四个产业的主要项目来源于联邦政府或军事部门。这些项目并不是被广泛推行的主要宏观政策，而是着眼于更小的目标。以战时青霉素计划为例，它是为了提高军队在"二战"中的作战能力。半导体和激光设备都是军队中的重要设备，军队也进行了大量的采购。电视机对于军队来说倒是没有那么大的重要性，但是无线通信技术对于美国海军来说是必不可缺的，这一点在"一战"中尤为明显，并且海军在战后美国无线电公司的建立中起到了重要的作用，而美国无线电公司也在此后大大推动了电视行业的发展。

尽管这些政府项目是为了满足一些很小的目标，但是这不妨碍我们从中认识到政府在新兴产业起步阶段实行的措施如何推动社会利益。在上文提到的四种产品中，这些项目为美国建立了充满活力的高新产业，并且影响深远。本章所要探讨的主要问题，就是如果这些项目是政府普遍推行的产业政策，它们是否还行得通？

许多政府项目在某种程度上都对产品的早期研究起到了支持作用。科学研究，尤其是基础研究，长期以来都被视为应当由政府进行资助的领域。比如晶体管的发明是由量子理论的飞跃促成的，而量子理论的进步主要来自大学教授的研究而非出自公司雇员之手，这些关键技术早在晶体管发明之前就已经存在了。众所周知，知识理论很难保密，如果私人企业研发出了相应的技术，那么在晶体管发明之前这些基础技术就会广为人知。因此，出资研发技术的公司就无法在发明晶体管的过程中抢占商机。在这样的情况下，没有公司会愿意出资支持这样的研究。也就是说，如果将技术研发环节完全交给私人企业，晶体管可能永远都不会被发明出来。不仅如此，量子理论的知识革新所带来的发明不只有晶体管。毫无疑问，没有政府对基础研究的资助，科技进步的速度将会大大减慢。

政府资助基础研究，或者说所有类型研究的投资都遵循着以下的原则：如果以美元衡量的长期社会收益高于研究成本，那么为了社会利益应该进行这样的研究。如果私人公司无法从研究中获得全部的社会价值，那么研究成本可能就超过了它们所获得的收益。在这样的情况下，即使整个社会从研究中获得的收益超过了成本，也不会有私人公司愿意进行投资。正是因为这样的情况，政府的资助才显得尤为必要。

这种考虑并不是毫无根据的。研究带来的社会价值通常都超过个人价值，科研引起的创新带来的利益永远不会枯竭，但是私人公司能够收割的利益往往是有限的。还是拿战争期间的青霉素生产为例，正因为政府的生产计划，青霉素才找到了廉价的生产方式，也才能在战后帮助一代又一代的人。若这个战时项目仅仅由私人公司出资，那么研究成果被竞争对手以很低的代价甚至零成本抄袭就只是时间问题。即使私人公司申请了专利权保护自己的研究成果，它们也只能独占这个成果17年。超出期限后，所有的公司都将掌握低价生产青霉素的技术，市场竞争将会使所有的利益都转移到消费者身上，整个社会也将继续从低价青霉素中获益。然而，出资研发的私人公司却无法得到相应的利益，直接导致了研究产生的私人利益低于其社会利益。

　　政府对科研的支持多发生在产业初期。典型的创新友好型产业中，随着时间的推移产品价格会不断下降，质量则会不断提高。一般来说，这会吸引新买家进入。以汽车行业为例，本书开篇提到，1904年，美国汽车产业形成已将近10年，汽车的年销售量为23,400辆。到1929年，得益于大量的技术革新，销售量已经上涨到了530万辆。如果一家公司在1904年之前开展创新，最初最多只能达到2万名左右的顾客，后来将达到500多万。很明显，在产业发展后期，创新带来的潜在收益将会更高。但是从社会角度来看，早期的任何创新最终都会吸引更多的顾客，即使到那个时候私人公司已经不再从这个创新中获利。也就是说，创新为社会和企业带来的收益差别在产业早期尤为明显，因此在这个时期政府对于科研的资助就有着极大的影响力。

不过以上的讨论都只是纸上谈兵罢了。众所周知美国政府效率低下，政府的官员们也不像私人企业那样有动力去高效行动。因此，纵使私人公司放弃对有利于社会发展的创新科研进行投资，政府部门也不一定会介入其中。

考虑到政府和军事部门在青霉素、半导体、激光以及电视机领域的所作所为，与其继续这种抽象的讨论，不如探讨一下关键的问题：根据上面大致描述的理论，也就是政府在什么时候介入支持的时机最合适，是否可以解释政府的支持作用呢？

战时青霉素生产计划就是一个极佳的例子。私人公司独立开发青霉素的进程跟不上战时政府专家所预见的前景，而政府的介入刺激了技术的进步。这也不是唯一的例子，紧接而来的是半导体、激光和电视机。本章从各产业发展的技术环境、私人公司是否拥有积极自主的推动力，以及生产新产品的新产业在形成及发展的过程中政府早期政策的性质和影响这几个方面对各类产品进行了分析。

* * *

在战时青霉素计划和20世纪30年代发现了早期的磺胺类药剂之前，医生们几乎没有治疗细菌性疾病的办法。在巴斯德（Pasteur）和其他许多人的研究基础上，研究人员发明了可以预防疾病的疫苗，但是使用这些预防性疫苗治疗疾病的成效很不稳定。诺贝尔奖获得者、德国化学家保罗·埃尔利希（Paul Ehrlich）发展了药物活性的受体学说，至今仍是现代制药工业的基石。他的目标是合成一种他称为魔弹（magic bullets）的化学物质。这种物质可以攻击体内有害的细菌而不伤害其宿主组织。然而，埃尔利希的这种想法在当时鲜有成功案例，仅有的案例之一就是1910年针对梅毒研制出来的洒尔佛散（Salvarsan）。这仅仅强化了当时医药界流行的观点，即任何对微生物有毒的物质也会对寄主细胞有毒，"用魔弹寻找微生物不过是童话故事"（Sheehan，1982：27）。

一位颇有影响力的业内人士一直对使用化学物质治疗疾病持怀疑态度，他就是阿尔姆罗特·赖特（Almroth Wright）。1928年，亚历山大·弗莱明在伦敦的圣玛丽医院进行青霉素实验，赖特当时就是弗莱明的上司。弗莱明在1929年的青霉素研究报告中猜测，青霉素对青霉素敏感型细菌感染的区域有着良好的杀菌作用（Fleming，1929：236），赖特坚决反对这个结论，并要求弗莱明从报告中删去这部分内容（Baldry，1965：71）。但是弗莱明拒绝了他的要求。尽管如此，在这样的压力下，弗莱明也无法再对提取青霉素做进一步的研究，发现其治疗价值了。

如果不是霍华德·弗洛里和恩斯特·钱恩，弗莱明也许一生都无法登上神坛，包括在1944年被封爵，1945年和弗洛里与钱恩共同获得了诺贝尔奖。1938年，弗洛里和钱恩阅读了弗莱明的1929年报告后开始研究青霉素的分离和提纯，当时他们几乎不抱什么希望。钱恩写道："我们希望他的青霉素是一种具有极高治疗作用的物质或者混合物，而且不知道为什么，人们多年来一直忽视它。但是弗莱明的文章并没有证明这种希望的真实性。"（Chain，1980：21）

几年前，弗莱明的一份青霉菌样本因另一个实验计划被送到了弗洛里所在的牛津大学的前辈手中。弗洛里和钱恩利用这份青霉菌样本在现代技术的帮助下分离出了一小块部分纯化的青霉素。他们在小白鼠身上进行试验并且取得了良好的结果，受此鼓舞，他们在一个患乳腺癌的临终女性病人身上使用了青霉素，以此来确认青霉素对人体是否安全。结果青霉素不仅没有使她的病情改善，反而使这位病人出现高烧等各种不良反应。后来，他们发现这是由于青霉素不纯所致。当他们对青霉素进一步提纯后，在第二个人身上产生了效果，一位全身脓肿的牛津警察在使用了青霉素后情况好转。尽管他因为青霉素供量不足最终没能活下来，但是经过艰难的提纯，另外五名受细菌感染且其他药物没有疗效的病人都得到了足够的青霉素。其中四位病人最终恢复了健康，而第五名病人则因药物导致的昏迷引发的血管自发性破裂而死亡（MacFarlane，1979：328-333）。

这些试验都表明了青霉素在治疗感染方面的极大潜力，但是它的生产过程异常艰辛（Baxter，1946）。青霉菌的孢子播种在装有深约一英寸培养液的烧瓶或者陶瓷盘里。当菌株生长时，会有少量的青霉素在培养液中聚集。青霉素在液态形式下非常不稳定，所以需要将青霉素提取出来，而这个过程十分艰难。具体来说，首先分离出相对少量的有机溶剂，再从有机溶剂中分离出更少量的水，通过氧化铝吸附纯化，再用乙醚去除杂质，最后分理出水溶液并进行干燥（Baxter，1946：343-344）。总体上来说，300个烧瓶才能产出纯度仅有 3% 的少量粉末，只能满足一个病人半天的需求量。对于这样复杂的工艺来说，完全是微不足道的产出。

难怪当弗洛里和他的合伙人之一诺曼·希特利于 1941 年 7 月抵达美国时，只有很少的美国公司在研究开发青霉素。辉瑞、默克以及施贵宝这三家公司的确对青霉素进行了初步研究，但是他们的努力只够生产少量的青霉素用于临床试验，根本不足以大量生产带来利润（Hobby，1985：79）。弗洛里拜访了好几家美国公司，试图劝说他们大规模生产青霉素，但是基本上回答都是否定的，这让弗洛里感觉自己"像是一个提着旅行袋，别有用心地推销一个疯狂主意的推销员"（MacFarlane，1979：341）。

哥伦比亚大学医学院早期有一个研究青霉素治疗价值的小组，它的成员之一格拉迪丝·霍比（Gladys Hobby）在她的书籍《直面挑战，青霉素》（Penicillin, Meeting the Challenge）中，对美国的制药公司迟迟不敢开发青霉素的原因做出了猜测：

> 他们担心生产青霉素的菌株会影响其他给他们带来利润的产品。他们担心降低生产青霉素的培养液中的杂质要耗费大量金钱，杂质产生的酶使青霉素无法保持稳定，以及去除杂质后培养液中产生的青霉素产量仍然过低，这些都会带来额外的成本。他们担心青霉素合成的进步太快以至于 1942 年购买的设备在 1943 年就会过时。他们担心德国的法本化学工业公司和赫希斯特颜料制造厂利用他们在合成 606（洒尔佛

散)、百浪多息(Prontosil)以及相关化合物时所积累的经验霸占市场。他们担心相比于1941年12月前在少数病人身上所取得的显著效果,大规模生产后的青霉素会显示出更大的毒性或更差的疗效。(Hobby, 1985: 109-110)

这些担心还不是唯一的问题,更大的问题是,在各个方面要取得成功所需的资源被分散在各种组织中,包括大学、研究机构、政府实验室和各种各样的公司。格林和施米茨合写了一篇关于美国如何成功完成战时青霉素生产指标的文章,他们在文中将原因归结为"大西洋两岸的几百名生物化学家、化学家、细菌学家、化学工程师、真菌学家、医师、毒理学家、药理学家和病理学家(这里只举出部分行业)在工业主管、学术指导者和政府领导的管理和协调下共同努力的结果"(Greene and Schmitz, 1970: 83)。没有哪家美国公司有能力有资源独立完成这样的工作。

只有当一个组织拥有联邦政府的特权和资源时,战时青霉素生产才有机会成为现实(Stewart, 1948)。20世纪30年代后期,美国仍奉行孤立主义,因此他们比别的国家更晚准备参与"二战"。1940年,在华盛顿卡内基研究院院长范内瓦·布什(Vannevar Bush)的敦促下,美国才成立了国防研究委员会(National Defense Research Committee,简称NDRC)。它的目标是调动美国的研发力量,以此加强军方的作战能力。布什的提议还分别得到了哈佛大学、麻省理工学院的校长,以及贝尔实验室的所长(同时也是国家科学院的院长）的支持，他当选为委员会主席。1941年，科学研究与发展局成立，国防研究委员会成为它的一个下属部门。在布什的领导下，科学研究与发展局的任务范围不断拓展，开始涉足军事医学研究领域。布什还创建了医学研究委员会（Committee for Medical Research，简称CMR），将其作为科学研究与发展局的一个部门，并指派了宾夕法尼亚大学的病理学教授，曾在默克公司担任了10年顾问的阿尔弗雷德·牛顿·理查兹（A. N. Richards）来领导这个组织。

在战时青霉素生产计划中，尽管其他组织也起到了重要作用，但是医学研究委员会才是其中最关键的一员。理查兹对牛津的青霉素研究工作印象深刻，并且由于他和弗洛里相交多年，十分信任弗洛里的判断力（MacFarlane，1979：341）。他立刻提供了弗洛里所需要的合作资本。1941年10月2日，医学研究委员会在第六次委员会上通过了一项合作研究青霉素的议案。这项议案宣布将各个机构的资源和信息整合在一起，并准备针对合作研究召开一次会议。

会议于1941年10月8日进行，由布什主持。默克、辉瑞、施贵宝、莱德利研究所的研究总监和理查兹及他的副主席、国家研究所化学分部的部长、农业部的首席真菌学家（真菌学家研究青霉菌这样的真菌）查尔斯·索姆（Charles Thom）共同参与了此次会议。当时，默克公司在青霉素的研究上投入最大，而辉瑞公司则因多年来一直在用发酵法生产柠檬酸和其他酸，在大规模发酵生产上拥有更多的经验。

这次会议以及一个月后的另一场会议都没能解决实质问题，但是1941年12月17号,也就是日本轰炸珍珠港的10天之后的第三场会议上情况有了转机。与会的有各公司的领导和研究总监,同样到场的还有位于伊利诺伊州皮奥瑞亚的美国农业部国家区域研究室（National Regional Research Laboratory,简称NRRL）的发酵技术组组长罗伯特·科格希尔。科格希尔报告称,使用玉米浆作为介质培养青霉菌可以将产量提高12倍。正如本书第1章提到的,这个重大发现刺激了众多美国公司加入生产青霉素的行列,科格希尔也在之后正式宣布一个新产业就此诞生。

科格希尔出席会议是机缘巧合。弗洛里和希特利在到达纽约的几天之内,已经偶遇了好几家很可能会为他们提供帮助的美国公司。他们最先和资助他们进行美国之行的洛克菲勒基金会见面,然后去康涅狄格州的纽黑文探访了弗洛里的孩子们。弗洛里的孩子为了躲避英国的战火,此时正和弗洛里的老朋友、耶鲁大学药学史教授约翰·富尔顿（John Fulton）一起生活。在这次拜访期间,弗洛里、希特利还和国家科学院院长罗斯·哈里森（Ross Harrison）进行了一次会面。罗斯推荐他们去华盛顿的农业部见见查尔斯·索姆,好几年前索姆就正确地对弗莱明的霉菌进行了分类。索姆又将他的客人们介绍给了美国农业化学与工程局新设立的四个区域实验室的主管H. T. 赫里克（H. T. Herrick）。这四个实验室主要研究过剩农产品的新用途（Hobby, 1985 : 80-87）。

赫里克是一个狂热的旅游爱好者,为了有更多的时间去四处旅行,他提出了一项计划,要求四个区域实验室都要在华盛顿挂职一个月左右。当索姆带弗洛里和希特利去见他时,他恰好在外旅行,费城实验室的主管珀西·韦尔斯(Percy Wells)正在华盛顿挂职。无巧不成书,韦尔斯是真菌发酵方面的专家,在领导费城实验室之前,他曾经在伊利诺伊州皮奥瑞亚实验室工作了9年,和他的小组一起研究怎样使用深层发酵技术培养自然产物。韦尔斯立刻安排弗洛里和希特利去访问皮奥瑞亚实验室,并让他们和皮奥瑞亚的科学家们一起研究提高青霉菌产量的方法(Wells, 1975)。

两人在到达实验室的几天之内就决定了实验室的发酵部门应该集中解决三个问题:选取表面培养法下所需的培养基、温度和其他环境条件;寻找青霉素产量更高的菌株;研究青霉素能否通过浸没法制取(Raper, 1948)。他们也一致同意希特利应该在实验室再指导两个月,让实验室的人员熟悉他们之前在牛津已经取得的进展。到1941年9月,实验室已经有了相当喜人的发现,洛克菲勒基金会也提供了更多的资金,让希特利又在实验室多待了三个月。在1941年12月17日的一次会议上,实验室发布了令人激动的新发现,理查兹也确保科学研究与发展局继续为实验室提供足够的资金,让他们能够从1942年2月1日起继续研究6个月。

实验室在这6个月中取得了重大的进展(Raper, 1948)。培养基方面的进步使得表面培养法的产量大大提高,一种原先在表面培养法下表现平平的菌株在浸没培养法下展现了良好的效果。与此同时,测试青霉素产出效力的方法也得到了改善。在接下来的两年中,科学研究与发展局为实验室的进一步研究提供了更多的资金,总计约 2.7 万美元（折合至 2015 年约为 36.5 万美元）。而农业部给予的支持就更多了，据估计为 10 万美元（折合至 2015 年约为 135 万美元）(Raper, 1948：726)。同样，实验室也得到了更多的人力资源。这些补充资源让实验室得以将研究范围拓展到青霉素的回收、浓缩以及提纯。为了对青霉素进行合理的分配，战时计划的所有参与者都要将进度报告送到实验室，这也反映了实验室的重要地位。同时，科格希尔也成为顾问，负责协调美国政府对战时青霉素计划提供的资源（Raper, 1948：727)。

参与了战时青霉素生产计划的公司都利用了实验室的发现。起初，各家公司都采纳了实验室开发的表面培养法所需的培养基配方，直到生产率更高的浸没发酵法替代了这一方法。他们在研究浸没法的过程中所使用的滚筒和更大的发酵罐，对美国顺利完成战时生产目标带来了极大的帮助（Raper, 1948：730)。辉瑞公司是使用浸没法生产的先驱，但是在最开始的时候，他们使用浸没法的产量还比不上表面法。曾著书回顾辉瑞历史的迈因斯写道："这可能对浸没发酵法是致命一击，幸好他们有了意想不到的突破，有了两个重大的发现。"(Mines, 1978：76）这两个重大发现指的是美国农业部国家区域研究室发现的可以用于浸没法的超级菌株，以及使用玉米浆作为培养液时的超高效能。默克公司作为浸没法领域的另一个领跑者，也承认国家区域研究室的发现对默克的浸没法制取过程有很大影响(Helfand et al., 1980：43)。

尽管浸没发酵法制取青霉素取得了重大的成功，医学研究委员会在战争中的主要目标仍是在实验室中合成青霉素（Helfand et al., 1980：48-49）。在最开始执行战时青霉素生产计划时，合成青霉素也被认为是最有希望大规模生产青霉素的方法。在特别委员会发布了一份乐观的报告后，医学研究委员会组织了一个合成青霉素的项目。来自英国和美国的15家公司、9所大学、5家政府机构以及4所研究机构参与了这个项目。项目的总花销超过了327万美元（折合至2015年约合4,400万美元），其中包括政府资助的27万美元（折合至2015年约合360万美元）。然而，由于一位专横的英国化学家坚定地支持一个错误的观点，研究的进度被严重拖延。一直到战争快结束的时候，合成青霉素还没有取得成功，尽管在这个过程中研究人员的确对青霉素有一些有用的发现，但是这一方法还是被抛弃了。

战后，默克公司的研究员约翰·希恩作为麻省理工学院的教授，在制药企业布里斯托尔·迈耶斯公司的支持下，继续青霉素合成的研究。经过多年的失败与沮丧，在希恩终于将要取得成功之际，英国必成公司横空出现，并且对他的伟大成就提出了质疑。必成公司一直试图在抗生素行业占有一席之地。许多年前，他们偶然发现了一种将青霉素分子的核从发酵液中分离出来的方法，并且一直隐瞒了这个发现。通过青霉素分子的核搭建完整的青霉素分子，比希恩的合成青霉素核的方法成本更低，同时还可以在核上添加侧链，制成具有更高治疗价值的半合成青霉素。必成和布里斯托尔·迈耶斯公司一度达成合作意向，同意合资生产这些新品种的青霉素，但是希恩和必成公司之间为了专利权争了个你死我活,他们的合作也就化为泡影(Sheehan, 1982)。尽管如此,布里斯托尔·迈耶斯、必成,还有其他一些公司都开发出了许多半合成青霉素,打开了青霉素研究的新领域。

医学研究委员会还推动了青霉素的临床实验,在它的帮助下,由波士顿大学药学教授切斯特·基弗(Chester Keefer)领导的一个委员会负责测试青霉素在临床试验中的功效。起先,默克、施贵宝和辉瑞都将它们生产出来的有限的青霉素免费提供给医学研究委员会。到 1943 年 2 月,这些青霉素被用于 100 名病人的临床试验。随着青霉素计划的扩展,更多的青霉素被生产出来,委员会开始花钱购买所需要的剂量,总共花费了 190 万美元(折合至 2015 年约合 2,600 万美元)(Stewart, 1948: 105)。委员会将这些有限的青霉素少量地分发给通过审核的研究员们,并且只有当青霉素对病人有明显作用、结果也对军方有用时,他们才可以使用这些来之不易的青霉素。

青霉素的奇迹功效开始声名远播。平民、政要和达官显贵都想要青霉素,基弗也为此所困。基弗坚持遵守委员会的规定,但是也时常发生青霉素泄露出去,用于未经许可的用途,基弗的处境因此更加复杂,他就像一个生死裁定者。在这些泄露事件中,影响最大的是帕特里夏·马隆(Patricia Malone)的案件。两岁的帕特里夏·马隆不幸感染了葡萄球菌败血症,1943 年 8 月 11 日,医生诊断她大概只剩下 7 个小时的生命。但是她获得了陆军发放的未经许可的青霉素,并且很快就痊愈了。这件事让基弗大出风头,虽然这并非他所愿。霍比在她的书中对辉瑞公司负责青霉素生产的副总裁约翰·劳伦斯·史密斯（John L. Smith）提出了明确的质疑，她不明白约翰怎么会信誓旦旦地觉得辉瑞在1943年就掌握了用浸没发酵法大规模生产青霉素的技术。她写道："如果还有人记得那个夏天，那么他也会记得约翰·史密斯对布鲁克林和曼哈顿发生的青霉素治愈案例有强烈的兴趣，也会认同帕特里夏·马隆是让约翰·史密斯坚持自己的观点……这个孩子让很多人对青霉素产生了强烈的兴趣，但对于约翰的影响尤为深远，因为他16岁的女儿正是因感染而离世的，那是在青霉素被研发出来之前。"（Hobby，1985：189-190）

临床实验展现了青霉素卓越的治疗价值。到1943年的五月份，军队的青霉素需求量已经大大超出生产量。陆军、海军、科学研究与发展局，以及政府为了分配战时有限的资源而组建的战时生产委员会（War Production Board，简称WPB）一同召开会议，一致同意战时生产委员会全权负责今后的青霉素生产（Hobby，1985：171）。它挑选了21家最有实力的公司来协助完成生产计划。

这些公司购买的生产设备可以享受加速折旧扣除，他们的投资总额为2,260万美元（折合至2015年约合3.5亿美元），其中1,450万美元（折合至2015年约合1.96亿美元）可加速折旧。如果实验室研制出新的合成青霉素，加速折旧也可以抵消相应的风险，避免他们的投资打水漂（FTC，1958：53）。战时生产委员会同样斥资760万美元（折合至2015年约合1,030万美元）兴建了6座工厂，它所管理的生产研发办公室还资助了一系列旨在解决所有研究者都会遇到的共性问题的研究计划（FTC，1958：6）。这些研究在各个大学和研究机构开展，得出了许多对工业发展有极大帮助的发现，包括一种新的、通过辐照变异而得的菌株，这种菌株大大提高了青霉素的产量（Raper，1948：738-739；McGuire，1961：253）。

1944年下半年，青霉素的生产已经可以满足军方的需求；1945年，生产商开始通过正常渠道向平民售卖青霉素。生产的革新让青霉素的价格在1945至1950年期间下降了90%以上，也让青霉素的产量上升了惊人的29倍之多（Greene and Schmitz，1970：86）。青霉素的成功也刺激了许多新研究，寻找其他的可以产生类似作用的化学物质。塞尔曼·瓦克斯曼（Selman Waksman）把这种可以抑制其他微生物生长甚至杀死微生物的化学物质命名为抗生素。瓦克斯曼领导了一个小组研究土壤中的有机物，他们在1943年发现了链霉素。这种物质后来被用于治疗结核病，他们也因此获得了诺贝尔奖。通过类似的研究，人们发现了许多其他拥有更新更强治疗效果的抗生素，一种新的医药工业也就此应运而生。到1972年，美国的处方药批发销售额已经接近50亿美元（折合至2015年约合280亿美元）（Schwartzman，1976：27）。

青霉素被发现之前，市场上的药物基本都是在实验室中合成的。德国在合成化学领域世界领先，同时也是第一批磺胺类药物洒尔佛散和百浪多息的发源地。后来，随着大量的美国公司发掘与生产抗生素，制药产业的重心转移到了美国。阿希亚德利斯分析了自百浪多息问世到1987年这段时间中所有新出现的抗菌药品，有23家公司至少发明了4种药品,其中有13家来自美国,占比54%,而5家创新实力最强的公司更是有4家位于美国。这13家公司同样霸占了80年代末(1986—1988年)的销量总榜。其中的11家参加了战时青霉素生产计划,而另2家也在战后很快加入到生产青霉素的队伍中。

毫无疑问,战时青霉素生产计划取得了巨大的成功。这一计划给美国社会带来了巨大的利益,远远超过其成本。青霉素不仅引发了一场药物革命,还将许多美国公司推向了制药产业的前列,并且大部分都保持了下来(直到最近发生的大规模跨国合并与收购)。这件事留给后人最宝贵的经验则是如何利用政府的资源去培育、发展新兴技术。

即使是市场经济的门徒也认识到政府或私人基金资助大学或非营利实验室开展基础科研的必要性。简而言之,即使社会从研究中获取的收益超出了成本,公司也往往不能从这些研究中获取利润。事实上,英国和美国对青霉素的前期研究都是在大学和医科学校中完成的,而不是在私人企业中。英国和美国的公司这样做,也表明这些研究还不足以让他们投身到青霉素的商业化生产中。许多基础性问题让一大批公司对独立开发青霉素持观望态度。青霉素的潜在市场究竟有多大?青霉素生产成本如何降低?研究青霉素合成或试图通过发酵法降低青霉素的生产成本是否能得到相应的回报?

事实证明,解决这些问题所带来的社会效益远远大于解决问题所需要的成本。不过即使这样,许多公司还是不愿自己出资解决这些问题。这一行为也不难理解。举例来说，要评估青霉素的潜在市场，需要遵守基弗领导下的委员会的规定，进行系统化而且成本不菲的临床调查。此外，调查得出的诸如青霉素可以用做治疗梅毒与细菌性心内膜炎之类的成果，公司既无法获取专利权，也不能保证这些成果不被泄露出去。于是，任何针对青霉素市场的调查与研究最终都会给所有公司带来好处。这也正是没有公司愿意单独行动的原因。

同样，国家区域研究室的许多发现也惠及了所有参与战时青霉素生产计划的公司。尽管根据公司在参与计划之前各自付出的努力，有些发现可被授予专利权或作为机密在一段时间内保密，但是这些成果带来的收益似乎不足以抵消掉任何一家公司的成本。例如，1942 年，一项试图寻找具有更好效果的辐照变异菌株的实验曾寻求过默克公司的资助，但是默克拒绝了，后来由科学发展研究局资助的一个实验中发现了这一菌株（Bud，2007：38）。

私人企业也不太可能会去研究青霉素的合成。战时青霉素生产计划打造了一只梦之队去研究青霉素合成，但还是无功而返，也就无怪乎此前没有一家公司尝试研究合成青霉素的方法了。此外，对于青霉素合成的种种忧虑同样也降低了公司在发酵设备上的投资。毫无疑问的是，通过多种方法生产青霉素符合美国的国家利益。但是如果不是战时生产委员会指派一批公司享有加速折旧扣除，促使他们投资生产所需的设备，我们根本无法预测当时是否会有公司会当地去探索后来脱颖而出的方法。

所以，究竟是 1941 年年中青霉素就已经蓄势待发，就只差政府支持了呢？还是说战时青霉素生产计划只是政府在战争紧急状况下的一着险棋？诚然，正如许多大公司对创新的大力投资不能轻易量化评价一样，战时青霉素生产计划的优劣不是用简单的数学计算就能评判的。只有掌握了最多知识和信息的人才能得出合理判断。对于青霉素来说，阿尔弗雷德·牛顿·理查兹就是可以做出合理评估的人。他是一名成功的药学教授，同时也在默克当过长达十年的顾问。他的人脉很广，和霍华德·弗洛里也有过共事的经历，而且这段经历事后看来具有重大的意义。阿尔弗雷德并不是单打独斗，他从各个顶尖公司都学到了不少，也得到了各式各样的人的帮助，比如国家区域研究室的罗伯特·科格希尔、农业部的查尔斯·索姆、范内瓦·布什，还有许多战时知识分子。

现在看来，很难想象当时有人已经预知到，战时青霉素生产计划对美国的企业会有如此大的影响力，连世界制药工业的中心都从德国移到了美国。但是如果说确实有人猜到这样的结局，那肯定是理查兹和布什。德国在"二战"前能成为世界化学工业的霸主，凭借的是国家对学术研究的支持，德国化工企业对研究成果的开发利用，以及随之而来的大量内部研究与开发。20世纪20年代到30年代期间，美国制药公司也开始培养自身的科研能力，同时也开始和学术界打交道（Parascandola，1985）。理查兹就是默克公司中负责与学术团体联络的媒人，他还坚定地支持着大学和企业之间开展合作（Swann，1988：66）。范内瓦·布什则是华盛顿一家重要的私人研究机构的负责人，主要负责基础性的科研工作。这让他拥有了一个独特的视角，可以评价科学研究对于工业发展的潜在影响。在战争爆发之前，布什是美国国家航空咨询委员会（National Advisory Committee on Aeronautic，简称NACA）的主席，美国国家航空咨询委员会是美国航空航天局（NASA）的前身，成立于1916年，主要负责美国航空领域的初期研究。这样的经历也让布什的视野更为开阔，让他能够更好地审视政府对于推动科研创新所起的积极作用。这些都体现在他于"二战"结束时发布的著名报告《科学：没有止境的前沿》中。

真正出乎预料的其实是美国开拓性地使用浸没发酵技术生产青霉素，并在未来很长一段时间里促成大量创新。浸没生产法大大降低了其他抗生素的生产成本，带动了更多关于抗生素的研究。它也奠定了半合成青霉素的根基，并促进了其他半合成类抗生素的研制。在第2章中我们讨论过，早期进驻汽车、轮胎以及电视机产业的公司大多取得了成功，青霉素企业也不例外，并且整个产业依托美国战时青霉素生产计划而集聚（Achilladelis，1993）。在1940年或是1941年，人们很难预想到美国会在战后统治制药工业；而长期统治化学工业的德国则被赶下王座，也让后人明白了创新之路上的领先更容易带来持久的繁荣昌盛。

透过战时青霉素生产计划的管理制度，我们或许可以了解到政府应如何更好地组织力量来干预或是引导一项新的技术（Pursell，1979；Neushul，1993）。科学发展与研究局研究青霉素的原动力来自普通公民，而这些人最后也掌握了相关的技术。他们在科学界和知识分子之间名气很大，不仅在科学界担当各种管理职位，同时也对华盛顿的政治手段十分熟悉。他们有权代表美国政府做出一些决定，尽管这些决定总是受到国会和行政部门的质疑。有人指责他们是自私的精英，只发掘了很少一部分美国的科学和工程天才。可能这些指责有一定的道理，但是扩大战时青霉素生产计划是否会带来更好的效果，我们也无法得知。不仅如此，布什和他的同事敏锐地操控政治系统，以防政治上的评判与意见损害他们努力的成果。从联邦政府如今的政治操纵来看，不难得出结论：布什等人当时的行为对计划最终取得成功必不可少。

还有一个问题同样至关重要：战时青霉素生产计划的成功有多少要归功于多家公司领导的爱国情怀？ 1941年，就在布什被任命为科学发展与研究局的主管后不久，乔治·默克就给他发了一份电报，表明他对战时青霉素生产计划的支持。他写道："指挥我和我的同事们吧……如果你认为我们能帮上忙的话……"（Helfand et al., 1980：39）。时隔不久，辉瑞公司的约翰·史密斯也倡导辉瑞加入生产青霉素的行列中去，因为"弗莱明的发现可能会改变战争的轨迹"（Mines, 1978：74）。默克和史密斯的例子很有代表性，可以想象政府组织的其他项目如果不是面临战争的紧急性，很可能也就不如这个计划高效了。

但是公司之间的合作并不是亲密无间的。科格希尔一直抱怨三大青霉素制造商（默克、施贵宝和辉瑞）总是不能按时给国家区域研究室提供进展报告，导致他们无法有效将青霉素分配给其他参与者（Sheehan，1982：73）。战争结束后，三家公司就纷纷提交了有关青霉素的专利申请，可以看出他们在战时隐瞒了部分发现（Sheehan，1982：73）。爱国主义可能在战时青霉素生产计划中起到了重要的作用，但是它对计划取得成功的影响可能没有想象中那么重要。此外，对于其他产品的研究也可以表明，即使脱离了战争的特殊背景，政府在产业起步阶段的支持对该产业的发展也有极大好处。我们接下来要讨论的半导体产业就清晰地表现了这一点。

对于半导体产业来说，走在白宫的前面，对整个产业发展做出巨大推动的，不是科学研究与发展局，而是军方。就像科学发展与研究局资助早期青霉素研究一样，军方在最开始就支持着半导体的研制，不过主要是通过购买最先进的半导体设备来刺激产业的发展，它也用这种方式对目标公司的开发与研究给予支持。与青霉素产业不同的是，军方的这种支持长达20年左右，而科学发展与研究局在支持战时青霉素生产计划时需要尽快得到成果，承受着巨大的压力。

半导体产业历史上最重要的两项技术创新——平面工艺和单片式集成电路在很大程度上就得益于军方的支持。两家产业早期的龙头企业得州仪器公司和仙童公司的成立也离不开军方的支持，而后来几乎所有半导体产业的领头企业都是从这两家公司分离出来的。可以说，军方播下了半导体产业的种子，而半导体产业则变成了"二战"后美国最具活力的产业之一。

半导体产业起源于晶体管，它其实是科学发展与研究局在"二战"期间的另一个重要发明雷达的副产物。有一种说法认为，原子弹结束了战争，而真正赢得战争的是雷达技术。第二次世界大战期间的雷达计划其实和战时青霉素生产计划有着相同的特点。英国发明了空腔磁控管，相比当时的设备，这种新设备可以传递波长更短的无线电波，从而可以更加准确地定位敌人的飞机。1940年8月，在霍华德·弗洛里拜访纽约的一年前，英国就曾向美国发出请求，希望美国能提供帮助，进一步优化并大规模生产空腔磁控管，同时也希望合作研究探测器、天线和其他雷达组件。

为了进行雷达的研发工作，美国政府在麻省理工学院设立了一个中心实验室，并命名为辐射实验室，英文简称为Rad Lab。这个实验室先后得到了国防研究委员会和科学发展与研究局的资助。后来，雷达计划的规模甚至超过了曼哈顿计划（Gertner, 2012 : 66），截至1945年，共有近4,000人在辐射实验室工作，其中10位后来获得了诺贝尔奖（Bruderi, 1996 : 130）。在雷达研制工作中，第二重要的机构则是AT&T下属的贝尔实验室。最开始，贝尔实验室的一个附属企业西部电气公司，被分配负责大规模生产空腔磁控管。后来，贝尔实验室转移工作重心，研发捕捉雷达从目标反弹回来的信号的探测器。这项研究开辟了与量子力学相关的丰饶领域，而量子力学作为一门新兴的物理领域主要研究材料的原子结构。我们在第4章中曾说过，贝尔实验室在1945年设立了一个研究固态材料的项目，意图拓展第二次世界大战以来的量子力学，目的是将电话公司网络中的固态材料都更换为机械继电器和真空管。点接触式晶体管就是这项研究在1947年下半年取得的成果（Buderi, 1996 : 308-

333；Riordan and Hoddeson，1997：88-141）。

贝尔实验室认识到晶体管对于军队的重要意义，想让军队将这一研发成果列为军方机密。军方拒绝了这个请求，但正如预料的，军方成为半导体材料的主要采购方。1955年，国防市场的规模从1,500万美元，上涨到1968年的2.94亿美元。这个时期生产出的半导体设备有1/4到1/2被军方买走（Tilton，1971：89）。军方还不断要求更好更可靠的设备，他们以优厚的奖金确保产品达到自己的要求。军方还以各种方式不断支持半导体的研发工作，包括直接承包一些研发项目、资助精细化生产。军方还将新武器的拨款通过承包商分发给生产半导体的厂家，以此支持厂家进行研发和创新工作（Tilton，1971：92）。军方的项目同样驱动了用于火箭和其他武器的小型化电路的研究，这项研究后来细分出了许多方向，其中包括对半导体的进一步研发，以及对潜在的集成电路的支持作用（Holbrook et al.，2000：1034-1037）。

最早的晶体管主要由锗制成，但是军方更倾向于硅质设备，因为它在高温环境下也有良好的表现。军方对硅质设备的偏爱也是得州仪器公司成为产业初期龙头企业的重要原因。得州仪器公司成立于1930年，当时名为地球物理服务公司，专攻石油勘探设备和服务。"二战"期间，得州仪器公司利用自身领先的遥感定位技术向军方大量供应设备，赚取了110万美元的收入。得州仪器公司的高层管理一致猜想战后的地缘政治纷争会引来大规模的军方采购，他们决定在新兴的电子技术领域开展大量的军事业务，包括潜水艇探测设备和雷达（Nebeker，1994：106-108）。晶体管使产品体积趋向微型化，并且大幅度提高了产品的耐用度，因此成为军方生产线上的一项优异新产品。1951年，得州仪器公司申请了生产晶体管的许可，AT&T的律师认为得州仪器公司在电子技术方面的经验十分有限，觉得这个决定十分可笑，所以一开始拒绝了这个申请。经过了几个月的坚持，得州仪器公司终于得到了生产许可。公司派出了一支顶级小组去参加贝尔实验室于1952年召开的第二届晶体管大会，目的自然是学习晶体管及其生产方法。

同年，得州仪器公司还聘请了贝尔实验室的戈登·蒂尔（Gordon Teal）来领导公司的研发工作。蒂尔在贝尔实验室成功制出了锗单晶，并因此声名鹊起。单晶体可以提供更纯净的锗，也可以使研究人员更精确地在其中掺杂一定量的杂质，这种带杂质的锗单晶是肖克利发明的结型晶体管能够运转的关键。有趣的是，一开始，肖克利拒绝了蒂尔生产锗单晶的请求。蒂尔不得不和贝尔实验室的另一名同事加班研究怎样完善制备单晶体的方法。最终，蒂尔证明了他的想法是有价值的。当时的蒂尔还是得克萨斯州一所大学的本科生，他急迫地想要回到得克萨斯去，因此当得州仪器公司向他抛出橄榄枝时，他欣然接受，成为公司研发部门的领导。

聘请蒂尔不仅帮助得州仪器公司吸引了大批极具天赋的科研人员加入了它的研发队伍，同时也促使得州仪器公司设立了一个制备硅单晶的新项目来制造军用晶体管。当时，大多数专家都认为以当时的工业发展水平，至少还需要很多年才可能制造出硅质晶体管。

但是，得州仪器公司利用蒂尔在贝尔实验室的成果，在1954年就具备了生产硅质结型晶体管的能力，远远甩开了其他竞争对手。得州仪器公司在硅质晶体管上的成功使其垄断了军方市场长达四年，销售额从1953年的2,700万美元飞升至1960年的2.33亿美元。在一篇回忆录中，蒂尔引用了1961年《财富》杂志（Fortune）中的一段话来说明硅晶体管对于得州仪器公司取得成功的重要性：

硅质晶体管是得州仪器公司历史上的一个转折点。得州仪器公司凭借着这个重要优势，在竞争激烈的电子产品市场中脱颖而出。直到1958年，得州仪器公司在硅晶体管产品上一直保持着绝对的优势，销售额直线上升，它几乎在一夜之间跻身大公司的行列。（Teal，1976：635）

仙童半导体公司早期的成功很大程度上也得益于军方对硅质设备的大量采购。第4章中我们就曾说过，贝尔实验室在结型晶体管和固态扩散技术中取得了进步，而利用这些新技术生产硅晶体管的想法呼之欲出，仙童公司也就此应运而生。在第4章我们还提到，仙童公司的创始人在肖克利半导体实验室中熟悉了贝尔实验室的固态扩散技术，但是将理论化为实践仍然需要更多新的创新。仙童公司的硅晶体管是第一个可以在高频环境下运作的晶体管，一经问世就得到了军方的追捧。这个晶体管可以帮助军方研发数字化的喷气式飞机和导弹制导系统。也就是说，军方国防方面的订单对于仙童公司早期的成功十分重要。

仙童公司的第一笔生意就是制造IBM公司为军方B-70型战斗机开发设计的导航电脑所需的晶体管。为了达到IBM的高要求，仙童公司在生产中大胆革新，开创了一种新的硅生产模式（Lécuyer，2000：170）。但仙童公司所面临的挑战远远不止这些，与IBM的交易完成之后，他们在和奥特涅蒂克斯公司的合作中遇到了更大的障碍。奥特涅蒂克斯公司是北美航空工业公司的一个下属子公司，主要负责为空军的民兵洲际导弹（Minuteman missile）开发制导系统。这个系统的目标是引导导弹击中远在苏联的目标物，误差需控制在几百米之内。由于该系统要求极高的可靠性，仙童公司面临一系列罕见的挑战。

我们在第4章中提到过，当时有一家客户，很可能正是奥特涅蒂克斯公司，发现了敲打晶体管带来的问题：敲击仙童公司生产的晶体管外壳，可能导致晶体管无法正常工作。就在这时，让·霍尔尼的平面工艺横空出世。这是一项革命性的技术革新，并很快在整个产业中得到广泛采用。奥特涅蒂克斯也很积极地敦促仙童公司研发平面工艺。勒屈耶强调道："仙童公司愿意投身研发工作的关键就是奥特涅蒂克斯愿意购买仙童公司制作的平面晶体管，这份航空电子设备的订单为这些新仪器提供了更为广阔的市场，也能够帮助仙童公司收回他们在开发和生产产品时投入的大量成本。"（Lécuyer，2000：175）

奥特涅蒂克斯对可靠性的高标准同样迫使仙童公司完善它们的

质量控制与测试程序，整个完善过程所需的资金都被奥特涅蒂克斯大方地承包了，仙童公司也就此逐渐在军工产业站稳脚跟。"民兵洲际导弹也同时让公司树立起了生产高质量产品的形象，这使得仙童在20世纪50年代到60年代期间的军用产品领域拥有极高的知名度"（Lécuyer，2000：180）。20世纪50年代后期，硅器件在军用市场的销售额翻了三倍。抢占了市场先机的仙童公司销售额就像坐上火箭一般，从1958年的50万美元飞升至1960年的2,100万美元。到了20世纪60年代初，仙童已经拥有1,400名员工。勒屈耶写道："简要地说，仙童公司花了不到三年的时间就成长为旧金山半岛上最大的电子生产商之一。它是仅次于得州仪器公司的全国第二大硅器件生产商，也是全美最大的扩散硅元件的生产商。"（Lécuyer，2000：180）

仙童公司利用平面工艺很快便制作出了单片集成电路，也就是把一个完整电路的所有元件都集中在一小片硅上。得州仪器公司的杰克·基尔比也独立制作出了单片集成电路，并且比仙童早了几个月。然而，想要把这些新技术转化成实用设备还需要许多的努力。如果不是军方大力支持，谁也不知道需要耗费多长的时间才能研发出这些技术。电子电路的微型化是军方的长期目标之一，军方的每一个部门都资助了各自的微型化研究，尝试了各种各样的方法，包括使用分立电路元件、微型的真空管、晶体管、电阻和电容等。但最终军方认为集成电路才是微型化的最佳选择。

1959年，空军给得州仪器公司提供了100万美元直接支持研发工作（Tilton，1971：91），这笔钱很大程度上确保了集成电路项目的顺利进展（Pirtle，2005：86）。仙童公司的规章制度则规定了公司不能接受军方的研发支持。最初，正如我们在第3章提到的，仙童公司并没有花大力气去研究集成电路，直到军队开始向它的子公司之一西格尼蒂克采购集成电路，仙童公司才加入到这股潮流中来。不久之后，仙童就成了美国最大的集成电路制造商。其他的公司随后也开始生产单片集成电路，而这些公司以及冲在前面的得州仪器公司和仙童公司在1962年到1964年之间生产的几乎所有集成电路都被国防部门买走了，国防部门还支付了大额溢价（Tilton，1971：91）。在生产过程中，各个公司都积累了经验，并且对生产技术进行了改良，降低了集成电路的生产成本，集成电路能够装载的元件也不断增多。可以说，这些公司在满足军方对集成电路的需求的同时，也让集成电路走进了百姓家中。

在集成电路的发展趋于稳定之后，得州仪器公司在很长一段时间内维持着业界领袖的地位，然而仙童公司却慢慢衰退。不过正如第4章表4-2所示，仙童公司的后裔创造的收益远远超过了仙童公司不断缩水的收益，使得仙童已然成为业界最大的公司生成器。而表4-3则表明得州仪器公司在硅谷之外也扮演着类似的角色。1960年至1987年之间，半导体产业的领导者几乎都是仙童公司和得州仪器公司的后裔。也就是说，军方对这两家公司的资助实际上催化了整个产业，半导体产业也因此成为美国"二战"后最具活力的产业之一。

和联邦政府资助战时青霉素生产计划的目的相似，军方支持半导体产业的原动力是为了完成自己的目标，而不是建立一个充满活力的民用产业。两者的另一个相似点就是，当时人们很难准确预知军方政策对于民用半导体产业的长期影响。除此之外，和战时青霉素计划一样，军方对于半导体产业的支持也激发了产业早期的大量创新成果。若没有这样的支持，公司都不会愿意利用自己的资源去创新，因为它们难以得到相应的回报。军方在提供支持上也相当有气量，从军方资助了两家仍未证明自己实力的新公司就可以看出。而这两家公司——仙童公司和得州仪器公司，也共同革新了整个产业。毫无疑问，美国半导体产业的蓬勃发展离不开军方的支持，正如美国的制药产业的繁荣要感谢战时青霉素生产计划一样。

从许多方面来说，激光产业的产生也要感谢战时雷达研究。激光产业的发展相对于晶体管来说滞后很多，但是它发展的每一级台阶都是军方砌起来的。每研发出一种可以使用的激光器，军方就会提供更全面的研发支持，许多激光企业正是在这样的支持下建立起来的。这些企业逐渐变成了行业领导者，并且培育了下一代激光产业的龙头企业。

查尔斯·汤斯是整个激光产业举足轻重的权威人物。他在加州理工学院获得了物理博士学位，并于1939年进入贝尔实验室工作，进行基础实验。1941年初，他被调配到军用雷达的研究部门。当时，汤斯一度十分失望，但出于责任感他接受了调配。在战争期间，汤斯负责研发军方所需的短波长雷达，并不断攻克研发过程中的各种挑战。后来，他也将这些经验运用在了激光器的研发工作中。

战争结束后,汤斯回归微波光谱的基础研究。光谱学家通过观察原子和分子吸收及放射辐射的规律来研究它们的内在结构。在电磁频谱上,微波是波长处于 1 毫米到 1 米之间的无线电波,战时使用的雷达波长就处于这个区间。物理学在战后迎来了大爆发,其中有许多发现有关原子和电子的能级以及它们如何吸收与放射射线。这些发现使得微波光谱学这门利用微波来探测材料内部结构的学科。汤斯作为这个领域的带头人,声望也是水涨船高,1947 年,哥伦比亚大学物理学院邀请他任职教授,他欣然同意。

哥伦比亚大学物理学院是军方的重点资助对象。军方想让位于麻省理工学院的辐射实验室,以及隶属于哥伦比亚大学物理学院的哥伦比亚辐射实验室继续保持战时的高效研究,于是在 1946 年,三个独立的军方组织——海军研究办公室(Offce of Naval Research)、陆军通讯团(Army Signal Corps)和陆军航空队(Army Air Force)共同设立了联合电子学服役计划(Joint Services Electronics Program),为这两个实验室提供资金帮助。1946 年底,哈佛大学也加入了这个计划,以更好地整合利用战时的电子研究成果。1947 年,斯坦福大学成为第四个加入计划的组织。对于军方来说,这些实验室推动了科技进步,使他们能够取得军事上的技术突破,同时也让顶级的科学家了解军方的需求,间接培养了许多未来的科学家。参与这项计划的学校也得到了设备和人力方面的支持(Bromberg,1991:15)。

汤斯和军方都对研发新的微波源很感兴趣。军方是为了更好的通信系统和雷达,而汤斯则是为了探寻无法用较长波长射线研究的分子结构（Bromberg，1991：14）。汤斯研究出了一种十分新奇的方法，后来被叫作受激放大微波辐射（Microwave Amplifcation by the Stimulated Emission of Radiation），简称为激微波（MASER）。这个方法的主要原理是这样的：当一种适当物质的分子穿过电场或磁场时，较活跃的分子会和较不活跃的分子相分离，活跃的分子会进入谐振腔，它有反射壁，如果选择恰当的物质——汤斯选择了氘化氨气作为这样的物质，那么集中在某一种波长附近的微波便会积聚起来。

但是这个方法真正实践起来难度极高。汤斯的部门负责人，同时也是一名诺贝尔奖获得者，和另一名德高望重的研究人员都劝他放弃这个想法，因为这个方法成本太高，成功的可能性极小。但是汤斯不愿意放弃，继续坚持着自己的研究（Hecht，2005：24）。他和一名哥伦比亚大学的研究生一起工作，终于在大约两年之后造出了一台可以运行的微波激射器。那是一台体积庞大、结构复杂、极为敏感的机器，因此从出生之日起就没有离开过实验室，但是却引起了大量物理学家的兴趣。后来，哈佛大学和另一个由军方资助的位于密歇根大学的研究所制作出了一台利用固态晶体制成的微波激射器，比汤斯的更实用。即使是这样，微波激射器的应用范围还是很窄（Hecht，2005：32；Bromberg，1991：61）。不过，微波激射器为它的兄弟——激光铺垫了道路。激光的波长更短，都在电磁光谱的可见光范围之内，这也就说明了为什么激光的英文名是以L开头——正如激微波开头的M代表了微波（microwaves），L代表的就是光（light）。

激光同样是由汤斯和她的妹夫亚瑟·肖洛一同构想出来的。肖洛是贝尔实验室的一名员工，他于1949年在多伦多大学获得物理学博士学位，毕业后又跟随汤斯做了两年博士后。后来他迎娶了汤斯的妹妹，并且在贝尔实验室谋得了一份工作。在微波激射器中，空腔谐振器是一个长方状的盒子，长度和它产生的波的波长一致，侧面上开有小洞，使微波可以从中射出。但是这样的设计无法套用在光波身上，因为光波的波长比微波要短很多。肖洛提出了一个解决方案：拆掉盒子的侧面，在两端各附上一块镜子，使光可以在盒子的两端来回反射。通过调整镜子，光的反射过程也可以得到调整，使得不同的光波可以集聚为一种固定波长的光。1958年肖洛和汤斯把这种设想写成了论文，并且在当年年底发表。

这篇论文指出了激光的一些重要特性，但是却没有提供激光发射器的制作思路。不过，还是有很多人被这篇论文吸引，于是一场制作出第一个可用激光器的竞争开始了。赢得这场比赛的是休斯研究实验室的西奥多·梅曼，他曾经利用红宝石晶体制作出了一个压缩固态微波激射器。当时的学术界普遍认为红宝石不能用来制作激光器，不过梅曼没有被这样的传统观念束缚，当他利用两端涂上了反射银膜的红宝石制出了第一束脉冲激光时，整个学术界都震惊了，梅曼也毫无疑问地成为这场激光竞赛中最大的黑马。然而一系列匪夷所思的事件及其后果却困扰着梅曼，使他的一生都沉浸在愤恨之中——梅曼关于红宝石激光器的论文被一家知名刊物无端拒绝，而另一家不知名的小刊物却在未经他本人许可的情况下发表了这篇论文，因此，当时没有人将梅曼视为第一个制作出激光的人。

尽管休斯研究实验室是一个国防承包商，梅曼研究红宝石激光器的资金却是由公司内部的基金提供的。他的成功也为实验室赢得了空军的一份订单，内容是研发光学雷达所需的更大更精良的激光器（Hecht，2005：194）。军方还资助了另一些人尝试制作激光器，包括汤斯和一名哥伦比亚大学的研究生戈登·古尔德（Gordon Gould）。古尔德最终得到了激光的专利权。

在梅曼取得突破之后，更多种类的激光——比如取代脉冲式的激光的持续激光——被制作出来。而军方在这些研发中功不可没。不仅是因为军方资助了许多在大学和私人公司中开展的激光研究项目，而且还因为"许多公司利用自身的资源开展研发工作，并且期望以此吸引军方的研发资金或一大笔采购合同；许多小型激光公司就依靠着非常容易取得的国防部门研发合约生存了下来；此外，对于那些处于起步阶段的公司来说，即使它们对自身的定位是要打入平民市场，这样的国防合约也可以作为它们重要的资金来源，光谱物理公司就是这样的例子"（Bromberg，1991：102）。事实也表明，1963年前率先进驻激光产业的公司大都得到了军方的支持与帮助。这些公司分拆出的许多衍生公司后来也成为了行业领先者。几十年来，这个产业取得的成功都离不开军方的帮助。

和半导体产业一样，军方对于微波激射器和激光的支持也是出于自身的需要，但是他们给予的帮助非常大方，几乎什么都愿意资助。大学的一些基础实验并没有一个明晰的目标，也没有人知道会不会对军方有所助益，然而军方还是会慷慨解囊，甚至有时还提高赏金，就像他们在雷达计划中所做的一样。这样大方的资助持续了很多年，然而却没有太多实际的回报。当激光器终于被发明出来时，军方立刻进行了大量的采购，并且加大了对学校和私人公司研究的支持力度。这些投资是否为军方带来了相应的回报我们不得而知，但是从整个社会角度来看回报是极其优厚的。直到今天，激光产业仍然充满着活力，仍在寻找激光的新用途，拓展其应用的范围。从许多方面来讲，军方对于激光产业的资助都是一个极好的范例，使得私人公司对有着极高社会价值却不愿自己投入资金的研发活动重燃热情。

电视机产业也在很早的时候就受到了政府的影响。当时，无线电也才出现不久，电视机产业还没成为商业现实。后文中会提到，战时海军为了监控美国境内的无线电通信，推动建成了美国无线电公司。当时没有人能想到这会对电视机产业带来怎样的影响，但是美国无线电公司确实成为了电子电视研究开发的最大投资商，推动了这个产业的发展。这样看来，军方对电视产业的影响也是极大的。

1919年，第一次世界大战的胜利者们重建破碎的经济，无线电通信系统的重建也提上了日程。美国海军一直以来都支持政府对通信系统的所有权，但是从未得到国会的同意。当时无线电主要运用在船只和远距离通讯中，娱乐用广播连雏形都未出现。英国马可尼公司是当时长距离无线电通信和船岸无线电通信的主要供应商，在美国也有子公司。战争期间，美国海军征用了英国马可尼公司子公司的财产，用来管理与舰队的通信。战争结束之后，他们不太愿意把无线电通信的控制权交还给一个外国公司。

在战争开始之前，通用电气公司曾经开发出了一台十分昂贵的交流发电机，可以进行超远距离的无线电信号传输。战争刚一结束，马可尼公司就急切地想买入这台设备。但是在美国海军的压力之下，马可尼公司不得不做出妥协。为了购买到通用电气的交流发电机用于北美以外地区的航线，马可尼公司将自己在美国的子公司卖给了通用电气公司。与此同时，美国无线电公司也成立起来，专门负责接手并管理马可尼公司的子公司，并且它还得到了马可尼公司和通用电气的无线电技术的专利使用权。

通用电气、AT&T 和西屋电气是当时美国电子产品的主要生产商。他们都曾研究过与无线电相关的新技术。然而，他们取得的技术突破有很多是重复的，这也导致了许许多多专利纠葛。海军担心无线电技术的发展会因此削弱。于是在美国无线电公司成立之后，军方提出了一个和解方案：将所有的无线电技术专利都交给美国无线电公司，作为回报，这几家公司都将持有美国无线电公司的一部分股权。AT&T 和西屋电气都同意了这样的交换。因此，美国无线电公司不是生产者，更像是这几家母公司的销售代理。由于美国无线电公司手握所有和无线电相关的主要专利，曾经威胁无线电产业技术发展的专利纠纷问题似乎得到了很好的解决（Aitken，1985：250–494）。

然而，这样的安排很快便出了问题，尤其是在20世纪20年代后，娱乐广播业迅速成长为一个庞大的行业，矛盾进一步激化。美国无线电公司之前签下的法律协定也遭到反垄断起诉。直到1932年，这场诉讼才结束，法院判决美国无线电公司应从通用电气和西屋电气（AT&T早已和美国无线电公司断绝了关系）购买生产设备，生产自己的无线电设备，并参与竞争。从20世纪20年代中期开始，美国无线电公司就开始以收取专利使用费（常常是销售的一定比例）的形式将自己的技术授权给无线电设备生产商，现在它自己也加入到了生产的行列（Aitken，1985：494-513）。

美国无线电公司还设法取得了通用电气和西屋电气的有关电视技术。当时，电视机产业离商业化还有一定的距离。此时，美国无线电公司不仅是美国无线电设备的主要生产商之一，还有着巨额的专利收入，一旦电视产业踏上商业化道路，美国无线电公司毫无疑问也将统治这个新行业。尽管美国海军当初建立美国无线电公司时并没有这样的意图，但是美国无线电公司还是成为电视机产业早期的绝对巨头。我们在第2章中曾提到，20世纪30年代，在电视机还未商业化时，美国无线电公司在电视机方面的研发活动几乎占据全国的80%。它是电视机产业无与伦比的领袖，以至于联邦通讯委员会不得不出面防止它挤垮电视机产业所有的竞争对手。

这种情况对于一个新兴产业来说并不常见，因为新产品的需求量一般都比较小，所以公司的产出份额一般无法使研发活动产生利润，这也是为什么新兴产业的技术在早期的许多年中往往进步十分缓慢。电视机产业则是一个例外。海军创建的美国无线电公司成为一家科技巨头，它愿意将大量的资金投资于电视机研发，从而打开电视机市场。美国无线电公司信心满满，认为自己能够从制造的电视机中收获大量的利润，还能将电视机相关的专利卖给竞争者赚取专利费。事实上它也的确做到了，美国无线电公司成为世界电视机产业的先驱。在黑白电视时代，它是毫无疑问的王者；而进入到彩色电视时代，它也比竞争对手哥伦比亚广播公司更胜一筹。

很显然，美国海军从来没有预料到他们的行动对电视机产业的巨大影响，他们甚至没有预料到娱乐广播的崛起，以及对无线电产业造成了巨大影响。但是他们成立的美国无线电公司作为早期的主要无线电设备生产者和电视机产业的第一家巨头公司提供了良好的环境，使私人企业在产业形成阶段就能够获利并推动产业发展。在第二次世界大战期间，美国无线电公司得到了科学发展与研究局的资助，研发制导防空导弹。这个计划让美国无线电公司得以为它的电视摄像机研制出一款性能极佳的显像管。在战争结束后，电视产业迅速发展之时，无线电公司更是运用这一技术制造出了更优越的显像管，并运用到产品中（Bannister，2001：133-166）。

* * *

在本章开头，我们曾提出这样一个观点：政府大力支持新兴产业的研发活动符合社会的长远利益。在一个年轻的产业中，最初的生产商往往产出要小于后来的公司，也就限制了研发所能带来的回报。因此，这些研发带来的社会价值虽然很高，但是对于公司本身来说却是入不敷出。于是政府对这些研发活动的资助就符合社会需求，也就是所谓的为最多数人谋求最大利益。

利用这样的观点就可以分析并理解联邦政府和军队对于青霉素、半导体、激光和电视机产业所采取的措施。政府的干预对这四类产品的发展都起到了至关重要的作用，而且无论是哪一样产品，政府的初衷都不是为了最大化社会福利，而是出于更狭隘的目的，尤其是军方。但是，我们最关心的是政府项目是否与政策一致，这些政策是否可以促进社会福利的长远发展。

政府对于四类产品的资助从本质上来说是不一样的。在青霉素和激光的案例中，政府采取了典型的资助方式，直接资助一个公司或一群公司无法独立完成的研发活动。在战时青霉素生产计划中，政府探索了青霉素的潜在用途，并资助实验室合成青霉素的项目，这个项目就囊括了许多公司。后来政府不仅提供资金，还协调各部门的工作，以促进青霉素的生产。最终开始生产青霉素的公司都受益匪浅，也正说明了为什么没有公司愿意自己去进行这些研发工作。而在激光的例子中，军队在完全不知道研究是否能有有实际利益的情况，大规模资助了与微波激射和激光有关联的大学物理学院。很难想象有任何私人公司进行这种规模的投资还能从中赚取利润。

在半导体和电视机的例子中，政府通过影响主要生产商的研发活动来影响早期研发。对于半导体产业来说，军方对早期研发活动也有过直接资助（Misa, 1985）。但是，军方最大的影响还是作为

"最大的"采购方签下的大批国防订单。为了使产品满足他们的要求，他们愿意支付大量额外的资金，促使生产商进行研究与开发，甚至还花重金采购最先进的半导体技术。多亏了这些政策，硅器件才取得了众多技术飞跃，包括平面工艺和单片集成电路这两项创新，革新了整个产业。军方的支持也促成了得州仪器公司和仙童公司的巨大成功，而这两家企业又衍生出许多企业，它们同样成长为行业巨头。海军出于国家安全考虑，创立了美国无线电公司，将无线电技术集中到一家美国公司。这对电视机产业有着巨大的影响，因为早期的电视技术也同样被集中到了无线电公司，这也推动了美国无线电公司大力投资电视机的研发工作，从而成为世界上黑白与彩色电视的领航者。

这些各式各样的政策都是政府为了满足自身需求制定的，但是我们是否可以将其视为美国各产业都应当一致采取的策略呢？从结果来看答案是肯定的，许多充满生机的新兴产业都是由这些政策的推动而在美国繁荣起来的。战时青霉素生产计划让德国交出了霸占多年的制药业中心地位。军方对半导体的支持让美国的半导体公司涌现出无数的创新发明，并且让这些公司至今仍在微处理器等利基市场中统领世界市场；硅谷也是半导体产业发展的产物，作为世界工业发展的奇迹，硅谷孕育了包括生物技术产业在内的许许多多与硅毫无关系的新兴高科技产业。美国军方对于微波激射器和激光的资助则可以说是激光产业的基石，直到现在，美国也是这个行业的领导者之一；而美国无线电公司的建立无疑是美国能够领导黑白与彩色电视机产业的重要因素。

这些政策取得的巨大成功在实施当时能够预见到吗？换句话说，是不是因为我们只把眼光聚焦在成功的例子上，才显得政府的决策看上去如此明智呢？如果我们把更多产业领域纳入研究范围，我们是否会发现这样的政策也有失败的时候，甚至会阻挠产业发展呢？

这些问题其实不太好解答，因为研究一个产业的发展耗时弥久，收集大量样本去评估政府在产业发展早期阶段实行的政策的功效非常困难。所以我们可以选择的最佳办法，就是针对某一件特定的产品去分析政府政策对其发展带来的影响，去看看得出的结论是否符合已总结出的规律，即某些政府政策在产业发展早期能够促进社会福利发展。对于每一件产品，我们都论证了政府实行的政策可以看作一种有利于社会福利长远发展的举措。许多有利于社会但公司不太可能投入研发的项目在这些政策的扶持下得以实行。若没有政府的干预，这些产品的市场都不会发展得如此迅速，更不知道何时才能促成富有活力的新产业形成。

确实，回顾过去，这些主要出于军事目的的政策竟然为美国催生出了这么多生机勃勃的新兴产业，这似乎是一件很了不起的事情。上文提到的四类产品，都是为了满足军方需要而研发出来。但是不管目的如何，这些产品最后对于普通市民的影响也是极大的。这从某一方面也可以说明在产业发展早期，市场导向的决策具有很大的弱点。除了一些极为特殊的情况，私人公司一般都会抛弃那些一旦成功可以极大地影响社会但是风险也极高的产品，转而去投资低风险、短期就能获得回报的研究项目。军方通过各种机制实现自己的目标，也为公司提供了研发途径，使得许多突破性的创新得以出现，并最终促使这些产业演变成为面向大众的高科技产业。

这也正是为什么本书以战时青霉素生产计划作为开篇的案例。我们对于这个集体计划的记忆正在逐渐消退，但是每当回顾起这段历史，我们还是会惊叹于联邦政府仅仅持续三年的普通投资竟然播下了繁荣至今的种子。许多观察者把它归结为爱国情怀的胜利，认为是战争的紧急状况使得这些公司团结在一起，如果放在正常时期这个计划是不会这样顺利的。如果仅仅从这样的角度来看，很容易就忽视了这次计划成功背后所暗含的政府工业政策的影响力。爱国情怀肯定是有的，但是一个项目的成功与否，很大程度上取决于新兴产业内私人公司的独立研发水平，而不是战争。政府决策在其他三个产业中的成功也能很好地佐证这一观点。

无论是在战时青霉素生产计划还是在其他三种产业形成初期，政府实行的政策在当时看来都不被认为是产业发展过程中政府所应采取的典范型政策。这种看法很大程度上是因为这些政策是为了满足军方需要而实施的。我们只能自问如果这些政策是为了促进社会长期福利，效率是否会更高。战争从某种程度上说可以激发社会的统一行动。但是如果说这四类产品的发展历程告诉了我们什么，那就是在产业初期不必等到战争时才让政府参与到新兴产业的发展中。

第 6 章

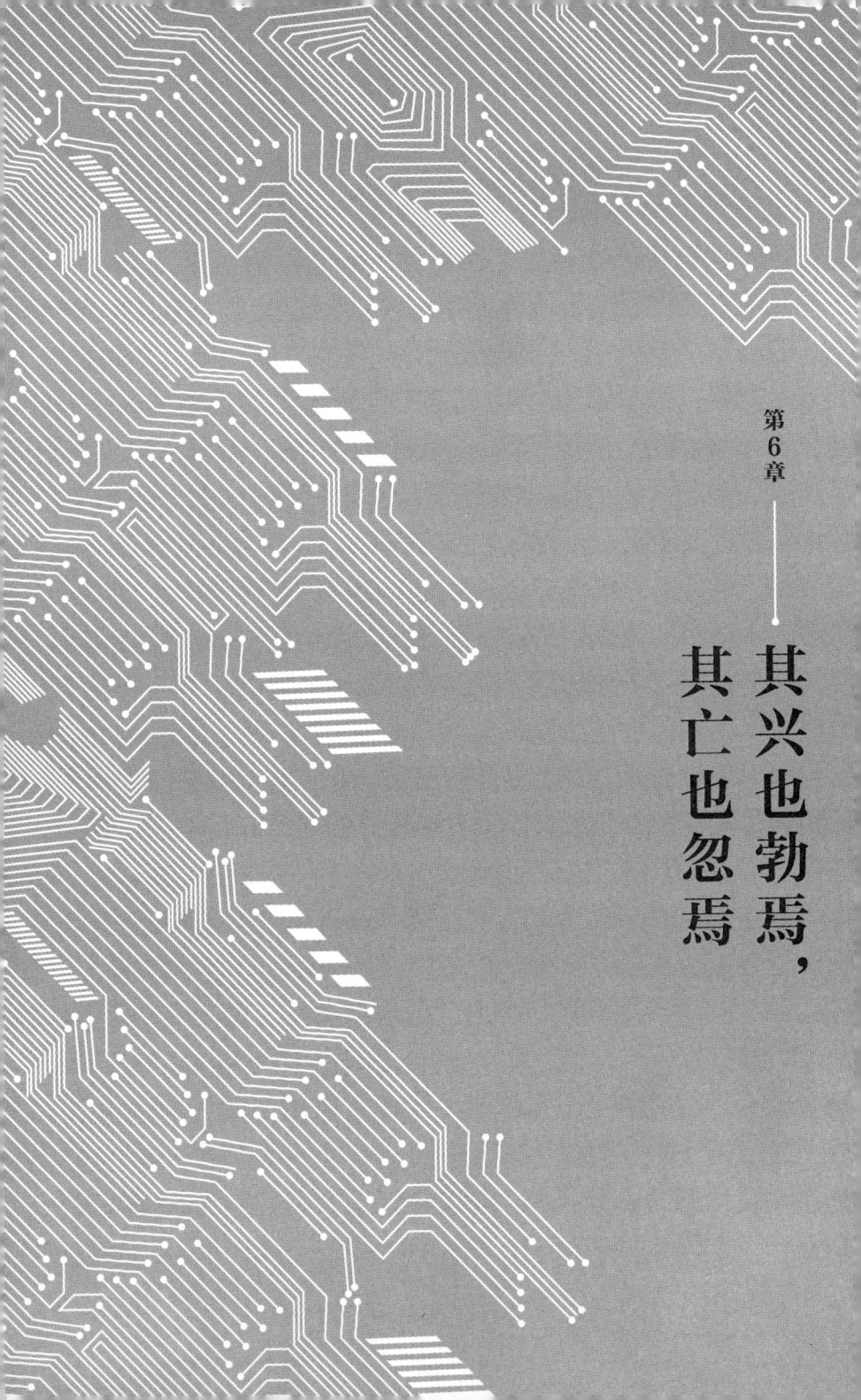

其兴也勃焉，其亡也忽焉

我们现在回到最开始的话题，来看看当这些高科技产业进入晚期，市场统治在少数公司手中时它们的表现。本章我们将探讨前面提到过的六个产业中的三个：汽车产业、轮胎产业和电视机产业。汽车与轮胎产业是这些产业中历史相对悠久的产业，19世纪80年时就已出现。而电视机产业相对年轻一些，1946年才形成产业。但是，电视机产业的龙头公司却先于整个产业而建立，这些公司在无线电产业中打拼多年，积累了不少经验。

这三个产业在它们成熟阶段有一个共同点——都因国际竞争而衰退。多年以来，汽车行业的三家巨头公司通用汽车、福特汽车和克莱斯勒汽车不仅持续霸占美国市场，还在全世界各地开设了自己的工厂。然而在最近40年间，它们丢失了一半的美国市场给外国的生产商。2008年到2009年，联邦政府不得不接受通用与克莱斯勒的破产保护申请，以免事态继续恶化。而在轮胎行业，固特异、风驰通、百路驰、优耐路这四家公司也是曾经的霸主，工厂遍及全世界。如今，只剩固特异还是一家独立的公司，其他三家再加上当时排名第五的通用轮胎都被其他国家的公司收购了。美国无线电公司曾经是黑白与彩色电视机的先驱。时至今日，它和当时最大的竞争对手珍妮诗电子，以及美国其他所有的大型电视机生产厂家要么倒闭，要么被外国公司所收购。

是什么让这些曾经鼎盛的产业在踏入成熟期后在国际竞争中溃败呢？这就是我们本章将要探讨的问题。在这三种产业中，有大量研究关注汽车产业的衰退，尤其是福特和通用的衰败。电视机产业的衰落同样也吸引了不少人的关注，但是只有寥寥几篇未发布的博士论文尝试过分析它衰退的原因，而且也已经是40年前的事了。轮胎产业得到的关注度相比之下就非常少了，尽管它的衰退也曾令人措手不及。本章我们就将集中分析前人做过的研究，来看看是什么让这三个产业在多年的成功之后遭遇了迅速败退。

如此严重的衰退现象一般不是单一因素造成的。不同的人总结了各种各样的原因，但是有一个原因在解释这三个产业的衰败时都有人提及：新技术的迅速发展。在汽车产业中，迅速发展的新技术指的是一种名为"精细化生产"的全新生产模式；在轮胎业中，新技术则是子午线轮胎；而电视业中的新技术，指的则是半导体的进步所带来的生产过程革新。

但是，为什么对于这些在早期靠着创新走向巅峰的美国大公司来说，这样的技术变革如此致命？确实，正如我们在第2章中谈到的，他们曾经靠着主导创新成为行业巨头。而当这些新技术出现的时候，这些大公司的规模已经能让他们不断创新并获取更多利润了。事实也证明，他们并不是因为没有赶上这样的潮流而被击败。大型汽车生产商都和具有新生产模式的前沿日本公司进行过合资经营，通用汽车就和精细化生产的主要推行者丰田汽车进行过合作。在其他两个产业中，轮胎产业的龙头生产商在子午线轮胎引入美国前就在欧洲的附属公司生产这样的产品，而电视机产业的创新领航者美国无线电公司自己本身就是一家世界领先的无线电设备生产商，它也很早就建立了内部研发小组来研究怎样将无线电技术运用在电视机上。

真正的原因之一，可能是因为这些美国公司领先的时间太长了，以至于他们变得自鸣得意，目中无人。这样的例子很多。另一大原因则是当初领导公司走向巅峰的那批优秀企业家和经营者都已经不再任职了。但是，问题可能比这更复杂。

从根本上说，当市场上只有几家大公司时，并不利于创新。这些大公司有能力，甚至很乐意去监视其他公司的研发进展。一旦有一家公司取得了成果，其他人便会很快效仿。这样的竞争模式导致了率先研发的公司即使有了很大的突破，也是入不敷出。我们拿汽车产业举个例子，如果通用、福特和克莱斯勒都在20世纪五六十年代投入小型汽车的开发研究，激烈的竞争很快会把小型汽车的价格降至成本线附近。这样一来，他们都无法获取什么利润，更别说弥补研究开支了。实际上，如果想让自己的研发有所回报，必须有足够的时间来独享研发成果，如果大家同时创新，这显然是不可能实现的。这些大公司也认识到了它们之间相互依存的关系，所以一直拒绝投资小型汽车的研究，直到有新的公司开始挑战它们的地位，它们才不得不开始行动。

每个行业都有一些国内竞争者，它们的规模实在太小了，无法从大规模创新中获得收益，因此它们对于行业巨头来说也构不成威胁。真正带来威胁的是来自其他国家的公司。这些外国公司造成的威胁在一开始很容易被忽略，但是一旦它们打入了美国市场，那么发起全面"进攻"就不过时间问题。而这时候，美国公司就凶多吉少了，它们必须使尽全力追赶这些难以对付的对手。

改变从来不是一件简单的事情，对于一个成立时间很长，已经形成人事和官僚等级结构的组织体来说就更难了。结果，这些本来是挑战者的外国公司，很快就在规模上超过了曾经领先的美国公司。而规模越大，也就意味着有更大的产量，也就可以从未来的创新中获得更多利润，刺激更多创新发明的出现。正如第2章所述，汽车、轮胎、电视机产业的领先者在产业早期也是利用自身的规模优势独占了创新成果。而现在，对于这些曾经处于金字塔塔尖的公司来说，一切又重演了，只是这次被击垮的是它们自己。少部分决策果断的公司抓住了生存的机会，而对于大多数的其他的公司来说，站得越高，摔得越狠。

从很多方面来说，这些产业的市场都是自己扼杀了自己。"富者更富"的竞争模式必然会导致这种市场结构的出现，同时不可避免地使领头公司逐渐丧失创新的动力。诚然，这些公司从以前的创新成果中积累了大量的资源，它们的确可以利用这些资源来阻挡竞争对手。实际上，它们远离了市场机制，而不思进取的企业往往会受到市场机制的惩罚。这些大公司一天天被市场发展甩在身后，敌意收购和针对董事会的举措时有发生，争夺领导地位的战争已经开始。产业中原有的领导者虽然没有完全毁灭，但是在缴械投降之前，它们的资产就已经大幅缩水。在一些极端案例中，比如汽车城底特律以及橡胶之都阿克伦，整个地区的经济都被拖垮了。

虽然我们在前面的论述中将长期领先的美国公司出现衰退的主要原因归结为创新，但是我并没有否认许多其他因素的重要性。在汽车和电视业中，日本公司最初都比美国公司的成本更低，尤其是它们的人力资源成本较低。这也弥补了它们因技术不足而不得不向美国或其他西方国家购买或模仿专利的劣势，并让它们在美国市场得以立足。后来，由于汇率的变动和其他方面的发展，日本在成本方面的优势消失殆尽，但是它们给美国企业带来的威胁却没有变小。此外，工会也被认为是大公司衰败的原因之一。以汽车和轮胎产业为例，全美汽车工人联合会和全美橡胶工人联合会提出了许多繁杂的工作规定，严重妨碍了生产工作。当然，导致汽车和轮胎产业的昔日领导企业无力应对外国厂商的技术革新挑战的原因很多，这些只是其中一部分。

导致领军企业衰退的其他原因还包括成熟企业出现的所有权和控制权分离（没有人能够完全拥有一家公司，也就没有人能够控制它的管理），发展较慢的老牌产业难以吸引技术和管理的人才等。根据这三个产业分别出现的情况，我们会在本章结束部分再次提起这些因素。同时也会分析这些公司可以采取什么样的措施来避免自身迅速下滑，而政府又应怎样改变政策来应对这些步入晚期的高科技产业暴露出来的弱点。

* * *

汽车产业是我们第一个分析的对象,然后是轮胎产业和电视机产业。我会在分析每一个产业在衰退阶段的经历之前简要介绍一下这个产业在衰退开始之前的情况,以便更好地讨论后续发生的事件。

美国的汽车产业

汽车业曾是美国最成功的产业之一。尽管汽车主要是欧洲人发明的,但是在 20 世纪初期抢先一步开始发掘汽车潜能的是美国人。福特、通用和克莱斯勒很快便成了家喻户晓的名字,成为汽车产业的三巨头,在外国竞争者开始涌现之前,这三家汽车企业一度统治了汽车产业超过 40 年。

我们在第 2 章中曾经讨论过,福特汽车在 1908 到 1914 年间发明了 T 型车和移动流水生产线,于是迅速发展,在美国汽车市场占据了半壁江山。公司的创始人亨利·福特受这样的成功所鼓舞,认定自己需要更多地承担公司管理责任,而在此之前这些管理职责全都落在了公司出色的业务经理詹姆斯·考森斯身上。然而正是从这时开始,福特汽车公司一步步走向了毁灭。大卫·哈伯斯塔姆在他记录美国汽车产业衰落的著作《后知后觉》(The Reckoning)中叙述了亨利·福特是怎样从 1920 年起逐渐流失工人和顾客的。

福特是一家巨大的公司，但是它却越来越受制于一个年老又小气，有时候还十分不理智的古怪家伙……有的时候，他（亨利·福特）会想尝试一些新想法，引得全公司一片忙乱，结果他很快就好像忘了这件事一样，这些新想法也就慢慢偃旗息鼓了。对于公司里的工程师和设计师来说，福特汽车公司在十年前还是美国最棒的公司，但是现在已经是一潭死水。谄媚的小人步步高升，而正直的人们却被埋没。（Halberstam, 1986：88）

这让通用汽车公司有了可乘之机，凭借着雪佛兰汽车的平稳表现，以及一系列针对不同需求的不同款式汽车，通用在20世纪30年代以40%左右的市场份额取代福特汽车，成为汽车产业的霸主。而在20世纪20年代末崛起的第三大汽车生产商克莱斯勒，也打败了福特，坐上了第二的位置。直到第二次世界大战期间，亨利·福特二世接过他闻名于世的爷爷的权柄，并且挖来一批通用的顶级业务经理，福特公司才慢慢走回了正轨。

1961年，美国的汽车市场仍然被通用、福特和克莱斯勒统治。三者的市场份额之和达到了惊人的85.3%，其中通用占45.71%，福特29.26%，克莱斯勒10.37%。[①]这三家企业在世界上也是巨型公司：1961年《财富》杂志评出的世界五百强企业中，三者分别位列第一、

---

① 所有市场份额的数据来源于WardsAuto，网址为http://wardsauto.com/keydata/historical/UsaSa28summary.

第三和第七。通用还一直是美国利润率最高的公司之一，它在 1946 到 1967 年间的平均利润率高达 14.7%，福特和克莱斯勒分别为 9.9% 和 7.6%。相比之下，普通制造商的平均利润率仅为 6.6%（White，1971：249）。对三巨头来说，唯一算得上竞争对手的就是一些小型的进口汽车了。这其中最著名的就是大众的甲壳虫汽车，它在 1967 年的市场份额有 2.97%，到 1970 年时已达到 5%。

日本的汽车在 1961 年的美国汽车市场还没有什么存在感。但是很快，以尼桑和丰田为代表的日本车就开始对三巨头的霸权统治发起挑战。尼桑和丰田于 20 世纪 30 年代成立，在日本销售卡车和小汽车。当时，它们的生产方式十分原始，日本市场也被通用和福特占领，这两家公司主要把配件运到日本进行组装。然而，日本颁布了一条法令，规定日本国内的汽车制造商必须由日本人控股并经营，这条法令将通用和福特赶出了日本市场。同时高额的关税也在很大程度上保护了日本本土生产商，让它们有时间去提升自己的生产能力。到 20 世纪 60 年代中期，尼桑和丰田已经开始尝试用自己的小型汽车打入美国市场了。

万事开头难，尼桑和丰田的汽车一开始都没能在美国市场上掀起什么波澜。尼桑在进入美国市场时改名为达特桑，哈伯斯塔姆曾形容它们的汽车为："做工粗糙，动力不足，简直糟透了。"（Halberstam，1986：425）然而东京的管理人员并不理会美国员工的建议，拒绝改进车辆来迁就美国人的口味。不过最终它们还是挺过来了。随着尼桑在日本本土的销量暴涨，尼桑公司能够降低达特桑的价格，同时还提升了产品的质量。尼桑和丰田对美国的出口额持续稳步增长，到1968年，它们均占有了5%的美国汽车市场份额。尽管这远远低于大众汽车的数字，但是作为大举侵入美国市场的第一步已经足够了。

美国生产商对于小型汽车的矛盾心态也帮助了尼桑和丰田。"三巨头直到小型车的进口量开始超出它们的估计时才开始进入这个市场，即便是这样它们也并没有在小型车上投入太多的精力。"（Halberstam，1986：442）1968年，通用汽车公司引进了自己的外国进口汽车欧宝，并且由别克的经销商负责经营。但是后者"既缺乏相应的了解，也没有销售的热情。对他们来说，每售出一辆欧宝汽车就少卖出一辆别克汽车。"（Halberstam，1986：442）怀特研究了"二战"之后三巨头和美国其他汽车生产商在小型汽车上的战略。他认为，三巨头之所以不愿意大张旗鼓打入小型车市场，是因为认识到他们之间是互相依存的。"三巨头一致认为销售小型汽车只会导致大型车的销量下滑进而减少收入。只有等消费者的口味转变，小型车市场不断变大，进口产品也开始满足消费需求时，三巨头才会决定进入这个市场，毕竟利润低比没有利润要好得多。"（White，1971：177-188）

20世纪70年代，阿拉伯石油禁运事件和随之而来的中东赎罪日战争，以及伊朗和伊拉克的石油生产中断，引发了意料之外的石油价格攀升，于是也就刺激了小型车的需求。丰田、尼桑以及日本市场上出现的新公司本田，都受益匪浅。这三家公司利用它们早先在小型车市场上的经验，试图打入美国的大型车市场。它们模仿美国的公司生产 SUV（运动型多功能车）、小型货车、轻型卡车，都取得了或多或少的成功。1980 年，丰田在美国汽车市场上的份额达到了 6.24%，到 2009 年增长到 16.73%，同年，通用和克莱斯勒申请了破产保护。类似地，本田的市场份额从 1980 年的 3.28% 上涨到 2009 年的 10.86%，尼桑则从 5.49% 涨到了 7.26%。

美国汽车产业三巨头的市场份额因为这些外国企业的竞争逐步下滑，三巨头甚至变成二巨头。1998 年，克莱斯勒被德国奔驰收购，又在 2007 年被（以很低的价格）卖给了私人证券公司瑟伯罗斯资本管理公司。2009 年，通用的市场份额已经下滑到了 19.58%，福特和克莱斯勒更是只有 15.29% 和 8.79%。自从 2005 年开始，三巨头的销量以令人难以置信的速度与幅度下跌，财务能力被大大削弱（Ingrassia, 2010: 191-215）。三巨头中，只有福特坚持了下来，而通用和克莱斯勒则不得不进行破产保护，通过联邦政府的大额贷款在清算中存活下来，它们以规模更小更精益的形象重新出现在市场，剥离了自己长期以来欠下的巨额债务。而汽车之城底特律作为这次汽车业大地震的震心，遭遇了极大的打击，甚至更广大的中西部地区都损失惨重。如果没有联邦政府介入，后果将不堪设想。

如此迅速而激烈的衰落肯定是多种因素导致的。最开始的时候，日本公司的最大优势是廉价的劳动力。这种优势一部分是因为汇率，另一部分是因为日本的工会相较美国的工会温和很多。但是一段时间后，我们可以很明显地看出，日本公司的优势不仅仅在劳动力上。

20世纪80年代初，日本由于巨大的政治压力被迫同意限制对美国的汽车出口。再加上70年代开始，日元不断升值，这些都促使日本的汽车生产商开始在美国生产汽车。时至今日，这些日本企业的生产工作大部分仍然是在美国完成的。它们还下定决心抵抗全美汽车工人联合会，因为后者规定必须给工人可观的工资和一定的福利，这使得日本公司在成本上占不到一点便宜。但就算是这样，这些日本公司还是不断地从三巨头手上抢走大量的市场。

在丰田的领导之下，日本的汽车生产商开发出一种全新的生产模式，这让它们走在了美国竞争公司的前面。美国的生产方式还是福特发明的移动流水线生产模式：每个工人只要完成属于自己的简单重复工作就行了，简单地说，"这是一个不需要脑子都能完成的工作"（Hounshell，2003）。而到了20世纪40年代，全美汽车工人联合会出现后，管理层和工人的关系开始紧张起来。企业建立了一套详尽的工作准则和申诉程序，使得管理层的权利大大超过了工人。无论是生产效率还是产品质量都因此受到了很大的打击。

第二次世界大战之后，世界形势发生剧变，丰田的生产模式正是基于这种变化而形成的。这个生产模式的特点是团队合作和"全面质量管理"。生产工人被分成许多小组，并且被授予不同的任务，他们要通过团队合作寻求最佳的解决方法。每个小团队在汽车生产过程中需要发现并修复有缺陷的产品，工人们还可以随时叫停生产线来排除产生缺陷的源头。各个零件的库存都很小，以便节约空间和半成品零件的成本。公司会告知供应商他们提供的部件在更大范围的生产流程中表现如何，同时也期望供应商能够提出建议来改善生产过程。团队合作的概念也被应用于新车设计中。参与新车设计的小组会花上4到5年来进行设计，他们有权利做出任何有意义的改变。而美国的公司则是不停地将设计工作交给不同的人，并且没有给设计人员赋予革新的权限。

日本的生产模式相较美国来说有许多优点，尤其是汽车质量的优势。日本生产模式下的汽车从设计阶段开始就做得更好，它们的设计团队将可能出现的问题降到最少。同时，工人也为自己制造的产品而自豪，于是他们能够很快发现产品的缺陷并加以解决。这样一来，生产完成后的返工率便降低了许多。而在美国工厂中，有20%到25%的工人和生产场地是用来进行返工的。詹姆斯·沃麦克（James Womack）、丹尼尔·琼斯（Daniel Jones）和丹尼尔·鲁斯（Daniel Roos）收集了截至1989年的全世界汽车装配厂的工作效率，并写出了有着重大意义的关于全球汽车制造业的书籍《改变世界的机器》（The Machine that Changed the World）。他们发现，比起日本的公司，三巨头不仅组装一辆车的时间要多花50%，成品的缺陷也要多出50%。也难怪《消费者报告》（Consumer Reports）中日本车的评分远高于美国车。

这不仅是日本汽车生产商的一个明显的竞争优势，也是美国厂家很难克服的一个劣势。福特在20世纪80年代初曾经遭受过一次重大损失，这也解释了为什么它是唯一抵挡住日本车进攻的公司。福特的总裁兼首席执行官唐纳德·彼得森（Donald Petersen）认为日本的生产模式有许多可取之处，并且一直努力在公司推行这样的模式（Petersen and Hillkirk, 1991）。克莱斯勒也在20世纪70年代末遭受重创，申请了政府贷款担保才没有破产，然而它并没有很好地适应新的形势。而通用汽车尽管和丰田一起创建了新联合汽车制造公司，但是它的改变也十分缓慢。通用汽车面临的困难可以很好地说明对一个大型的官僚组织来说，改变是多么困难。

新联合汽车制造公司始建于1983年，专门负责生产小型汽车雪佛兰诺瓦（Chevy Nova）。这辆车以丰田在日本生产的一款车型为模板。通用计划将这款车按照丰田的生产模式在位于加州弗莱蒙特的工厂进行生产。这个工厂在1982年已经停产，而在这之前，它是出了名的混乱："日缺勤率高达20%以上，停车场满是啤酒瓶，微不足道的争执就足以让员工们闹上天。"（Keller, 1989：129）通用汽车准备是把原来的工人都招回来，除了那些整天不务正业的人。因为获得了工作的保障，全美汽车工人联合会也同意这个工厂使用丰田的管理模式。工种从13种减少到了4种，工人们被分成了好几个小组，甚至送到了日本进行集训。

丰田计划在美国进行生产工作，想要借这次合作看看可能会遇到什么样的问题。通用汽车则想知道是什么让丰田的生产模式如此成功。凯勒研究了新联合汽车制造公司以及它对通用的影响（Keller, 1989），著名的广播节目《美国人生》(This American Life) 也在2010年3月26日播出了以这次商业合作为主题的节目。然而不久，合作就走到了终点。合作刚开始的时候，新联合汽车制造公司里的工人都干劲十足，他们为自己制造的产品自豪，之前工厂里的不满一扫而尽，缺勤率也直线下降。管理层备受鼓舞，他们甚至还成为了丰田模式的宣传者。由于生产出的产品几乎没有任何缺陷，这家工厂仅仅重新开工三个月就被通用评为自家排名前三的工厂（Keller，1989：131）。这一点在沃麦克的研究中也得到了印证（Womack，1991：83）。新联合汽车制造公司的效率几乎赶上了丰田的日本工厂，远远超过通用美国工厂的平均效率。

尽管通用汽车将丰田的管理模式尽收眼底，但它还是没能抓住机会缩小和日本生产商的差距。从某种意义上说，这是因为通用汽车一直就没有弄清楚丰田的生产模式究竟好在哪里。通用一直在寻找是什么样的新兴技术让丰田登上了巅峰，但是事实上，丰田生产模式的成功在于丰田使用了一种新的方式组织和对待劳动力。归根结底，想要复制新联合汽车甚至丰田的成功之道，需要一种全新的管理理念，而"管理层显然不情愿改变，因为这会触及通用汽车文化核心的最大弊端"（Keller，1989：135）。通用公司的团队协作很明显是被限制的。通用的权力划分十分明显，员工对部门的忠心程度要远高于对整个公司。因此，20世纪80年代，首席执行官罗杰·史密斯（Roger Smith）实施的一系列雄心勃勃的计划都未能成功，包括一次大规模公司内部全面重组（Keller，1989：99-123）和土星汽车公司的运转。这家时运不济的子公司在建立之初被定位为"一家不同以往的汽车公司"，很显然是模仿丰田生产模式建立的。

我们可以看到，通用确实通过新联合汽车制造公司慢慢做出了改变。越来越多的管理人员到新联合汽车公司取经，这样当他们被再次分配到其他工厂时，就可以把自己学到的传播到那里去（Keller, 1989: 143）。但是正如汽车生产专家詹姆斯·沃麦克（James Womack）在《美国人生》中所说的，通用汽车花了太长的时间去接受新联合汽车制造公司的经验。通用汽车直到濒临破产，才认识到新联合汽车制造公司是一家无与伦比的优秀公司。但"为时已晚，这是非常致命的错误。如果你要花30年才明白应该怎么做，那么很有可能你已经被时代淹没了。通用汽车就是那些被淹没者之一"。通用显然没有做好准备去"真正认同新联合汽车制造公司所传达出的信息——管理层必须和其他人共同进退，想要完全采用日本的生产方式，必须是全公司上下一起改变，而不仅仅是生产车间的工人"（Keller, 1989: 246）。

美国的轮胎产业

美国的轮胎产业由四家本土企业垄断了长达60年。它们分别是固特异、百路驰、风驰通和美国橡胶（U. S. Rubber），其中美国橡胶在1966年更名为优耐路，这四家公司也是最早进入这个产业的几家公司。外国公司无论是通过进口还是在美国本土生产，都没有对轮胎市场造成什么影响。20世纪60年代子午线轮胎开始在美国出现后，情况开始发生巨大变化，除了固特异轮胎，美国其他的大型轮胎生产厂最后都被外国的公司收购。

在子午线轮胎出现之前，固特异和风驰通是轮胎产业最大的两家公司，百路驰和美国橡胶紧随其后。这四家公司再加上通用轮胎橡胶，是当时仅有的出售轮胎原装零配件给汽车制造商的轮胎企业，而通用轮胎橡胶是风驰通于1915年衍生出的公司。要打进轮胎市场，生产者必须具有完备的分销和服务网络，还得有能力走在创新的前沿，整个市场只有这五家公司具备这样的资格。每个汽车生产商都会在不同的公司购买轮胎，以压低轮胎的价格，但是它们也有自己偏爱的厂家。表6-1给出了1965年四大汽车生产商和五大原装零配件轮胎生产商之间的买卖关系，以及1965年各轮胎公司的原装零配件市场占有率。

原装零配件轮胎大概占总销售额的25%，剩下的75%则是销售给消费者的替换轮胎。固特异和风驰通在这个市场上也大放光彩，通过自己的商店和独立经销商销售商品。市场中还有其他的大公司和一些小公司，包括阿姆斯特朗、盖茨、曼斯菲尔德、库珀、邓禄普和莫霍克等。这些小公司的销售渠道包括自营、经销商，也包括西尔斯和蒙哥马利·沃德等用自己的品牌出售轮胎的连锁百货。西尔斯在这个市场中尤为重要。1963年各主要厂商和小公司的轮胎销售总体情况也可参见图6-1。

斜交帘布层轮胎在很长一段时间里都是主流产品，它的主体部分由几层挂胶布贴合而成，称为帘布，帘布绕轮胎中心一圈，最后在外层包上有着花纹的胎面。帘布层上的帘线是沿行进方向按斜线交叉排列的，帘布呈人字形交叉堆叠。轮胎设计的不断创新和原材料的不断改变让轮胎的使用寿命越来越长，舒适度也越来越高

表 6-1　1963 年轮胎市场占有率与 1965 年零配件轮胎市场占有率（%）

公司	通用	福特	克莱斯勒	美国汽车	1965 年零配件轮胎市场占有率	1963 年轮胎市场占有率
固特异	10	27.5	80	70	29	30.6
风驰通	25	43	5		26.2	22.7
美国橡胶	45	10			25.9	14.6
百路驰	17.5	12.5	15	30	16.3	11.7
通用轮胎	2.5	5			2.6	5.5
其他						14.9

数据来源：德努阿尔（Denoual, 1980：70）引自胡贝尔著《轮胎及橡胶产业》（*The Tire and Rubber Industry*）（纽约雷诺德出版社 1965 年版），及（Denoual, 1980：7）华纳 1966 年的著作（Warner, 1966：26）

（Warner, 1966）。罗森布鲁姆、苏尔和特德罗是这样描述斜交帘布层轮胎的优势的："斜交结构提升了轮胎的弹性，可以应对坑洼的路面，让驾驶员即使在车里也能像在客厅里一样舒适。"

子午线轮胎直到 20 世纪 60 年代才开始进入美国市场，但是它的出现可以追溯到 1914 年，当时两个英国人取得了子午线轮胎的专利（Denoual, 1980）。率先采用这种设计的是法国公司米其林轮胎公司。子午线轮胎的帘线笔直地从一端延伸到另一端的，与行进方向垂直。帘布和胎面之间还有一层带束层。最开始，米其林使用钢丝做带束层，而其他的生产商，例如意大利的倍耐力，则使用纺织纤维做带束层。生产子午线轮胎需要投入大量的资金，现有生产斜交轮胎的工厂经过改进后也生产子午线轮胎，但是并不会比建一家工厂便宜多少（Sull, Tedlow, and Rosenbloom, 1997：473）。

生产子午线轮胎的成本也比斜交轮胎高出不少，而且在生产过程中需要更加注意细节。正如苏尔等人的阐述："真正促使汽车制造商采用子午线轮胎的动力来自消费者……斜交轮胎的寿命在20世纪60年代中期约为12,000英里，而子午线轮胎则为40,000英里。尽管子午线轮胎的成本更高，售价也更高，但是折算到每英里，子午线轮胎仍然要便宜许多。"而且，子午线轮胎更省油、更安全，也更易操控，除了低速行驶时在坑洼路面上会非常颠簸。

1946年，米其林申请了第一个有关子午线轮胎的专利。1948年，它推出了第一款由三层钢丝帘布层作为带束层的子午线轮胎。米其林旗下汽车生产商雪铁龙（Citroën）在1952年生产的前驱车（Traction Avant）就使用了子午线轮胎，而它1953年推出的标志性产品雪铁龙2CV也使用了子午线轮胎。五年后，雪铁龙又推出了一款设计完全不一样的汽车DS19。它的悬挂系统经过了精心设计，可以更好地适应子午线轮胎。很快，子午线轮胎就被法国其他汽车生产商广泛采用，到1965年，法国市面上零售的轮胎有大概60%都是子午线轮胎。自此，子午线轮胎也开始进军英国、德国和比荷卢地区。1951年，意大利的倍耐力也开始生产自己的子午线轮胎，不同之处在于，它的轮胎带束层是一圈纺织纤维带。到了50年代后期，德国的大陆轮胎、英国的邓禄普轮胎，以及固特异、风驰通和美国橡胶在欧洲的子公司也开始生产子午线轮胎了（Rajan et al., 2000：61）。

1963到1964年间，因为斜交轮胎暴露出的问题越来越多，在乘用车上使用子午线轮胎被提上议程。斜交轮胎的寿命从60年代初期开始便已停滞，而汽车生产商又急着降低轮胎的重量和成本，于是他们开始推行用两层轮胎去替代四层轮胎。他们认为帘线的材料在不断进步，去掉两层帘布层也没有问题。一开始进展确实很顺利，但是两层轮胎很快便暴露出安全问题，轮胎的升级换代迫在眉睫。这时，子午线轮胎就成了最好的替代品。

然而从很多方面来说，子午线轮胎对美国轮胎制造商来说都是一项毫无吸引力的新技术。为了生产子午线轮胎，轮胎生产商需要耗费大量资金去升级设备，而且由于轮胎的寿命增长，销量会大幅下滑。此外，通用汽车每年要购买市场上大约一半的原装零配件轮胎，它一直仔细经营并控制着整个市场，让轮胎生产商的市场份额保持在一个稳定的水平，这也阻止了其他厂家去尝试引进子午线轮胎技术。这样看来，似乎没有厂家会去主动生产子午线轮胎，而边缘化的小厂家也从来不是技术先锋，更不可能去生产子午线轮胎了。米其林和日本的普利司通轮胎曾经尝试着向美国出口货车用的子午线轮胎，但是它们在北美都没有工厂，也就不能参与到轿车轮胎的竞争中了。

轮胎产业的情况类似于汽车产业向小型汽车的转型。对那些最大的原装零配件轮胎供应商来说，生产子午线轮胎就是彻底放弃现在的斜交轮胎销售，并且这是一笔巨大的投资，根本不知道何时才能赚回学习和设计子午线轮胎所耗费的金钱。所以答案很简单，他们拒绝生产子午线轮胎。1964到1967年间，这些大公司研究了子午线轮胎的未来前景，并将自己生产的子午线轮胎送去底特律检验，但是除了百路驰，其他厂家并没有更进一步的发展。大公司们都在疑惑：人们真的愿意花更多的价钱购买低速行驶时更颠簸的子午线轮胎吗？确实，德努阿尔曾采访过许多轮胎产业的主要负责人，他们谈到子午线轮胎时，总是回避它的优点，只说它："价钱提高了，悬挂系统要重新设计了，开起来更颠簸了。"（Denoual，1980：354）而当德努阿尔表示子午线轮胎在欧洲大受欢迎时，他们则回答道："或许对于那些开着小车子在鹅卵石上到处乱跑的人来说是挺好的，但是这东西绝对不适合我们美国人开的硬朗大气的汽车。"（Rosenbloom et al.，1996：18）

百路驰集中精力，利用从倍耐力买来的专利研究纤维子午线轮胎，并于1967年开始在市场上售卖这种轮胎。然而，以前和百路驰合作的西尔斯于1965年底宣布不再生产两层斜交轮胎，而是开始以自己的品牌好事达来销售米其林的钢带子午线轮胎。与西尔斯的合作也使米其林通过自己的经销商在美国销售了更多的轮胎。西尔斯和米其林两家公司共同努力，终于在60年代末70年代初打开了子午线轮胎在美国的市场，虽然市场份额还相当有限。相反，百路驰的子午线轮胎就没有这么成功了，它生产的轮胎在1965到1970年反复出现安全问题。

与其他的汽车生产商不同，福特在1965年左右便对子午线轮胎表现出兴趣。福特曾在50年代末60年代初花了很大力气提升轮胎零配件的使用寿命，改良了一些车型的悬挂系统，尤其是林肯轿车（Lincoln）。德努阿尔回忆道，福特研究了工程师们所说的"轮胎与车辆的接口"，以及怎样优化这一接口（Denoual, 1980: 106-111）。福特终于在1965年初解决了美国汽车使用子午线轮胎时遇到各种问题，包括低速行驶时的颠簸。福特公司要求美国五大轮胎生产商生产福特所需的零配件轮胎，并且继续和米其林保持合作关系。事实上，福特和米其林从1961年就开始合作了。

固特异和风驰通都对制造子午线轮胎没什么兴趣，而百路驰和美国橡胶生产的轮胎又不符合福特的要求。德努阿尔并没有提到通用轮胎，但是他指出"福特的选择只剩下米其林"（Denoual, 1980: 134）。1968年，福特和米其林签署了协议，米其林将为福特的1970年款林肯马克三代提供一部分钢带子午线轮胎。这样一来，米其林就在美国站稳了脚跟。为了进一步提升子午线轮胎在美国的销量，米其林于1975年在南卡罗莱纳州建立了生产轿车用子午线轮胎的工厂，同时还在旁边设立了炼胶设备。1976年，福特的零配件轮胎来源中，米其林的占比已经达到10%（Denoual, 1980: 287）。1971年起，米其林扩展美国工厂规模的同时，也开始在加拿大建立工厂，为美国市场生产货车用子午线轮胎。

通用汽车则走向了一条完全不同的道路，他们选择了固特异推出的一款新型斜交轮胎，这款轮胎解决了传统斜交轮胎带来的安全隐患，同时还延长了使用寿命。固特异在轮胎上增添了一条类似于子午线轮胎中使用的稳定带，尽管这并不是什么新颖的主意，但是固特异将它与之前的研究成果结合起来，引入聚酯纤维作为帘线的材料。这款新型轮胎名为聚酯轮胎（Polyglas），于1967年面世，胎体由聚酯纤维制成，束带则由玻璃纤维制成。接下来的两年中，这种带束斜交轮胎在原装零配件轮胎中的占比上涨到85%，所有的大型厂家都在研制自己的带束斜交轮胎。

这并不意味着万事大吉，带束斜交轮胎也开始出现安全隐患，通用不得不再次考虑使用子午线轮胎。1970年，通用召集了一个内部的小组，希望敦促轮胎生产商能够尽其所能，研制出符合通用要求的子午线轮胎。不久之后，通用汽车便转向子午线轮胎，并从1972年开始制造使用钢带子午线轮胎的汽车，到1976年，通用85%的汽车都使用了子午线轮胎（Denoual，1980：152）。与此同时，福特也在扩大子午线轮胎的使用规模（Sull et al.，1997：475），1975年，福特90%的产品都使用了子午线轮胎（Sull et al.，1980：287）。

当通用和福特都开始转向子午线轮胎后，原装零配件轮胎供应商为了保住自己的业务，不得不顺应这一潮流。优耐路在百路驰之后，于1971年开始在美国生产子午线轮胎，然而在接下来的两年中，优耐路遇到了不少的麻烦，包括无法控制生产成本，也无法在平民市场中找到自己的定位等（Denoual，1980：156-161）。优耐路还是轮胎公司中负债最多的公司，这状况限制了它在子午线轮胎上的投资。此外，优耐路也没能扩大自己在欧洲的子午线轮胎规模来填补美国市场上零配件的缺口（Denoual，1980：336-341）。

风驰通也在1971年开始生产子午线轮胎。一开始它试图利用已有的设备生产子午线轮胎,然而效果十分不理想。于是它转向研究一种全新的子午线轮胎,并且1973年宣布所有的子午线轮胎的生产工序都将在一个工厂完成。这款名为风驰通500的新轮胎,是在极大的时间压力下完成的,它的质量可想而知。不久之后,风驰通就遭遇了轮胎产业史上损失最高的召回事件(Denoual,1980:162-169)。

固特异是最后一个行动的公司。起初,它仍然支持带束斜交轮胎,并且开发出了一种有钢丝束带的新轮胎。但是这些努力已经无法打动通用公司。最终,固特异于1973年改变了想法。从固特异欧洲分公司引入一名对子午线轮胎生产有丰富经验的新首席执行官,在他的带领下开始生产子午线轮胎。一开始,公司内部还就应该采取什么生产技术起了一点小摩擦,但是问题很快就解决了。1972到1974年间,固特异在轮胎折旧费用之外额外投入了高达3.47亿美元,1977到1979年间又进一步追加了3.77亿美元。与此同时,固特异的竞争对手的资本投入则大幅减少(Sull et al.,1997:478)。这次大型投资换算到2015年约合32.5亿美元,让固特异在20世纪70年代在原装零配件轮胎市场上获得了前所未有的大规模份额(Denoual,1980:169-175)。20世纪80年代,固特异仍然没有停下投资的脚步,与此同时它的对手却在慢慢萎缩(Sull et al.,1997:479)。

长期以来,轮胎生产商的投入与回报比和其他制造业相比没有什么差异,但是在1973年后,随着子午线轮胎的出现,轮胎公司的盈利能力大幅下滑(Rosenbloom et al.,1996:26)。风驰通遭受的打击尤为严重，它不得不卖掉一部分轮胎和其他资产勉强支撑下去。百路驰则为了降低损失自 1981 年起彻底抛弃了原装零配件轮胎的业务。然而，这些还是不能阻挡外国生产商在 1985 年到 1990 年的一系列恶性收购。除了固特异，所有美国大型轮胎生产商都被外国厂家吞并了。1986 年，百路驰的轮胎业务和优耐路合并组成了一家合资公司，1990 年这家合资公司又被米其林彻底收购。1987 年，德国的大陆轮胎买下通用轮胎；1988 年，普利司通收购了风驰通。世界轮胎业的新格局就此建立。1993 年，米其林成为世界上最大的轮胎生产商，市场份额达到 19%，普利司通和固特异以 18% 和 17% 的市场份额紧随其后，大陆轮胎则为 7%（Rajan et al., 2000 : 57）。早在 20 世纪 30 年代，阿克伦地区就达到了顶峰，并且在之后很长一段时间都是整个美国轮胎产业中心。但是随着子午线轮胎的出现，生产斜交轮胎的老工厂纷纷关闭，这也给阿克伦地区带来了致命一击。

拉詹和他的同事们用美国统计局的数据对各美国轮胎工厂进行了统计分析，试图分析这些大型收购的产生是因为外国的轮胎制造商追求更高的产能，还是因为美国的轮胎制造商遭遇衰退后想要赶紧把自己的老旧工厂给卖掉。然而他们发现这两个原因都不成立，美国的工厂在被收购之前的产能并不比外国工厂低，在被收购后也没有出现明显的提升。此外，这些美国公司也没有因为被收购而关闭。于是，研究人员设想是大量的研发活动和市场行为带来的高昂成本促成了收购。公司必须具备更高的产出才能从高额投入中获益，于是它们宁愿将自己卖给更强劲的外国对手。拉詹还认为汽车制造业的全球化也是诱因之一，因为轮胎生产商需要进行全球化的经营，这样才能满足全球各地汽车生产商的需求（Rajan et al., 2000）。

现在看来，美国的轮胎企业主动做出的决策以及为了抵抗外来势力做出的改变，无论从动机还是各方的实力来看都是合理的。生产重心转移到子午线轮胎上这一设想，令所有原装零配件轮胎的供应商都遭遇了巨大的打击。在这种情况下，也就不难理解为什么这些大公司总能找到理由摒弃子午线轮胎，然后继续思考怎么在原来的斜交轮胎的基础上制造新轮胎。百路驰是唯一的例外，这也是可以理解的，因为百路驰在原装零配件和零售市场的占有率都不高，所以也就能从子午线轮胎中获利最多（Denoual, 1980 : 323）。

如果西尔斯和福特，还有后来的通用没有率先"倒戈"，这些轮胎厂家的策略或许会更有成效，米其林肯定更难在美国市场上找到立足之地；如果带束斜交轮胎十分成功，毫无疑问子午线轮胎也不会那么快就被美国汽车制造商大面积采纳。美国的轮胎生产商也就不需要花费大量的金钱去改变自己的生产重心，致使它们利润受损，经历波折。

当轮胎公司发现通用和福特转向子午线轮胎已经是不可逆转的事实时，它们考虑的事情也就随之改变了。它们思考的问题变成了应该在研发子午线轮胎上投入多少成本，以及如何去管理一个新的生产过程。除了风驰通，所有的公司都在为自保而做出改变，它们都从欧洲调来熟悉子午线轮胎的管理人员，让他们管理子午线轮胎的生产，而这也导致了一些矛盾的产生，因为许多管理人员都被调职，离开了长期相处的员工（Denoual, 1980：362-368）。固特异的市场份额最高，所以也是最有资本不采取任何行动的公司，然而它在面对子午线轮胎时却是最为果断的公司。相比之下，其他公司都以各种理由逃避现实，不敢承担任何风险。在当下的市场环境下，你在研发环节投入了多少心血和你在市场上能有什么样的表现是紧密相连的，面对子午线轮胎掀起的变革，这些公司只能将业务出售给外国竞争者。

美国的电视机产业

电视机产业曾是美国另一个引以为豪的产业，但也在国际竞争中溃不成军。美国无线电公司是美国电视机产业的领航者，成立于1919年，原本它是为了掌控无线电通信技术而建立的。无论是黑白还是彩色电视机，美国无线电公司都走在最前面。珍妮诗电子是美国无线电公司最主要的竞争对手，两家公司在进口电视机刚开始入侵美国市场时还能保持40%的市场份额，但是和这个行业的其他公司一样，它们最终也缴械投降，将电视机产业拱手让给了外国竞争者。

美国的电视机产业形成于1946年，以美国无线电公司推出的630TS型电视机为标志。630TS还被称为电视机界的T型车。差不多是同一时期，英国也开始发展电视广播与制作技术，西欧其他国家也很快加入到生产电视机的队伍中（Levy, 1981：178）。欧洲国家采用的信号传输系统与美国不同，法国采用的信号传输系统又与其他欧洲国家都不同。尽管这种情况促进了欧洲内部的电视机贸易，但是却把欧洲市场与世界隔离开了，尤其是与不注重出口的美国相隔绝。

日本在黑白电视的播放技术和电视机生产方面并没有落后欧洲许多，两者都始于1953年。1960年，日本还成为继美国之后第二个生产彩色电视机和播放彩色电视的国家。日本和美国采取的是相同的技术，并且从美国无线电公司、荷兰的飞利浦（Philips）和英国的EMI等多家公司取得了专利许可。20世纪60年代初，日本生产的13英寸以内的小型便携黑白电视产品已经开始进入美国市场。当时，美国的公司都认为这个后来被称为"迷你电视"的市场并不重要。美国公司没能跟上这一潮流有很多原因，其中包括大电视的利润更高，这不禁让人想起美国汽车产业走向没落的原因。

日本的公司还推出"贴牌"电视机进一步入侵美国市场。这类电视在1964年迅速占有15%～30%的市场份额（LaFrance，1985：223）。这些电视主要被一些大型零售商买走，然后贴上自己的品牌销售，这就帮日本的公司省去了发展美国经销网络的麻烦。大部分美国大公司在20世纪60年代都对这些产品不屑一顾，认为它们一点也不符合美国人的风格，甚至严重影响了市场环境。拉弗朗斯说："大部分美国公司都太依赖传统的生产方式了，这套传统方法说不定在50年代末期还行得通，但是当日本公司在60年代开始用贴牌电视机打入市场时，他们就不应装作没看到。"（LaFrance，1985：226）

20世纪60年代，日本生产商因为日元兑美元的汇率优势，在成本上比美国的生产商更便宜。当它们在美国扎根，就开始稳步扩大自己的规模。到1971年，光是从日本进口到美国的黑白电视机，在美国市场上的占有率就已经暴涨至36%[①]，甚至这个数据也低估了日本的竞争力，毕竟日本生产商在中国台湾和韩国也有工厂，并且这些工厂的产品也出口到美国。为了应对日本厂商的成本优势，美国公司也将装配工厂搬到以中国台湾和墨西哥为主的劳动力低廉的地区和国家。1977年，美国的电视机市场上有82.3%的产品是在美国以外的地方生产的，其中就包括了美国生产商在美国境外生产的产品（Wooster，1986：203）。

彩色电视机在20世纪60年代开始进入市场，并且最终替代了黑白电视机。而在彩色电视机市场上，日本也是一个棘手的对手。他们自己的技术虽然比较落后，但是却向无线电公司购买了大量的专利使用权。直到1981年，日本生产商还要为20世纪60年代与美国无线电公司签署的专利协议支付5,000万美元（LaFrance，1985：366）。美国无线电公司后来放弃了征服世界的想法，而是专心通过向所有的生产商收取专利费赚钱。

美国无线电公司比任何美国公司都要推崇自己的专利。专利是整个公司的基石，即使有一些专利最初是通过非法途

[①] 该数据摘自伍斯特的著作中的表2-4及表2-6（Wooster，1986）。

径获得的。20世纪30年代经济疲软的时候，美国无线电公司仍能通过稳定的专利费收入实现盈利，也给实验室提供了稳定的资金支持，彩色电视机技术也正是在这样的背景下研发而成的。久而久之，专利授权成为无线电公司神圣不可侵犯的一种公司文化，而沙诺夫就是最虔诚的信徒。"世界领袖"（world leader）这样的口号很快被抛弃，公司选择了向全世界售卖专利而不是售卖自己的产品。（Bilby，1986：221）

日本进口的彩色电视机也开始在美国市场上崭露头角，市场份额在1977年甚至达到了三分之一。美国也迅速做出反应，在1977年至1980年期间对日本实行主动进口配额的限制。由于日本生产商在韩国和中国台湾也有工厂，这两个国家和地区也很快被实施了进口配额限制。20世纪70年代，日元对美元汇率迅速攀升，导致日本国内工资大幅上涨，极大地削弱了日本国内的生产优势。索尼成了第一个吃螃蟹的日本公司，于1972年开始在美国进行直接投资。在这种情形下，进口配额实际上加速了日本公司进军美国的进程，1977年后，许多日本公司都开始在美国建立自己的生产基地，以避开进口配额的限制。

日本自身的电视机市场其实就很大，规模大约为美国市场的70%。而且和汽车一样，日本的电视机生产商最初也受到高额关税和限制外国资本投资的保护，美国生产商很难向日本出口。但是，许多日本观察家认为，美国最大的问题在管理层面，他们不愿针对日本市场设计新的电视机，也不想为打入日本市场承担必要的损失（LaFrance，1985：282）。后来，贸易限制被取消，但是美国仍然未能成为日本的主要进口国。1970年，凭借国内市场、对美国的出口以及对欧洲市场的少量出口（尽管传输标准不同），日本成为世界上最大的电视机生产国。而到1977年，世界十大电视生产商中，有五家位于日本，其中就包括位列第一名的松下（Matsushita）（Sciberras，1979：8）。

日本公司带来的竞争对于美国电视机产业是一次毁灭性的打击。美国电视机产业在巅峰时期曾拥有多达105家电视生产商。但是到1964年，日本进口电视机已经主导了美国市场，美国的电视机生产商的数量降到42。随着来自日本的竞争不断升温，美国电视机厂商数量在6年之后继续下降，到1970年只剩下了一半，也就是21家。1980年，日本在彩色电视机方面也加强了攻势，此时美国只剩下8家电视机生产商。美国生产商的利润率在70年代也经历了骤减，业内许多老牌领军企业都无法跟上飞速发展的技术而退出（Wooster，1986：76）。伍斯特认为1974年是电视机产业的"大变革"之年（Great Reorganization），美国二线电视机生产商纷纷退出竞争或被收购：摩托罗拉将电视机业务出售给松下；马格纳沃克斯被全球第二大电视机生产商飞利浦买走；飞歌停止了电视机生产，出售给了GTE，GTE还在1959年收购了喜万年和它的电视机业务；艾德蒙于1978年倒闭，被卖给了美国的大型企业罗克韦尔国际公司。

到1980年，只有美国无线电公司、珍妮诗电子、通用电气和

GTE-喜万年还坚持留在电视机产业中，不过它们也没有坚持太久。1981年，GTE把旗下的电视机业务卖给了飞利浦。长期领导美国无线电公司的大卫·沙诺夫于1971年退位并逝世，而后美国无线电公司经历了一段动荡期（Sobel, 1986：199-260）。公司制定了灾难性的战略，启动了大型主机项目，并且还在影碟机上投资了5.8亿美元，然后于1984年又放弃了这个项目（Graham, 1986：213）。经过高层管理的几度更迭，美国无线电公司在1986年被卖给了通用电气，通用电气当时买下美国无线电公司的主要目的是获得其子公司国家广播电视公司的控股权，所以他们很快于1988年将美国无线电公司及其电视机业务卖给了法国电视机产业的领袖汤普森。通用电气在1988年的年度报告中称，美国无线电公司的两项电视机业务在20世纪80年代一共损失了1.25亿美元（Carbonara, 1989：450）。

最终，美国电视机产业只剩下珍妮诗电子一家公司。而且据报道，1988年珍妮诗电子也已经准备停止电视机业务（Perry, 1988）。早在1977年，珍妮诗电子就经历过财务困难时期，而且几乎要缴械投降。它裁掉了四分之一的员工，包括一半的研发人员，还把大量业务搬往海外。1987年，珍妮诗电子又亏损了2,890万美元，几乎裁掉了所有的研发人员。韩国的LG电器在1995年取得了珍妮诗电子的多数股权，并且在1999年全盘收购了破产的珍妮诗电子，美国电视机生产商就此全部被外国公司取代。

由此可见，对美国生产商造成最大影响的还是日本企业。和汽车产业的竞争类似，日本也是通过小型电视机以及利用低工资带来的成本优势打入美国市场的，但是成本优势很快随着日元对美元的升值和美国生产商将工厂移至海外而消失。即使这样，日本的公司还是不断占领着美国的市场，这几乎是汽车产业的情景重现。美国公司的主要应对措施则是举报对方不公平竞争。珍妮诗电子就对日本公司提起过多场诉讼，它指责日本公司在美国市场上低价倾销商品，并在本国市场上高价出售产品，以这种拆东墙补西墙的方式占据市场。但是这些诉讼多以失败告终，也无法阻止日本生产商的脚步。

正如日本在汽车产业中利用更好的生产模式占据了优势地位一样，他们也开发出了更好的电视机生产模式，生产出了更多更好的产品。这样的优势让日本公司有足够的资本向美国生产商发起猛攻。这种生产方式的产生还要感谢固态原件在彩色电视机时代的迅速普及。伍斯特曾经说过："20世纪六七十年代，两项技术同时发生突破，一项是彩色电视机技术的进步，另一项则是电子电路设计和制造技术的发展。"（Wooster，1986：68-69）这两项技术革命让晶体管代替了真空管，还带来了可以在一小块芯片上集合多个晶体管和其他独立电路元件的集成电路。集成电路减少了可能出错的电路元件数量，还加强了元件之间的相互联系，显著提升了电视机的性能。同时，组件自动配装与测试也提升了电视机的质量，如果没有集成电路，这些进步都不可能实现。

日本的生产商就是通过在电视机中大量使用分立半导体元件和集成电路才取得了绝对的优势。美国的生产商直到20世纪70年代中期还在生产由真空管、晶体管和一些其他分立半导体元件，以及极少的集成电路制成的混合式电视机，而日本的厂家早在1970年就开始生产全固体配件电视机了（Wooster, 1986: 73）。因此，日本的厂家也更早掌握集成电路的技术，他们的产品在元件集成化方面比美国的厂家快一到两代（Magaziner and Reich, 1982: 175）。伍斯特还提出证据，表明70年代中期，美国厂家的次品率是日本的5倍，直到1980年美国产品的次品率还保持在日本的2到3倍（Wooster, 1986: 146）。据马加齐纳和赖克统计的数据显示，美国产电视机的报修率在70年代中期是日本的3倍，到20世纪70年代末期仍有日本电视机的2倍，与次品率相吻合（Magaziner and Reich, 1982: 175-176）。

日本龙头厂家生产半导体的过程高度集约，电视机所需要的元件有四分之三都是内部生产的，远远高出任何一家普通美国电视机生产商的水准（Sciberras, 1979: 31）。松下还研发出了自动装配和质量监控设备，并且把它销售给其他公司。日立也设计了自己的检测包装机器以加强质量控制（LaFrance, 1985: 350）。日本公司的另一个优势要追溯到日本汽车生产商的管理制度。和美国不同，日本的管理人员上任后的半年到一年时间里必须参与生产，并接受质量监控技能的培训（Sciberras, 1979: 33），这也让日本公司生产出的电视机更为可靠。同时，日本公司的研发经费有三分之一用在生产工艺的提升上，远超出美国的竞争对手（Sciberras, 1979: 30）。

美国公司在20世纪70年代适应半导体发展的过程中遇到的困

难,其实是因为它们的生产规模相较日本生产商来说太小了。正如伍斯特指出的,为了研究新的固态技术和解决新生产过程中的种种问题,需要大量的资本投入和研发活动,"只有在生产量足够大的情况下才能有较好的效果"(Wooster, 1986: 150)。希贝拉斯也有着类似的看法,"用更大的生产量抵消巨大的资本支出,使得日本生产者维持高质量的负担往往比规模较小的美国和欧洲公司来说要小得多"(Sciberras, 1979: 33-34)。这个观点可以解释为什么大多数美国主要生产商在这场竞争中败下阵来,但是并不能解释在1977年还是全球第三和第四大电视生产商的珍妮诗电子和美国无线电公司为什么会衰落。

在这两个例子中,美国无线电公司的例子更有意思。正如它的日本竞争对手一样,美国无线电公司同时也是一家半导体生产商,这是珍妮诗电子所不具备的一个优势。美国无线电公司早在1964年就成立了研发小组,专门设计适用于电视的集成电路,杰克·埃文斯(Jack Avins)是这个小组的负责人。有一篇关于他职业履历的文章,或许可以让人们更好地理解无线电公司有着什么样的弱点(Goldstein, 1997)。1971年底,埃文斯被派到日本去宣传美国无线电公司开发的一款基于新型集成电路的彩色电视机。在这次日本之行中,他参观了所有日本顶级电视机生产商的实验室。他回到美国后,警告"美国正在迅速失去彩色电视机设计和制造方面的优势"。埃文斯注意到,日本的公司不只简单地抄袭美国的电路设计。他指出日本生产商不断减少在电视机生产过程中需要的人力资源,不断加强产品的集约程度和工厂的自动化水平。他称之为日本公司对美国无线电公司发起了全面"攻击"（Goldstein，1997：182-183）。而攻击的主要方式就是更强、更全面的生产自动化。此外，日本公司的工程师数量也在不断增加，再也不是从前"少得可怜"的水平了（Goldstein，1997：184）。

美国无线电公司似乎并没有听取埃文斯的警告，继续专注于生产固态电视机，试图通过这款产品建立图像质量的新标准（Goldstein，1997：184）。这也许是因为让守旧的人们接受一个新观点太过困难。美国无线电公司的长处是研究出新的技术并且申请专利然后将专利售卖出去。它从来就不擅长生产，以至于精通黑白和彩色电视的技术，却将市场拱手让给了国内的其他商家。尽管美国无线电公司精于半导体技术，但是在生产环节上，却不太可能和日本对手竞争。

此外，还有一个因素增添了日本公司优势。许多人如拉弗朗斯（LaFrance，1985）、伍斯特（Wooster，1986）都曾提到过日本的产业政策对于日本公司的成功至关重要。政府不仅保护了国内市场，促进了出口，还支持集成电路的研究。可以说，政府是日本公司在同美国公司竞争时的坚强后盾。日本政府的一些政策甚至让珍妮诗电子和其他美国公司控诉日本政府和公司合谋倾销产品，使日本公司陷入法律诉讼。或许日本的产业政策间接导致了美国电视机产业的衰退，但是正如马加齐纳和赖克所写，普遍观点认为这并不是美国电视机生产者失败的根本原因。

尽管美国公司对日本公司的一些指控起到了作用，但是它们将精力花在打官司、建立海外生产基地以及怎样让产品更好看上面，于是最终走向失败。而它们真正应该关心的是产品的设计、生产工艺的改进以及出口市场的发展。日本倾销产品不是它们取得成功的重要因素。真正关键的是它们在减少成本和提高质量方面的明智投资，以及对新产品的用心设计（比如录像带）。(Magaziner and Reich, 1982: 179)

鼎盛一时的美国汽车、轮胎、电视机制造业衰退基本可以归结为以下四个过程：(1) 各行业的领导企业都不热衷于创新。(2) 外国的竞争对手因此利用更好的产品在美国市场立稳脚跟。(3) 美国领导企业认为如果它们同时采取激进的创新会让它们都无法弥补在创新阶段投入的资本，因为当时它们所倚赖的主要创新都会威胁它们的核心竞争力。(4) 公司的规模决定了它们能从创新中获取的利润，一旦美国公司在企业规模上败下阵来，它们就很难追上外国竞争者的脚步了。

这些因素在三种产业中都能找到相对应的事实依据。首先我们来考量一下美国的领导企业是否积极推行创新。答案十分明显。在汽车产业中，美国公司迟迟不肯生产小型车，也不愿引入精益生产模式；在轮胎产业中，它们很晚才开始研究子午线轮胎；在电视机产业中，它们也是迟迟没有生产小型便携式电视，也没有把最新的半导体技术运用在它们的产品中。电视机产业的主要厂商们还不愿意生产贴牌电视，而行业巨头美国无线电公司甚至为了赚取专利费而自动退出了竞争。

这肯定对这些产业的国际竞争形势造成了影响。日本入侵者通过小型汽车在美国汽车市场上拥有了一席之地，又通过小型便携电视和自有品牌电视打入美国的电视市场；米其林则通过与西尔斯及福特的合作在原装零配件轮胎和轮胎零售市场上成功立足。在此之后，由于美国公司生产的产品在可靠性和质量上都明显地存在差距，这些外国入侵者在美国市场上攻城略地，这样的情况因为风驰通500型子午线轮胎而更加严重。

那么，美国公司是不是因为它们之间相互依存的关系才迟迟不愿进行创新呢？怀特在评述小型车的历史记录时明显有相同的观点（White，1979：177-188）。在电视机产业，美国生产者很明显地集体放弃了便携式黑白电视机市场。最能论证这一观点的例子是子午线轮胎。如果当时排名前二的公司固特异和风驰通，任何一家大规模投入研究生产子午线轮胎，其他大生产商肯定会跟上它的步伐。但是如果这样，每家公司都需要付出巨大的成本，购进新设备，设立新工厂，并且换来的是更小的销量，它们在研究设计环节花出去的资金又怎么收回来呢？因此，轮胎四巨头中，除了规模最小的百路驰，没有公司愿意大力研究生产子午线轮胎也就不足为奇。另外，拉詹等人认为这些公司的怠惰也是祸根之一。它们不愿和汽车生产商协作更换汽车的悬挂系统，更好地适应子午线轮胎（Rajan et al.，2000）。西尔斯在没有直观利益的情况下，仍与米其林达成协议，在零售市场销售钢带子午线轮胎；而福特也改变需求，改用子午线轮胎，但是大型轮胎生产商还是不愿，或者无法生产子午线轮胎。甚至当通用汽车也转向子午线轮胎后，固特异还固执地想用钢带斜交轮胎拖延市场节奏和趋势。

然而这些并不是美国龙头企业不愿创新的全部原因。另一部分原因是有的创新触及了它们的核心竞争力。通用汽车由许多实力强劲甚至互相竞争的部门组成，而且和其他的汽车公司一样，管理层和工人之间的关系并不友好。新联合汽车制造公司展现了如何做出调整才能实现精益化生产，但是真正实施这一系列调整进而实现这种生产模式十分具有挑战性。在电视机产业，大多数的电视机生产商并不熟悉半导体技术，而最有发言权的美国无线电公司却又不擅长生产。至于轮胎产业，如果要让美国主要轮胎公司生产子午线轮胎，它们的高层管理人员必须大换血。当然，并不是所有公司都无法做出改变，比如前面提到的20世纪80年代在唐纳德·彼得森领导之下的福特汽车和着手生产子午线轮胎的固特异。这两个案例对于那些处于动荡期的公司来说，很好地阐述第2章曾提到过的格言：有志者，事竟成。

在这三个产业中，公司规模也决定了各公司从创新中所能获得的回报。这些产业中都有一些长期处于垄断地位的大公司，以及许多二线公司。然而这些二线公司更不愿意进行创新。当大型汽车生产商都转向子午线轮胎后，整个轮胎产业只有最大的轮胎生产商固特异果敢决断，生存了下来。不论是轮胎还是电视机产业，新技术来临之时，最终都是最大的公司受益最多。

除了创新之外，还有什么因素导致了美国公司的衰落呢？当然，日本公司在汽车和电视机产业中有过成本上的优势，帮助它们打入美国市场。随着美国对日实施自愿出口限额政策，加上美国电视机生产商把工厂搬到海外，美国公司与日本公司在成本上的差距已经消弭。然而，即便如此，美国公司还是步履维艰。这里，我们就要再谈一谈工会了。全美汽车工人联合会阻挠汽车生产商举世皆知，但是在新联合汽车制造公司和其他同类创新企业（例如土星公司）中，他们也愿意合作。当然，这并不意味着在工人与工厂之间制造紧张关系上，他们可以回避责任。此外，是不是因为汽车、轮胎和电视机都是老牌产业，增长缓慢，很难吸引到美国的新人才了呢？这种情况确实有可能，但是福特和固特异却成功躲过了这一危机，全身而退。只要你愿意努力，你手中的牌绝对能带领你冲出困境。

我们要讨论的最后一个因素，是企业所有者和管理者的分离，它是一些规模较大、历史较长的老公司的属性之一，也是现代美国资本主义处处可见的问题。公司股权是分散的，所以没有人可以直接掌握公司管理。董事会是为了公司所有者的利益而设立的，但是它总是以某种方式被管理层控制。结果，管理层便可以自由地追求自己的目标，即使他们的目标危害了公司所有者的利益。在这三个产业的案例中，管理人员可能就会选择回避激进的措施，比如团结起来采取必要措施抵挡外国公司的入侵。此外，他们可能还会在自己已明显技不如人的情况下选择负隅顽抗。罗森布鲁姆等人就明确指出了这一点，问到为什么通用和福特都已经开始使用子午线轮胎，轮胎厂家却拒绝进入子午线轮胎的市场（Rosenbloom et al., 1996）。

　　美国汽车、轮胎和电视产业的龙头企业有着如此令人失望的表现可能还和接下来要叙述的这一因素有关。有一些公司基本可以看作家族企业，由一个家族所有并掌控，事实上，福特和风驰通就是家族企业。很明显，家族掌权并没有帮助风驰通度过危机。福特虽然在面对外国公司的精益化生产的挑战时，应对能力最佳，但是似乎这和它是家族企业没有什么关系。事实上，福特家族并不喜欢唐纳德·彼得森，但正是彼得森在20世纪80年代让福特重焕生机。不过彼得森很早就退位了，之后福特公司又一蹶不振（Brinkley, 2003：717-757）。

　　从公司层面和政策层面来说，我们如何防止其他的老牌高科技产业遭受类似的急速衰落呢？一种方法就是让董事会更加独立于管理层。当新技术出现时，董事会必须可以命令管理者规划出合理的对策去应对一系列可能的挑战，尤其是这样的技术出现在其他国家时。这样的对策还应当预计到长时间内可能出现的突发情况，并规划公司如何处理。在唐纳德·彼得森的管理之下，福特公司就有这样的规划；接受并顺应了子午线轮胎这一新潮流的固特异似乎也有相应的经营对策。相反，其他的公司没有这样的规划，只能随波逐流，花费大量资金去尝试那些并没有经过系统研究规划的方案。这并不能解决问题，只会雪上加霜，20世纪80年代的福特就是最好的例证（Keller, 1989）。

危机中的企业可以选择的另一个可行方案就是适当进行自我削弱,以此阻挡来势汹汹的敌意收购。20世纪80年代,各轮胎公司都收到了许多收购议案,此时它们似乎已经准备好被外国公司吞并。虽然这些收购都失败了,但是这对轮胎公司来说可能反而是好事情。它们不得不进行财务清算,在遭遇更大损失之前找到新东家,保住现有的股价。而美国最大的汽车公司通用汽车就没这么幸运了,它在2009年彻底倒闭,股东拥有的超过500亿美元的价值全都灰飞烟灭了。

随着近年来一些大型公司例如安然公司的崩塌,公司管理方面的问题——比如董事会在公司中应该行使的职能以及频发的大型收购——招来人们的关注。改变一个公司的管理模式或许十分困难,但是当一个老牌的高科技产业被一小部分厂商长期统治时,再尝试进行这样的改变或许已经为时已晚。

第 7 章

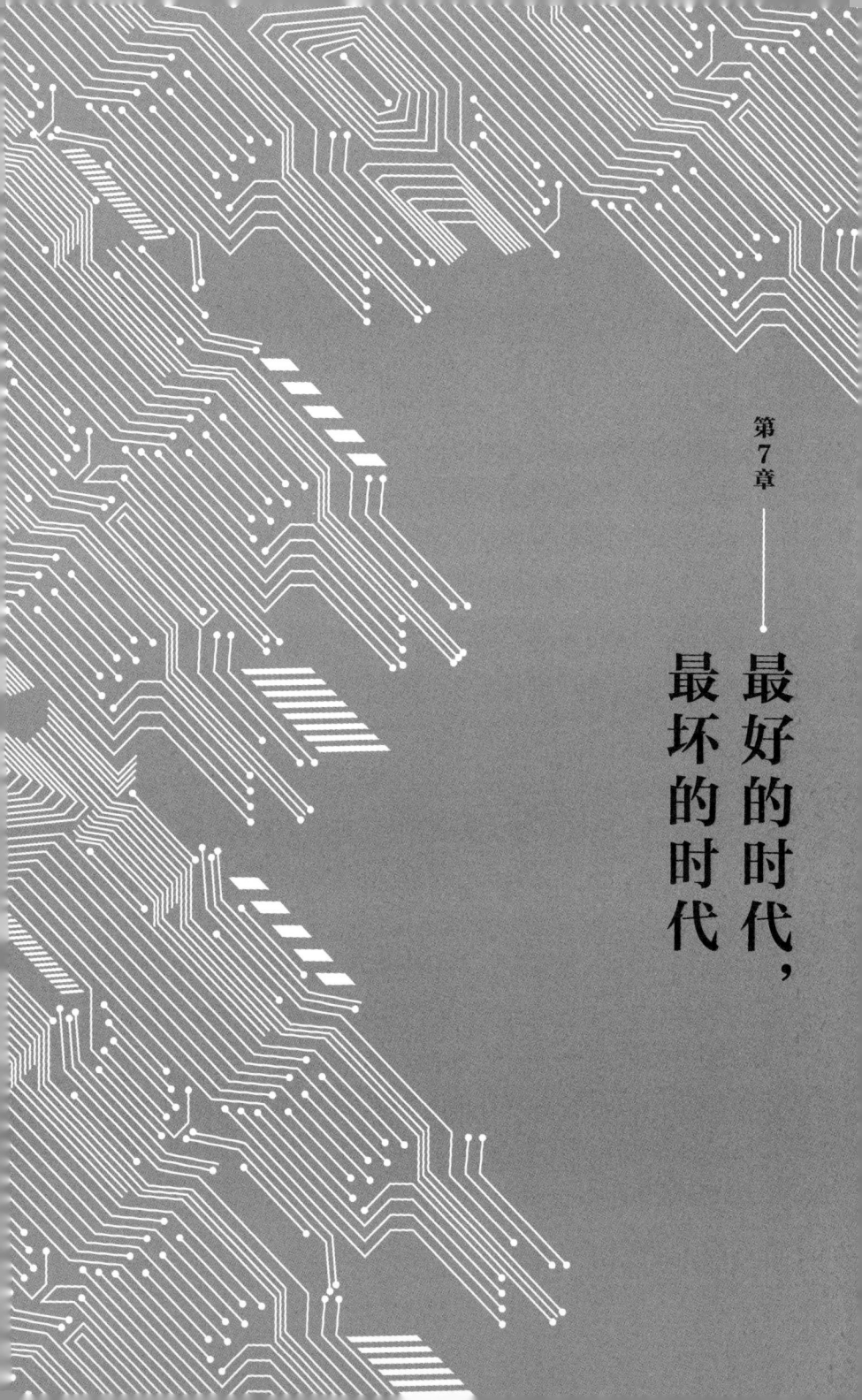

最好的时代,
最坏的时代

编者注：本书作者史蒂文·克莱珀在修改最后一章书稿时离开了我们。这一章的内容是以史蒂文已经完成的原稿为基础修订完成的。这些原稿一部分是他亲笔撰写，另一部分则是和约瑟夫·普卢默一起完成的，普卢默在本书临近收尾时和史蒂文一起写作，史蒂文还留下一份反复修改的纲要，我们在编辑时按照这份纲要将现有的材料进行了整理，在适当的地方对一些缩写进行了复原，并且为了使文章更清晰易懂做了一些细小的修改。从这一章中，我们可以了解到史蒂文的研究具有什么样的意义。本章内容包括了许多新颖的观点和政策性提议，必定会刺激出更多的讨论和分析，让人们去探索怎样在现代经济中保持并加强高科技产业的竞争优势。即使这一章对于史蒂文来说只能永久地停留在"尚未完工"的阶段，但是我们还是可以从中探索史蒂文的想法，那就是："社会怎样才能最大化利用自身的创新潜能实现繁荣发展，为最多数人谋求最大的利益。"

由于本章内容的特殊性，本章包括两部分注释。克莱珀给出的注释将以脚注形式出现，就如其他章节一样；而编者修订的注释将以尾注的形式出现在本章之后、附录之前。以示区别。编者修订的注释中也包含了克莱珀注释中的相关材料。

怎样才能在高科技世界中竞争？现在是时候回头看看，从前人的经验中，我们能学到哪些。这些经验教训中有一些是针对公司和个人的。对于他们来说，需要解决的核心问题是：高科技产业发展历程中，我们能提炼出哪些新颖的因素，并且适用于企业和个人，帮助他们在高科技领域提升竞争力？而另一部分经验则是针对社会的——不论是国家、州还是地区，他们面临的本质问题是：政府和军队应该扮演什么样的角色，又应该如何干预竞争，才能让社会充分发挥创新的潜能？

我们研究了六种产业从形成到逐渐成熟再到衰退的过程，从中我们可以看到高科技产业中竞争和创新是如何演变和发展的。政府和军队可以在高科技产业的起步阶段起到至关重要的作用。高科技产业最终往往被一小部分公司所垄断，但是不断出现的新市场却又会把这些垄断的公司逼得走投无路。如果这样的动荡期来得很晚，产业内就会形成自己的巨头，并且往往是已有生产商的衍生公司。当这种产业衍生现象较为明显时，就会出现地区集聚现象。这种长期的垄断会让公司失去创新的动力，从而在面对外国竞争者带来的技术挑战时显得不堪一击。

自19世纪末汽车和轮胎产业出现以来，这六种产业已历经百年。伟大的产业历史学家阿尔弗雷德·钱德勒在他的著作《看得见的手》(The Visible Hand)中描述了这个时代的开始。在19世纪末期以前，美国的资本主义主要由具有某种智能的小型公司构成。但是到了19世纪末，这些公司被一些全国或全球经营的公司所替代。这些公司把需要市场调控的生产环节转移到公司内部完成，它们在研发环节上砸下重金，创新成果源源不断，生产技术也突飞猛进。汽车三巨头通用、福特、克莱斯勒和轮胎四巨头固特异、百路驰、风驰通、美国橡胶都是通过这样的过程成为行业霸主的。

另外四个较晚出现的产业，得益于电子和化学方面的技术进步。最开始的时候，这四个产业都被政府和军队掌控，第二次世界大战之后，它们帮助美国迎来了黄金增长期。1970年之后，它们的发展速度有所减慢。也就是在同时，日本从"二战"的打击中恢复过来，开始在高科技产业领域成为美国强有力的对手。慢慢地，韩国、中国台湾和其他亚洲国家与地区也加入了竞争行列。同样从战火中恢复过来的还有欧洲国家，它们也开始在一些特定的高科技领域大展身手。这六个行业中历史最长的三个——汽车、轮胎和电视机都受到了很大的影响。长期处于统治地位的美国公司难以追上外国竞争者的步伐，最终走向了灭亡。

来自亚洲的新竞争者从政府高瞻远瞩的政策中受益颇多，这些国家的政府相比美国政府而言更加积极地参与产业生产过程。麦肯德里克、多纳和哈格德回忆道："对于美国的企业来说，这个挑战深入且是系统性的，美国的资本主义体系将之看成一种负担；相反，亚洲的产业组织结构、生产过程、公司管理和产业政策都是为了抢夺市场，促进经济增长而设计的。"(McKendrick, Doner and Haggard, 2000：3)这些担忧现在看起来似乎已经过时，因为日本在过去20年中经济萎靡不振，亚洲也经历了1997—1998年金融危机。但是如今人们仍然在探索美国应该如何利用政府的资源促进产业的进一步发展。这一章的核心目的之一就是通过前面讨论的六个产业的案例，总结出政府应该采取怎样的行动，才能让社会充分发挥其创新潜能。

在提出个人的观点之前，我们首先需要证明这六个产业可以作为典型案例来说明是什么推动着高科技产业的发展。六种产业并不是一个很大的样本，或许不能推出普适的结论，更不要提有的产业模式比较稀有。但是幸运的是，从这六个产业总结出来的普遍规律在大多数高科技产业中都是适用的，下面我们就来具体阐述这一论点。

* * *

对这六个产业进行纳米经济学分析解构后，我们可以发现这些高科技产业的发展是由许多过程交织在一起完成的。我们也曾分析过一些其他的高科技产业，但是样本总数还是太小了，无法得到确定的普遍结论。然而还有其他的方法可以解决这个问题，从这六个产业中分析得出普遍适用的结论。

一个新产业的市场结构是从哪里开始变化的呢？自然是新进入者，市场上生产商的数量以及最大生产商的市场份额。我们在第2

章中提到过两种市场结构变化的途径,这两种变化方式都开始于朝气蓬勃的新进入者和生产商数量的增加。更常见的路径是整个产业的创新集中于产品质量提高、生产成本降低。但是市场容量总会达到一个顶点,也就不再有新进入者,紧接着就是动荡期的来临,此时整个产业会被一些巨头公司控制。汽车、轮胎、电视机、青霉素以及激光产业在发展后期都符合这样的模式。另一种发展路径则是通过创新催生出各种各样的新式产品,从而吸引不同的买家,打开新市场,这种模式下的市场会不断增大,生产商也源源不断地涌入这个行业,几家独大的场面难以出现。激光产业发展的前35年以及半导体产业遵循的就是这条道路。

这两种发展途径在高科技领域里常见吗?我们先讨论第一种有衰退期的发展模式。戈特和克莱珀找到了一种快速但粗糙的方法来研究衰退期究竟有多普遍(Gort and Klepper,1982)。他们使用的是名为《托马斯美国制造商名录》的多卷年鉴。这本年鉴自1905年起每年都会发布新版本,几乎涵盖所有产品的生产商的名字和地址,主要目的是为了方便各公司进行市场营销。戈特和克莱珀以1887年到1960年间面世的共计46种主要新产品为样本,统计了每年每种商品的生产商数量。这些产品大多数是高科技产品,包括了我们研究的六种产业的五种产品(汽车产业除外)、消费性产品(例如电热毯、电动剃须刀、冰柜和黑胶唱片)、军事和航空航天相关的产品(例如火箭引擎、制导导弹、偏振光镜),以及一些中间产品(例如喷气式发动机、尼龙、阴极射线管和核反应堆)。

克莱珀和格兰迪将每种产品的发展历程都分成了三个部分，详见图 7-1（Klepper and Graddy，1990 年）。[①] 第一阶段代表生产商的数量增长至顶峰；第二阶段代表衰退期的开始，生产商数量骤减；第三阶段则是生产商数量趋于稳定。每一件产品从问世到 1981 年的各项数据都被记录了下来，其中值得一提的是，有一些产品面世时间较晚，在 1981 年时还没有达到第三阶段；而非高科技产品则不一定会出现衰退期。38 种已经进入第三阶段的产品中，有 22 种产品很明显经历了第二阶段，它们的生产商数量平均下降了 52%。尽管没有汽车、轮胎、电视机、青霉素等产业的衰退那么厉害，但是萎缩超过一半也非常引人瞩目。[1]

但是衰退期也不是必定会出现，如果不断有新的次级市场涌现，那么衰退期就不会这么容易出现。这也就解释了为什么激光产业的衰退期来得很晚，而半导体产业甚至没有衰退期了。[2] 然而光从两种产业的现象出发，无法总结出有说服性的结论。幸运的是，萨顿研究出一种十分聪明的方法，不需要大范围重新构建各产业的发展历程，也能研究新的次级市场对产业发展的影响（Sutton，1998：93-112）。

萨顿的基本思想反映了国家统计局收集和披露企业信息的方法。他们发布的是整合后的信息，其中包括产业的总产值，以及行业内最大的四家公司的市场份额总和，称为前四家企业的集中率。萨顿

[①] 对于在 1905 年前就商业化的产品，第一阶段伴随它们的商业化同时开始。图中有一段空隙，表明在 1905 年前没有年鉴记录。

图 7-1　产品发展的三个阶段

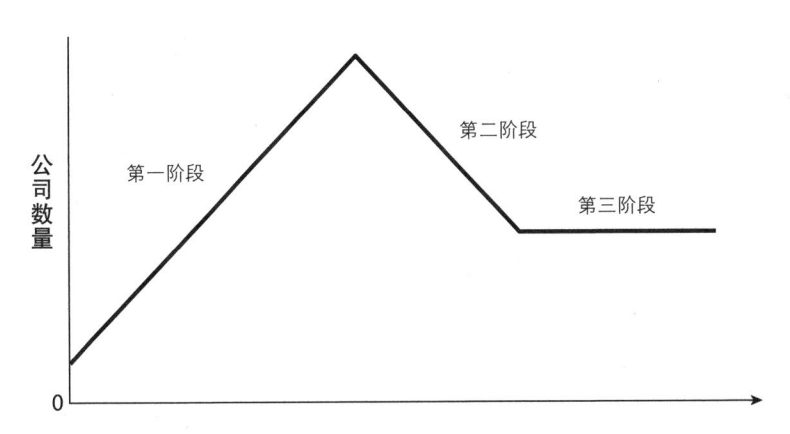

（图：公司数量随时间变化，分为第一阶段、第二阶段、第三阶段）

挑选出了 1977 年（因为 1977 年的数据比较齐全）美国 55 种制造业，在这些行业中的公司会在研发工作上投入销售额的 4% 或者更多。这些产业分布比较散，包含了美国经济体系内主要的高科技产业。集成电路产业就是这 55 个之一，也是半导体产业的核心。

萨顿调查了这 55 个产业中分散程度较高的产品的销售情况。还是拿集成电路产业作为例子，记忆芯片、微处理器、各种不同的逻辑电路以及包含着分立元件和多个小型集成电路的混合集成电路等，都是这个"集成电路"产业中的产品。每一件产品都开辟了新的集成电路次级市场。萨顿计算了最大的次级市场销售额占产业总销售额的比例，在集成电路产业中最大的次级市场当属记忆芯片市场，销售额占比达到了 28%。萨顿总结道，如果这个比例比较小，那么这个产业的大市场就是由许多个次级市场所构成，前四家企业的集中率也会相应较低。否则市场结构就较为单一，容易被几家大公司掌控。

集成电路产业的比例为28%，这在调查的55种产业中是比较小的，也和我们在第2章提到的这个产业没有被少数龙头公司垄断的现状吻合。萨顿对数据进行分析后发现，当最大的次级市场占比小于20%时，前四家企业的占有率则会在20%到60%之间。而当最大的次级市场占比超过60%时，前四家企业的占有率会超过60%。这样看来，似乎次级市场越多，顶级的公司就越难垄断这个高科技产业。这也不禁引人思考，次级市场是不是就是拖延衰退的最佳选择呢？

新的次级市场不断涌现让更多新企业有机会进入这个产业，如果次级市场有一天突然爆发并开始挑战原有市场，那么这个产业的老牌公司将会受到很大的冲击。这也是高科技产业公司在做出决策时必须考虑的问题。克里斯坦森是这一观点的支持者之一（Christensen，1997），他认为次级市场的力量甚至连经营有方的产业巨头也无法抵挡。他从细微处分析了硬盘驱动器产业，这个产业本身就很有代表性，它阐述了新的次级市场对一个产业的发展有多大的推动作用。这点和激光产业很像，然而不同于激光产业的是，在硬盘产业中，每出现一个新的次级市场都会让行业的领头公司覆灭。

克里斯坦森把硬盘业的变化和遗传学中的果蝇实验相对照（Christensen，1997：3）。以人类为例，我们将很难研究遗传与变异，因为人类大概需要30年才会产生新的一代。而果蝇可以"在一天之内完成受孕、出生、成熟、死亡的过程。同样，如果你想研究产业的变化，那就去研究硬盘产业吧，它就好比商业世界的果蝇。"

IBM是现代硬盘产业的开创者。硬盘是一种磁存储器，工作原理很像留声机，它利用一个移动支架读写磁性涂层磁盘上的数据，这些数据由0和1组成。1976年到1995年间，硬盘疯狂发展。每平方英尺硬盘可存放的数据量每年增幅达35%，同时，硬盘的大小也在以相近的速度变小（Christensen，1997：7）。

20世纪60年代，和其他的主机电脑生产商一样，IBM把它的硬盘和主机电脑捆绑销售。70年代，独立硬盘市场兴起。硬盘制造商把硬盘直接卖给小型电脑制造商。到了80年代中期，独立硬盘市场已经占据全球硬盘总产量的约75%。1976年，硬盘产业一共有17家公司，只有IBM到1995年还在经营。与此同时，新加入的129家公司有109家都失败了，硬盘产业遭受了猛烈的洗牌（Christensen，1997：7）。

克里斯坦森对硬盘产业进行了详细的研究，想看看是不是产业技术发展过快导致企业存活率过低。他总结出两种技术进步，每一种对领头企业的影响都不一样。其中一种进步有助于提升产品质量，另一种则有助于研发出更新、更小的硬盘，进而开启新的次级市场。而后者主要针对的是那些生产更新、更小的电脑的厂家，先是小型机，然后是个人电脑，再到手提电脑和今天的笔记本。每一次产品的更新换代都意味着一个新的次级市场的诞生。领导企业往往是第一种技术进步的先驱，然而第二种变化却会打乱甚至重新定义发展

的轨迹,让产业巨头们难以招架。(Christensen,1997:9)

最开始,这些更小的硬盘并不能打动现有的生产者,因为它们的存储量无法满足顾客的需求。但是,随着产品的更新换代,每一种尺寸的硬盘都在增大容量。这种发展积累到一定的程度,连之前专注于大硬盘的买家也把眼光投向小硬盘。小硬盘足以满足他们的需求,而低廉的价钱和较小的尺寸则弥补它存储空间小的劣势。然而,现有的领导企业往往将小硬盘市场拱手让给新企业,而新企业通常是它们自身的衍生公司。等到它们的顾客开始对小硬盘感兴趣,这些大公司就已经输在了起跑线上。于是,每当更小的硬盘开辟了新市场,整个产业就会经历一次行业大洗牌。和汽车、轮胎、电视、青霉素以及激光不同,硬盘产业中繁荣发展起来的反而是更晚进入市场的衍生公司。

这并不是个例,克里斯坦森还讲述了一些其他的有着类似演变的产业。我们会在后面讨论这种发展对高科技产业中的企业有什么影响。但是很明显,新市场的开辟会带来巨大的影响,活跃的新次级市场也能够给新产业提供更多的发展方向。激光产业向我们展示了,当有新生产商不断加入时,产业的衰退就会延后。硬盘产业虽然也经历了典型的衰退期,但是受益者不是老牌厂家,而是新企业。在计算机产业中,小型计算机开辟的新市场也让业界巨头 IBM 吃尽了苦头,IBM 在主机电脑上实力不足,使得新的生产商不断涌入这个行业(Flamm,1988 年;Bresnahan and Malerba,1999)。[3]

影响新产业发展的另一个因素是业内主要龙头企业的起源。我们在第 3 章曾经提到，除了电视机和青霉素产业，在其他四种产业中，企业的传承对它们的表现有着深远的影响。那些由现有企业的前员工建立的公司——也就是我们所说的衍生公司，往往比其他的新企业表现得更好。而且，越大的公司，衍生出的新公司就越多，这些衍生公司的表现往往也都非常优异。我们在对另一小部分产业进行分析后，发现它们也有着类似的发展模式[1]。但是这样的模式是否是一种普遍的现象呢？

如果这种模式确有普适性，构建针对高科技产业的政策将责任重大。从根本上说，社会必须依靠现有的公司去产生下一代领导企业。但是正如我们所见，现有的公司并不都愿意扮演这样的角色，它们为什么要热衷于培养自己的潜在对手呢？既然这些公司不愿完成它们应该完成的任务，社会就必须想办法利用自己的权力去保证新一代领导企业出现。

研究人员还利用雇主—雇员匹配数据集，研究衍生公司是不是都具有更好的表现，并且在这个问题上取得了更进一步的进展。有些国家，尤其是斯堪的纳维亚半岛的国家，当地的国家统计局不仅

---

[1] 美国曾经研究过硬盘（Christensen，1993；Agarwal et al.，2004；Franco and Filson，2006）、医药器械（Chatterji，2009）、生物治疗（与人类有关的生物科技）（Mitton，1990；Romanelli and Feldman，2006）等产业的衍生公司。律师事务所也曾经研究过这些衍生公司（Phillips，2002）。美国之外，英国和德国的汽车产业（Boschma and Wenting，2007 年；Cantner et al.，2006、Von Rhein，2008）、德国的激光产业（Buenstorf，2007）、澳大利亚与新西兰的酿酒业（Roberts et al.，2011）的衍生公司有过相应的研究报告。全世界范围内的时装业（Wenting，2008）也有人进行过类似的研究。

统计每一家公司的数据,还记录了每一位员工的数据。这样的数据库就可以用来统计新企业建立者的背景以及他们的资历。

对这些数据进行处理分析后,我们总是会得到相同的结论:新公司的传承对它们未来的表现影响很大。而且这一理论在所有产业都适用,并不局限于高科技产业。在众多新企业中,如果创立者曾在这个产业打拼过,那么这家企业就会跻身行业前列,尤其是在促使企业成立的原因并不是母公司失败或崩塌时。[1]4

在第4章中,我们认识到,衍生公司是造成高科技产业地理集聚的关键。大公司不断衍生出更多更好的小公司,小公司又不会选择太远的地方建厂,成功的公司建立在那些更早取得成功的公司周围,便形成了产业集群。形成产业集群的主要原因是衍生公司,而不是因为在集群中的公司可以有什么好处。

这些观点和人们的传统思想大相径庭,同时也对政府政策选择产生了重大影响,因为历史上一直以政策推动产业集群的形成。正因如此,我们必须调查清楚究竟这些观点可不可以解释高科技产业的集群。不幸的是,这是一项令人畏惧的任务。曾经有人对美国与英国的制造工厂地理位置分布做过研究,发现这些工厂确实有一些

---

[1] 关于巴西可以参见穆恩德勒等人的文章(Muendler et al., 2012);丹麦的情况可以见埃里克森和库恩(Eriksson and Kuhn, 2006)、达尔与莱克斯坦(Dahl and Reichstein, 2007)、索伦森(Sørensen, 2007)和索伦森与菲利普斯(Sørensen and Phillips, 2011)的文章;挪威的情况可见维泽(Hvide, 2009);葡萄牙的情况见巴普蒂斯塔和卡罗兹(Baptista and Karaöz, 2007);以及关于瑞典的文章见安德森和克莱珀(Andersson and Klepper, 2013)。

集群现象，而不是纯粹的随机分布，但是集群程度并不明显（Ellison and Glaeser，1997；Duranton and Puga，2005）。像汽车、轮胎、半导体这类极端的例子并不多见，因此归纳出普适结论就更加困难了。和上述这些产业类似，产业集群一旦形成，生产总会慢慢地远离集聚地（Dumais et al.，2002）。但是我们无法大范围地调查大量产业，去求证产业集群究竟是怎样形成的。

传统的集聚观点从来没有应用在处于发展阶段的产业中。我观察了衍生公司的选址，发现它们一般都会选择在原来的工作基地附近呆上好几年。换句话说，重新选址的情况并不像人们想象的那么多，无论公司的传承如何，集聚效应都会把公司吸引在一起。汽车、轮胎、半导体等三个产业也可以证明，衍生公司大量出现具有极其重大的意义。仙童公司是最极端的例子，奥兹莫比尔和阿克伦也是十分典型的范例。无论从社会因素上，还是经济因素上考虑，衍生公司都不会离母公司太远。

在我们分析过的其他产业中，也有一些出现了较为极端的集聚现象——硬盘产业与生物治疗（和人体有关的生物科技）。这个结果令人振奋。硬盘产业的地理集聚发展过程很值得一叙，因为它的集聚过程很像半导体产业的地理集聚过程。硬盘产业和半导体产业最终都在硅谷集聚，但是硬盘产业的起源却不在那里。一开始，硬盘产业集中在加利福尼亚州南部，靠近洛杉矶、明尼阿波利斯、科罗拉多和硅谷。经过20年的发展，硅谷的硬盘公司占到硬盘业销售总额的70%。其中，大部分公司都是行业领先企业的衍生公司，而这些公司不断往上追溯，最终都可以算是 IBM 的衍生公司。IBM 的硬盘产业正是位于加利福尼亚州的圣何塞[5]，它是被称为硅谷之心的城市。① 硬盘产业的领先者都集中在硅谷，但是和其他的公司一样，它们不断把生产工厂搬至成本更低的地区，尤其是新加坡（McKendrick, Doner, and Haggard，2000）。[6]

第 5 章中，我们曾叙述了联邦政府和军队的重要性。我们所谈论的六种产业中，有四种是在他们的推动下形成发展的。在第 6 章中，我们讨论了美国的汽车、轮胎、电视业衰退的共同之处。这两个观点并不能随意一般化。当我们谈论到军方的影响时，提到了许多军方支持推动的高科技产业案例。相应地，一种产业的衰退速度就算很快也要花上十几甚至几十年，所以我们在美国并不能找到其他的案例来支持我们的观点。这两种论点都要求我们通过十分有限的产业案例去总结出一个广泛适用的结论，不过从某种程度上说，这也是在所难免的。

正如我们提到的，这一系列论点都让我们重新审视一家公司管理创新能力在市场发展关键阶段的重要性。我们现在可以追溯我们研究过的成功创新者，我们能从他们身上学到什么？什么样的管理才可以称得上成功的创新管理？作为一个管理者，高科技产业发展的哪些环节最值得注意，又怎么在这个基础上制定经营策略呢？

---

① 文章可见克里斯坦森（Christensen，1993）、阿加霍尔等人（Agarwal et al., 2004）、弗兰克和菲尔森（Franco and Filson, 2006）和麦克德里克等人（McKendrick et al., 2000）。

编者注：克莱珀的论述停留在这里，接下来的部分是我们根据作者手写的纲要以及我们可以找到一切相关笔记。

一、如果你登上了顶峰，那就充分利用规模带来的优势。

（一）亨利·福特主要的问题：从福特的经历来看，我们可以看到 20 世纪反复出现的一种行为模式。

- 行业领先的公司一旦登上了巅峰，立刻依靠自己的规模优势进行巨额的长期投资，进行创新研发活动，以长期保持市场领先地位。但是规模和创新之间的平衡并不是亨利·福特的主要问题。价格下降率（相比较于创新产出带来的收益率）无论如何都会走低。
- 福特实力真正减弱是在 1919 年失去詹姆斯·考森斯开始。这位管理天才曾经保住了公司的资本，并且积极行动，制造出畅销的产品。

（二）在亨利·福特朝朝令夕改的政策中，福特汽车公司消耗掉了长期积累的优势。

二、对于公司的一些建议

（一）次级市场对于现有企业来说是很大的挑战。在这个方面最需要研究并且理解的就是，为什么统领主要市场的公司在面对发展潜力巨大的新机会时总是犹豫不决。这种现象在每一种产业中都反复出现，高科技产业也不例外。许多高科技公司都处于进退两难的境地：自己的技术有能力开拓出一个新的次级市场，但是它们又不确定要不要去打开这个新市场。

- 高科技产业的优势在于它们有一大批训练有素的员工，这其中许多人都有着丰富的经验，可以运用自己的想象力去创造新的技术。这些技能正是它们在潜在新市场的边缘地带学到的，因此现有公司在放弃新机会的同时，也埋下了衍生公司的种子。
- 还有另外一些因素会导致次级市场催生出新的衍生公司。
- 衍生公司的出现稀释了顶级人才。单凭这个原因，管理层在发现内部人员有独立建立衍生公司意愿时，就应有足够的警觉。大量的研究证明，因为衍生公司而损失了小部分人才的影响不会很大，但是一家公司衍生出许多公司并带走大量人才时，这家母公司就会遭遇持续的伤害，甚至会让母公司在市场上的地位下滑。这其中的因果关系也很有道理。

（二）现有的公司怎么样才能避免错失进入新市场的机会呢？

现有企业放弃新的次级市场机会的一些原因：

1. 规模过小——现任的管理人员可能会因为正在发展的次级市

场相比公司的财务状况而言规模太小而不予考虑。公司内部的决策人员认为次级市场不会达到一个较大的规模。
2. 无关性——认为这个市场不在公司的核心规划之内，并且给这些市场贴上了"这和我们无关"的标签。
3. 管理者不合拍：那些专注于现有经营状况的管理人员无法像他手下那些正在寻找新工作机会的员工一样看见同一件事物中蕴含的希望。

这些原因中隐藏的问题：

1. 规模过小：谁会关心现在规模如何？未来的规模才应该是关键。

- 集成电路最开始就被认为是一个小型的次级市场。
- 小型硬盘被视作一个新的次级市场。
- 微型氦氖激光器最开始前途未卜。

2. 无关性：为什么要和现在的业务相关呢？管理多样化业务的代价是什么？

- 如果做到多样化管理，现有的公司就能把新的次级市场看作一个新业务来管理。
- 现在看起来无关的市场可能会因为次级市场的潜在可替代性成为相关市场，激光和硬盘就是很好的例子。

3. 管理者和下属员工看法不一致：

- 创意和其他决策也有等级吗？
- 作为亡羊补牢之策，为什么不在公司内部引发讨论，让决策者可以得到完整的消息，以便做出正确的决策呢？

（三）怎样去追求那些"反常"的想法：

如果一个想法被认为成功概率很小，甚至完全没有可能成功，因此不被上司看重，怎样在不大闹一场的前提下继续这个想法：

1. 和其他人共同设立一个公司，并持有部分所有权。

- 在这个新公司中拥有的这一小部分权利，可以包含在未来以一个公道的价格购买公司股票的期权。

2. 公司可以让那些对新的次级市场了解更多的人参与进来，尤其是那些最渴求新产品的潜在顾客。这其实是施乐的衍生公司留下的教训，它们花了太多时间和资源在一些别人已经研究过的东西上。

- 引入这些了解市场的人可以避免传统的市场焦点小组模式，让具有丰富经验和能够做出新颖策略的决策者参与进来，让那些行不通的计划重焕生机。
- 适销的创新同样也需要引入风投作为合伙人，这代表着割让一部分所有权给他们，但是更代表着割让决策权。不过，这样可能更能激发风投的投资意向，也更能促使企业开拓市场。克里斯坦森对于企业在市场上的长期利益进行了评价，他认为企业的长期利益通常受收回成本的动机驱使，这个结论很具有启发性。

三、给个人的建议：何时创建自己的公司时机最佳？

（一）走出那扇门是一件艰难的事。关键的第一步是，如果公司因为管理人员不知道如何评估一个新想法的潜能而放弃新想法，我们必须准确地对这一时机做出评估。

1. 这种情况会有一种很普遍的表征：决策者沉湎于符合新创意的某种特定技术，因而眼光狭窄，无法看到新的机会。同时，现有公司是通过什么样的发明强大起来的，这一因素也会产生影响。有的公司凭借一件产品一夜暴富，然后就安于现状，只停留在有限的市场内。这样的公司无法从著名的工商管理硕士（MBA）项目中获得有用的东西，也就无法引入更好的商业工具，于是无法对市场做出正确的分析，最终停滞不前。用这样老派的管理方式去经营一个技术性企业，这对那些试图进入潜在次级市场的雇员来说，是一个很大的警醒。
2. 还有一种情形使变革者不得不去其他地方寻找机会，使新想法发光发热，这种情形就有管理层被其他公司挖角。不过这种情况或许会导致这些人越来越恃才傲物。
3. 老板的眼光狭窄，公司又不给你申诉的机会。这些障碍对企业来说都是不幸的，对个人来说，除了一份有保障的工作以外，在现有的企业中就职和自己另起门户打拼在资源方面来说并没有什么区别。

（二）意外的创业——戈登·摩尔

企业传承的重要性：

1. 仙童半导体公司和英特尔公司的创始人之一戈登·摩尔在"意外的创业"（The Accidental Entrepreneur）中指出，公司的底蕴与潜在员工的质量是互相关联的。

- 仙童公司发明了集成电路，推动了一个新的次级市场的产生。对于那些正在研究集成电路的人来说，仙童公司的传承无疑是一块金字招牌。

2. 公司传承对于解决问题也是有着重要影响，无论是技术方面的问题，还是管理方面的问题。
3. 同样，公司传承还可以帮助公司获取一些有助于后续开发的全新经验。

- 英特尔的创建者们没有犯下仙童公司的错误——同时进行太多的研究而让自己手忙脚乱。摩尔和他的同事们很早就认识到，如果创意无法形成有用的产品就没有长期的价值。他们积累了足够的生产经验，在市场摸爬滚打，这才建立了英特尔公司。而这个公司将会开辟现代电子产业的一个巨大市场。

- 不要因为一些负面的原因而建立自己的公司，例如认为自己会比现在自身难保的公司里那些差劲的管理人员做得更好。研究表明，母公司如果表现很差，一般来说它的衍生公司只会表现得更差。而最优秀的衍生公司都是源自最优秀的企业。[7]

（三）寻找更有评价资格的人来测试新的市场。

向风投公司和其他投资家寻求帮助可能代表着所有权被稀释。但是，这确实是一块试金石，可以更好地判断这些吸引人的观念究竟会不会导致新市场的出现。

- 如果这个新市场本身就需要风险投资那就更理想了。

从仙童公司衍生出的生产集成电路的公司是谁来投资的。

四、更深一步的问题，扩大思考的范围——个人是否可以协调就职公司与最适合其创业生涯的工作岗位之间的关系？

（一）创业生涯既包括成为一个公司的高层管理者，也包括创建自己的公司。

- 轮胎行业几乎都是由那些曾经在大公司担任管理层的人创立起来的。而早期汽车行业的高层管理人员和一些大股东、第一批半导体公司的顶级技术人员,以及几乎每个激光产业的技术人员都是从这条道路上走过来的。

- 制药业的历史因为与巴克斯特男孩(Baxter Boys)相关的产业创新而闻名于世。确实,如果想要学习创业的基础,巴克斯特毫无疑问是理想的雇主。巴克斯特经常招募刚毕业的 MBA,并赋予他们很大的责任,这已经成为公司的惯例。正是凭借这种内部动力,这家公司就像喷泉一样,四处撒播有能力的创业者,这些创业者也创立了许多制药公司。[8]

(二)埃尔芬拜因等人(Elfenbein et al., 2009)的书[9]对科学家和工程企业家尤其有帮助。[10]

埃尔芬拜因的调查区分了建立自己的公司和留在公司任职拿工资。

- 他们发现规模十分重要——小公司更能培养一个人的组织管理能力。小公司的员工也更有可能创建自己的公司。

1. 和产业发展研究的结果相类似——创业的概率并不与公司规模成正比。

- 规模的大小同时也影响着成功的可能,越小的公司越有优势。然而表面上看起来，这似乎和一些详细研究过的案例并不相符。

2. 但是对于一些正在发展的产业来说，产业龙头企业在形成时并没有很大的规模。

- 对于公司的内部创业者来说，工作的类型很重要，因为他们的能力与经验、眼界是相关的，不断积累的才能使他们能够胜任市场营销、财务经理、企业高管这些的职务。当然，这里我们假设，技术中知识的深度是公司产品的驱动因素。

3. 技术专家能够最快地积累这样的创业经验。因此，小公司的优势就在于能让一个人积累公司各个方面的管理经验，这也是很多成功的技术人员的发展道路。

4. 离职创建自己公司的人都是一批特定的人群，而对于这些人来说，机会往往是最关键的因素。

- 汽车产业的创业者往往是顶层人物，有时甚至是公司的联合所有者之一。
- 半导体行业的创业者通常是高级技术人员或者是并购后的管理人员。
- 激光产业的创业者则有可能是所有级别的技术人员。

（三）可以把创建公司看成更广阔的创业之路的一部分。

轮胎产业在这一点上最有发言权。

其他的行业也会有这样的现象，比如医药行业的巴克斯特男孩（Higgins，2005）。这项研究也可以让我们知道顶层人员究竟掌握了哪些隐性知识，使得他们可以管理其他公司，或者自己组建并管理一家企业。

1. 学习创业融资的理想雇主就是巴克斯特。
2. 在公司政策的影响下，巴克斯特招聘了许多刚毕业的MBA，并让他们承担了许多责任。
3. 招录高级管理人员是很正常的事。

确实，坎贝尔的文章中也提到了，从工资来看，为一家新起步的公司工作也是很有利的道路。[11]这说明，如果想在企业里不断晋升，成为高级经理甚至企业家，选择雇主和选择工作同样重要。他们也同样应该考虑一些偶然情况，处处留心管理者的偏见或盲点，雇主放弃追求的想法，雇员可以制造机会去探索。不要怕创意被拒绝。只要有人表现出肯定的态度，就说明这个想法具有潜在价值。

（四）创业之路还有许多需要学习——比如怎样踏踏实实地成为企业家。但是如果你想成功，策略同样是非常重要的。

- 轮胎业在一开始十分排外，要不是有高层离开公司自立门户，恐怕都不会有四巨头以外的公司出现。

五、社会方面的一些问题

在现实生活中,单一的个体就算斗志激昂也做不到什么。机构和政府的行为能够影响企业家的选择,进而改变社会环境,创新这才得以出现。这种推动社会环境改变的推手一般都有着共同的目标,那就是让社会不断进步。无论是培育企业还是放大创新的价值,都是基于这一点出发的。这让我们不得不提出这样的问题:社会怎样分配核心机构的工作才能让创新型企业不断涌现?

社会和创业文化之间这种最基本的互动,对现代资本主义社会的健康蓬勃发展有着重大的意义。它要求我们检查评估每一个重大的政策,让企业得以繁荣昌盛,并最终利用不断进步的技术创新成果刺激国家经济的长期发展。自由市场这种为新时代国家制造财富的现代机制,应该拥有一种能让技术创新管理人员自由把握方向的结构体系。政府不仅应从政策方面规范市场,更应播撒技术创新的产物,让市场发挥自身的力量。我们可以监督那些手握大权的人,一方面评价他们制定的政策,另一方面看看他们利用公共财政给创新企业提供基础设施和技术支持的效果。我们必须牢记一个简单的问题:政府在培养创新型市场的过程中究竟应该发挥多大的作用?社会依赖政府来管理公共投资,促进一般企业的共同利益,应该限制在何种程度呢?这样的想法常常被人们误解为政府是一种阻碍,从而经常能在一些政治演说中听到一系列反对的怒吼。但是无论怎样,政府和各种机构,包括军队,都在经济全面健康发展的过程中扮演了重要的角色。

- 最大的问题：怎样制定竞争的规则，如何正确定位政府和军队应当扮演的角色，最大化地开发社会潜能？

（一）这可以归结为一个简单的问题：我们究竟希望政府和军队在塑造市场的过程中有多高的参与度？

主流观点：美国能取得这么大的成功就是因为政府很少干预市场。

但是与其说这是一种思想，不如说是一种观念——政府在面对市场时，它应该具有怎样的功能，即使是最微小的功能都需要进行不断定义。

1. 比如说，我们是否希望用反垄断法限制英特尔在微处理器方面的统治？或是当年是否应该限制福特产出T型车？
2. 这看起来十分荒谬，但是20世纪50年代我们正是这样对待美国无线电公司的，而当时它甚至都不是电视机产业的主要生产商，它只是四处贩卖自己的技术，它的垄断程度远比英特尔低。

- 各种各样的民事和刑事诉讼，让美国无线电公司不得不放弃向国内竞争对手贩卖彩色电视机技术获得收入。
- 今天的经济学家很少会认为这种完全合法的收入是无线电公司统领市场的主要原因，然而当年的法庭却不这样认为。

那个时候的美国无线电公司在电视机产业的地位和今天的英特尔在半导体业的地位相比，后者左右市场的能力要高出许多。我们不清楚政府的政策是否会阻止美国无线电公司向日本的厂家售卖专利——尽管后者高效率地引进了美国无线电公司甚至美国整个行业的技术。不过政府的这一决策的确有可能减缓了日本占领电视机市场的速度。（LaFrance，1985）

- 法庭对美国无线电公司的不公正待遇看起来像是一个个例，但是实际上它却成为一系列联邦政府行动的开端。政府同样没有放过其他处于领先位置的创新先驱。IBM 和施乐就是典型案例，我认为这两家公司都签署了协议，因为它们的首席执行官都被反垄断官司缠身，无法带领公司继续研究创新。美国无线电公司也有这样的遭遇。

第 2 章里我们曾提出过产业的生命周期以及衰退期的理论，这告诉我们，或许可以不用过分在意那些产业巨头——产业巨头无论如何都会出现，还会给我们带来许多创新成果，例如美国无线电公司带来了彩色电视机，IBM 带来了 360 和 370 系统，英特尔则带来了微处理器，进一步引领了个人电脑的出现。

（二）还有一个大问题关于政府的活跃程度——我们希望政府在保护一个公司的知识产权时有多活跃？

知识产权和传统的资产不同，它不是物质性的，因此可以在许多地方同时使用。

法律的护盾有助于保护创新企业的无形财产不被窃取，但它对于知识产权的保护主要偏向对商业机密的保护。

1. 在保护商业机密时，法律不可避免地会遗漏一些个人知识产权，这些知识产权不被看作公司机密。英特尔起诉仙童一案中的硅栅技术就属于这样的情况。

- 还有一些例子中，企业怎样应对一些特殊的挑战也成为了关注的焦点，例如为一种新技术开辟市场——集成电路产业通过压低成本和不断创新做到了这一点。
- 很难将这作为广义的商业机密处理。
- 这个问题有一种"补救措施"，就是对什么都进行知识产权的保护，但是这样相当于不竞争条款了。[12]

2. 正如马特·马克斯（Matt Marx）和李·弗莱明（Lee Fleming）所说[13]，不竞争条款无处不在，人们甚至在签署协约的时候连他们在签什么都没有弄明白。这很让人怀疑其公平性。

3. 有证据证明他们在合作吗？

- 马克斯等人提供了大量的例子。
- 马克斯等人用双重差分法研究了密歇根与加利福尼亚地区的情况。

4. 各州的政策：加利福尼亚的法律一直很奇怪，它禁止了不竞争条款。

- 不同的执法方式对初创公司有影响吗？斯图尔特和索伦森提供了一种很聪明的方法去研究这个问题，并且得出了肯定的结论。[14]
- 正是因为加州拒绝了不竞争盟约，硅谷才能够以其高流动性吸引大批技术人员，让他们在充满机遇的环境下不断创新。硅谷也因此成为充满活力的创业基地。即使半导体产业集群逐渐衰退，其他的新行业又会出现，为硅谷重续活力。一部分是因为有其他与半导体相关联的技术，比如电脑；另一部分则和斯坦福以及伯克利有关。硅谷地区对于半导体产业的影响不只是地理环境，还有摩尔等人技术上的帮助，还有我曾经分析过的，硅谷地区已经成为专利生产机的事实。硅谷还利用自己创业平台的优势，刺激了很多创投公司的加入，这不仅刺激了当地的创业活动，还吸引了包括Facebook在内的外界关注。
- 硅谷作为一个创业流动地区，有很多初创公司不断加盟。这对于硅谷有什么样的影响呢？还有一开始就谈到的流动性和潜在的抑制作用之间的对抗对知识产权又有着怎样的影响？

有关硅谷地区持续活跃现象的分析可以参见张的论文。[15] 文献中分析了硅谷的科学园区[16]，还包括硅谷地区的活跃程度的统计数据。

硅谷是唯一一个单一产业形成集群并且最终存活的例子。

注意流动性和创业精神的重要性。（萨克森宁关于流动性的分析[17]，同样可以引用肯尼和博格的分析[18]）

- 似乎不需要思考就可以得出结论，禁止不竞争的好处远超过了坏处。[19]

我们可以讨论一下禁止不竞争条款是怎么改变美国和它的半导体行业的。我们可以对比孟加拉国的例子，看看在非竞争状态下，隐性知识可以怎样培植一个巨大且富有活力的产业并让它对国家的发展做出贡献。[20] 对于孟加拉国来说，他们要找到可以替代棉质服装的东西，这就需要政府像中国台湾一样支持自己的半导体产业。我们应当注意政府是如何亲自参与其中并促进产业成功的。孟加拉国缺少这样的政府支持，甚至连想都不敢想。也就可以看出为什么这些国家很难采取行动获得相应的技术与隐性知识去发展新的产业，进而失去了竞争能力。

斯坦福即将出版的书籍《创业王国》(*Startup Nation*)[21] 讲述了以色列的故事[22]，对衍生公司表示了支持。这也给了其他国家一些宝贵的经验，政府应当从社会和法律两个方面去促进、支持衍生公司的形成与出现。

六、我们现在讨论的问题，都是政府在促进竞争和保护知识产权等方面应该如何发挥自己的传统作用。但是真正的大问题不是政府支持市场的角色，而是政府支持市场的活跃程度。

高科技市场的稳定发展对国家的贡献是立竿见影的。因此，政府理应鼓励并且资助创新技术的发展和商业化，同时也应在教育和培训的投资方面软硬兼施。这种类型的投资将会带来回报，硅谷和美国其他技术创新中心，以及其他国家与地区的技术创新中心都是很好的例子。主动积极的政府让以色列和中国台湾的高科技产业保持着良好的发展态势。这两个地方的政府都对高科技产业十分支持，下达的政策也得到了巨大的回报。多样化的产业市场也为经济的健康发展提供了坚实的基础。

（一）20 世纪 60 到 90 年代，亚洲竞争者尤其是日本的成功让美国国内请求政府更多地参与到经济发展中的呼声越来越高。

这个时期有影响的思想家和政策制定者，例如罗伯特·赖克（Robert Reich），发表了许多著名的观点。这些观点收录在了洪塞尔的书中。[23]

（二）同时，反对这种请求的呼声也越来越高，这与长期以来关于什么引导着美国在高科技产业取得成功的看法背道而驰。

相应的观点也在洪塞尔的书中有所体现。

（三）这种反对观点的增长随着日本经济进入长久的衰退期而慢慢消退。

放任自由主义的支持者获得了胜利。

确实在国家层面上来说,除了贸易条例,美国政府很少对日本等国家采取反对的行动。

没有产业方面的政策管理也不会阻碍国家的成功。汽车和轮胎都起源于欧洲,而美国在这两种产业中都取得了巨大的成功。美国拥有这两种产业最大的市场,进而降低了企业开拓市场的成本,促进了两种产业的发展。

但是在州级以下区域,我们则建议政府更加激进一些。

1. 这与产业集群相关的观点产生了共鸣——产业集群是政府主动促进地区内活动的一个普遍理由。

- 关于产业集群的政策应拿出来重新思考。我们应当学习领悟乔希·勒纳(Josh Lerner)的《碎梦大道》(*Boulevard of Broken Dreams*)[24],从那些通过推动地区产业集中来形成地理集聚的失败案例中吸取教训。如果只是把生产商集中在一起,而没有大量形成衍生公司,整个产业就不具有自我强化的能力,这也是电视机业所遭遇的困境。所以对于各个地区以及那些产业基础较薄弱的国家来说,最终的问题还是在政府能否在技术前沿带领创新企业成长,能否鼓励这些企业不断孕育衍生公司。用乔希·勒纳关于科技园区的论文[25]为例,政府当前推行的政策中,往往没有什么比税收更能刺激企业的集聚。

2. 如果在国家层面上来看，把成功和失败的案例都考虑进来，这些地方的努力甚至一点作用都没有。（参见迈克·格林斯通的研究与发现）[26]

- 对于产业集群的研究也有类似的结论。

（四）我们是不是过早地放弃了国家层面的竞争？

奥巴马政府还没有放弃，它仍然坚持着原有的经济发展动力。政府在制造业、清洁能源、高速列车和医疗等方面做出了大量努力，《平价医疗法》（Affordable Care Act）就是奥巴马政府寻求的变化之一。

1. 国家科学委员会仔细评估这些提案的真实价值，而奥巴马政府则很典型地试图将国家工业、大学、国防等方面都引入提案中。

- 在我们研究过的这些产业中，有充足的先例可以证明在产业技术还十分稚嫩时，为了建立国防而给予它们支持是有极大的好处的。以青霉素为例，德国长期以来统治着世界的化学业与制药业，而美国当时的脚步是停滞不前的，弗洛里在美国对各种公司的拜访也没有起到什么作用。相反，政府的政策才是关键的因素。当我们回顾过去，我们可以看到政府采取了非常明智的产业政策——尽管当时人们意识不到这一点。军队的需求对于青霉素的发展起到了重大作用

（它是第一个大型采购商，也是为什么联邦政府会参与进来的原因），而激光和半导体行业也是如此，电视业也因为无线电技术的发展而出现。这些都可以说明为什么新兴产业在发展初期时，政府鼎力支持是如此有效。

2. 我们可以在四个已经分析过的产业中看到这个现象。

- 电脑、硬盘业基本就是政府扶持起来的。
- 飞机及其发动机一开始是军事项目，后来被推广到全国乃至平民家中。（艾德·康斯坦特的书[27]，迪克·尼尔森关于飞行器的研究[28]）

类似的还有制导导弹、雷达、火箭发动机和核能产业。

- 再讨论一下国防部国防高级研究计划局（DARPA）

武器采购系统相关联的基础研究。

这种基础研究拓展到了许多其他领域——包括广泛支持IT行业以及人工智能。据称国防部国防高级研究计划局已经在平民阶层拥有大量的IT后备人员，这里要引用我关于美国国家科学院的那篇文章中所援引的美国国家科学院的研究。[29]

探讨近年来国防高级研究计划局对民用产业的刺激作用下滑。可以用军队支持生物技术早期发展的文章论证。掌握购买权的机构即使不进行投资也有能力支持私人企业，今天的能源公司就是这样。值得一提的是，奥巴马总统任上提出的项目由政府部门执行并且监督，而这些执行机构的人都是野心勃勃的政治动物。这个项目旨在把计划中提到的产业中心扩展到全美各个地区。这个提案毫无道理，产业中心应该位于专家所在的地区，比如相关生产商或者大学附近。

有现象表明，第二次世界大战的结束和冷战的平息使政府对企业的支持减弱。值得注意的是，洪塞尔的书中记录了政府为刺激经济进行的一系列投资，包括美国的个人与公共研发资金的数据，并和全球其他国家进行比较。

- 与以往的成功故事所具有的属性有关的一些有用结论：

①国防采购是成功的关键。国防高级研究计划局一直看重可以研制出先进军事系统的研究，这也吸引了很多大学加入研究行列，刺激了许多有远见的技术诞生。这种模式在现代经济和全球市场中也依然有着重要的影响。半导体、激光、青霉素都受到了这样的影响。[30]

②国防高级研究计划局一直看重可以研制出先进军事系统的研究，这也吸引了很多大学加入研究行列，刺激了许多有远见的技术诞生。

③让高层人员短暂回到员工队伍中也是成功的要素之一，这样做能够防止"监管俘获"现象。

- 半导体、激光、青霉素都受到了这样的影响。
- 可以参考莱斯利（Leslie）关于冷战期间的斯坦福和麻省理工的书籍。[31]

七、政府发挥积极的作用，还需要考虑怎么处理老牌产业。

传统的制造工厂也是积极政府的目标之一。制定政策最大的困难可能是，当这些老牌产业在经历过漫长的衰退期后，只有几家公司留下来掌控这个行业的技术变化。公司忙于阻挡外国竞争者带来的新技术进入市场，导致自身水平迅速下滑，即便是以前最成功的公司也难脱魔掌。想解决这个问题是一个巨大的挑战。长期的观察表明这些企业的董事会的权利还不够大，应当制定新的政策让他们更有发言权。

可行的措施：

1. 分散领导人权力。
2. 限制高层主管的工资。
3. 由执行工程的人来掌管资金。
4. 为董事会争取更大的独立。如果他们能够及时开除面对挑战不敢冒险的高层管理，也就不会让市场占有率不断下跌，避免陷入像通用、克莱斯勒，甚至美国无线电公司一样的糟糕处境。
5. 还有一种可行的方案就是加强外部人士的能力，让他们取代那些怠惰的管理层，实行新的管理模式，把公司拉回正轨。福特在 20 世纪 80 年代的经历向人们证明这种方式是能够将公司拉回正轨，但是需要企业全面重视高层管理的状态。可能这会让现任的管理人员更难抵御一系列敌意收购行为，不过这也是长此以往的趋势使然。

- 这些要求在由老牌企业领导的老牌产业中尤其重要。
- 我自己的想法：对积极政策应有一定限制。有时坏的结果不可避免，因此政策制定者同样也需要考虑到各个地区的实际情况，并试着针对这种状况提供一些具体的意见。

* * *

可能用于第 7 章结尾部分的素材

美国在高科技领域竞争中的优势来源之一，在于美国拥有世界上最大的国内市场，这对处于起步阶段的小型贸易十分重要。[32] 这样的市场让公司有动力去不断创新，因为它们有充足的空间可以利用自己的创新获得回报。美国市场一体化的方法和欧洲类似，即利用自由贸易协约帮助公司扩大市场。在我们提到的四种产业中，美国政府和军方的支持让美国的企业在国际竞争中抢占了先机，让美国在抗生素、半导体和激光等方面都成为世界先驱，并在无线电和电视机行业也成为有力的竞争者。除去更早进入市场的时间优势，美国的龙头厂商还有许多其他方面的优势。有些国家与地区也相应地开始认识到积极主动的政府才能让自己在新产业领域中和强大的美国企业竞争，他们也开始对自己国家或地区的产业提供政策支持，比如日本和中国台湾的半导体行业、日本的电脑业以及以色列对研发和风投的政策。有时候我们还需要援引幼稚产业保护论，保护国内那些没有经验的公司免受外国成熟公司的侵袭，日本在"二战"后就是这样保护它的汽车与电视机产业的。

美国的另一个优势就是衍生公司。衍生公司促进了产业集群的形成，进而推动了整个产业的发展。在我们研究的产业中，许多公司并没有限制员工离开公司自己创业。美国的汽车、半导体、激光和轮胎行业都因此受益匪浅。要想让衍生公司不断地涌现，就得吸引那些怀着一颗创业之心的员工，美国在这一点上的做法与欧洲和日本很不一样。需要指出的是，衍生公司并不是取得成功的唯一途径，日本的大型公司就引领了国内的硬盘和半导体市场。尽管我们不知道当这个国家的产业是在追赶别人而不是自己开拓创新时，情况还是否一样（我认为日本的硬盘产业也确实开辟了新的道路）。在《创业王国》中，作者认为衍生公司也有它文化层面的价值和影响。历史上，以色列就曾经被许多水平低下的初创公司拖累，所以这也是一个值得思考的问题。此外，文化在一定情况下也会具象反映在企业对于员工离职与否的态度上。硅谷崇尚高自由度，员工的流动率很高，这也是由于硅谷的衍生公司较多引起的。类似地，终生雇佣制在日本被看作一种品德高尚的制度，它也让高层员工有机会担任不同的职务，这种制度被看作日本公司的一大优势。但是现在终生雇佣制也逐渐没落了。

或许最重要的一点是有才华的人总是被限制在行业的大公司内，而不能去开创自己的衍生公司，也就无法造成多少影响。在大公司里，他们都是下属，不仅没有权力去制定新颖的管理策略，就算有也很可能遭上级拒绝。这是因为评价一个策略的优劣本身就十分困难，并且大公司已经取得了一定的成功，自然不喜欢轻易涉险。人们对于衍生公司的普遍看法是，认为其不过是踏入新领域的一场赌博，但是从汽车和半导体的例子来看，许多衍生公司都是创始者与母公司因为生产、薪酬、发展方向等方面意见不合而创立的。衍生公司通过创新的观点和产品的多样化带动了整个行业的发展。以色列的例子和《创业王国》为我们进一步揭示了衍生公司的重要特征。这对其他国家也是一个重要的经验——如果你想为新产业创造一个良好的社会和法律环境，那么就应该鼓励和刺激衍生公司的形成。

对于美国来说，如果想在未来取得成功，可以学到的教训是，认识到广泛推广不竞争条款的危害。不竞争条款曾经被用来阻止人员的流动。当然，这个条款也可能会对社会带来一定的负面影响，不过难以精确地量化其程度。再想象一下那些更加保守的国家对于员工离开公司去创建自己公司这样的事情是怎么看的。总的来说，从硅谷的例子来看，不竞争条款并不是一个好政策。应当制定商业机密法，在保护现有公司的知识产权的同时，允许衍生公司的生存与发展。

还有一点就是美国曾有过一套虽未有法律条文规定但事实上广泛实行的产业政策，对于我们研究的四种产业来说，这些政策都是在第二次世界大战中制定的。同样，美国政府在"二战"时致力于研究的一些其他产品，比如雷达与合成橡胶，它们后来也具有极高的商业价值。然而现在，政府和军事方面的研发支持却在日渐消退。我们需要重新思考通过大量贷款支持独立企业进行基础研究，包括政府的资金应该如何帮助能源产业在内的新兴产业。

由政府组织的各种各样的研究项目可以让政府对科研的支持在商业上得到很好的平衡。当今政府资助的科研项目中有一些是关于能源的，包括：（1）更加高效、安全地提炼各种燃料的方法，尤其是化石燃料。比如从海底和其他水中油田，还有像马塞勒斯页岩等藏在页岩中的气田等地方提炼燃料。（2）可取代化石能源的新型能源的发展，包括核能、太阳能、风能、乙醇汽油等。（3）更高效地利用能源，发展电动汽车行业，为汽车设计蓄电池等。（4）研究怎样净化环境，减少因化石燃料等能源带来的有毒排放物。比如培养具有吸附这种有毒排放物的细菌。（5）通过发明更加节能的机械等方式节省能源。

另一个项目则是全层次的教育改革。在这个领域很少有大规模的生产力提升，这导致各个阶段的教育成本都在飙升。考虑到学校都是地方管理的，整个系统十分破碎，这其实一点都不令人吃惊。在这一方面被资助的研究可以是以电脑为基础的教学、监察和诊断分析等。也可将研究重点放在教育方式和竞争影响上。

结　论

我希望强调纳米经济学的核心思想，提供证据和案例来支撑我的总结。[33] 我希望我们可以看到在各个不同方面的机遇与挑战。

尽管如此，我们并没有解决一切经济问题的灵丹妙药，也没有一击制敌的银色子弹。我们还有许多需要学习的地方。次级市场是其中尤为突出的一个需要研究的重要领域。它反复不断地出现，但是我们还是需要更好地去定义它，更全面地去思考它，去将它运用在经济模型之中。在这些方面，我们还处在起跑阶段。我们刚开始理解核心思想，但是更广阔的理论还等着我们去探索。我们常常援引一些其他产业的发展历程作为类比，但是对单独的个体进行研究，和宏大的工业世界相比，我们并不能得出什么关于产业发展的普适理论。这种模型也不能像达尔文的进化论一样衍生出独特的思想。

可能因果关系会截然不同，也许未来的道路上遇到的问题会用得上从我们用纳米经济学所做的研究中得出的经验。演化经济地理学似乎是目前研究硅谷和产业集群的最好方法，这点在我和戈尔曼的论文中有所体现。[34] 在这项研究中，知识储备方面的挑战很艰巨，但是我们拥有不计其数的电子数据，我们可以利用它们加快研究进度，甚至可以利用这些研究结果影响一个时代。

我希望这本书可以激发更多的人去寻找那个关于产业经济学的圣杯，去解答社会怎样才能最大化地激发他们的创新潜能，去推动社会的繁荣发展，为最多数人谋求最大利益。

第 7 章附录

这一部分的笔记是由约瑟夫·普卢默记录的，能让我们更清楚地看到这些想法是如何形成并发展的。

具有革命性的产品拥有更长的寿命，但是创造了它们的产业却有着喜忧参半的命运。它们的命运还和发明出这种产品的厂家最初在哪里成立有关。底特律就是一个范例，汽车业作为当地的主要产业，在开辟全球市场后，它作为一个汽车产业的集群地区就无法维持下去。相反，硅谷则展现出了完全不同的面貌。在那里，企业文化的核心是创新，各家公司能够不断发明出引领市场的产品。

近半个世纪以来，硅谷的产业一直是最成功的生发器，不断培养出新的汇集人类文明和智慧的公司和产品。在此期间，许多产业区都因为创业能量集中在越来越少的公司中出现了地区衰退的现象，而硅谷则没有出现这样的问题。这不是说硅谷就没有受到失败的公司和市场转变的影响。几十年来，硅谷一直统治着全球的数码产业，其中也曾有许多顶级公司崩塌，但是这样的膨胀与萎缩没有伤害到它的潜在增长。硅谷的创新力和创业热潮随着每一次世界经济的变换不断增长，它在世界市场中的商业形象也变得更加闪耀着智慧的光芒，更为多样化。

当今世界产业的极端分化越来越明显，但是各个地区的各种产业仍然面临着相似的挑战，那就是如何管理领先企业的创新发展。

首先，我们有汽车和轮胎业作为例子，这些革命性技术的发明者和供应商为成千上万的人提供了个性化的出行方式。人们通常以亨利·福特的视角讲述这个故事，他被认为是对汽车大规模生产贡献最大的人。事实上，他只是想出了主意，将这些想法付诸实现的另有其人。但是这个主意的影响实在太大太广了。为了服务拥有汽车的人，一系列的衍生产业在全国发展起来，它们又将财富播撒到中西部，大量和汽车业直接或间接关联的次级市场就此发展起来，许多其他的大型产业围绕着这些新市场建立了起来。

我们很早就在学校里学过亨利·福特向世界展示怎样用流水线这种高效率的生产方式创建一个几乎囊括所有消费者的大型市场。但是我们却很少了解，他是怎么跌下宝座，甚至一度短暂从第二的位置滑到第三的。这可能也解释了为什么类似的悲剧在其他产业中反复重演。这个专制的产业天才拒绝所有的建议，赶跑了那些可以纠正他的人。很快这些离开公司的创新者就带着他们在原公司学到的经验和智慧创立了新的公司，并使自己的新公司比原东家更成功。失去人才的后果有时是非常严重的。

在到达成就顶峰后，福特管理能力的不足也慢慢暴露，他拒绝接受别人的想法，赶走了许多有才华的人。他甚至有点病态地拒绝接受市场的变化。他还将这种病态的创新管理模式传遍了整个福特汽车公司。在他看来，他比消费者更明白他们想要的汽车应该是什么样的，因为他设计的汽车曾经畅销各地。他无视顾问的建议，十分独裁地要求公司按照他设计的道路前进。在福特公司发展到生死攸关的关键节点时，亨利的儿子埃德塞尔试图让公司进一步发展，于是他接管公司，而他的父亲则只作为董事之一。那些一直关注着顾客需求，希望设计新车型的人也不得不让步于福特的好斗、讥讽和固执。最终，埃德塞尔在福特最需要转向新市场的时候让整个公司瘫痪了。

威廉·克努森（William Knudsen）曾是福特的一名高级管理人员，出于对福特管理模式的厌恶，离开福特去了通用汽车，先是担任雪佛兰总裁，后来成为通用汽车的总裁。他带领这家头脑清醒的公司抢下了汽车业的头号交椅，而与此同时福特的市场份额则不断萎缩。

福特"划时代"的下跌是一种普通行为的极端案例。在保持市场领先地位的压力之下，企业经常被它们自身的成功所阻碍，试图依靠在原有产品的基础上进行渐进的创新尝试，来让那些失败的品牌重焕生机。在最开始的时候，真正去创造一个全新的产品，建立一家能够进行有保障投资的公司，并且通过市场取得回报是十分艰难的事情。我们从中可以获得许多经验，包括一项创新的技术是怎样发展成为一个畅销的，甚至具有革命意义的产品的。亨利·福特希望创造出一种更简单、更廉价，且每个人都能拥有的车辆。他需要完成两件事情才能让福特汽车创造出一个拥有成千上万消费者的市场，T型车的生产让福特占领了汽车的北美市场，也让自己在销售上远超竞争对手。同时，新的创新者不断抢下领先的位置。曾经的行业先驱很快就会被赶下来。对于高科技产业的创新者来说，这些历史也揭示了几个世纪以来它们一直面临着的挑战：创建新的产业和新的市场。

基于兰索姆·奥兹对时尚的理解而生产的奥兹莫比尔汽车，以及查尔斯·凯特林（Charles Kettering）改进启动装置和配件的设计因而性能大幅提高的凯迪拉克，通用公司进入了福特无法触及的市场。它让人们愿意花费更多的钱换取更大的马力、更舒适的体验以及更多样的功能。从1920年起，通用汽车一直奉行创新之路，保持着自己的品牌影响力，最终在20世纪70年代抢下了行业的头把交椅。之后，福特也终于在几乎被遗弃的市场上找回了自己的节奏，但是它再也没能抢回第一的宝座。福特浪费了几十年的领先优势，以几乎破产的姿态继续前行。不幸的是，20世纪60年代开始，通用和福特在面对日本带来的全球竞争时，都没能抵抗到最后。那时，创新已经无法左右产业发展的方向。从福特开始的衰落，随后使整个汽车产业都遭遇重创，次级市场打倒了原先产业巨头的场景真实地上演了。

过去的底特律十分繁华：围绕着通用、福特、克莱斯勒和道奇等汽车生产商起来的底特律城呈现出一副欣欣向荣的景象。然而今天，底特律周边已经成了空城。这个残酷的例子向我们展示了，作为产业巨头想要长期保持住自己的地位，需要遭遇多大的挑战。产业领导公司利用自己惊人的创新取得了全球范围内的成功，同时又创造出新的产业，培养了新的公司。这些公司则利用它们自身的创新去改造现有的生产方式，生产出更好的产品，挑战产业巨头的统治地位。

对于一家企业来说，它所在的产业、地区、国家，以及循环往复的市场变化带来的经济和社会方面的影响，创造了充满活力的商业环境。如果轻视了创新的重要性，就会像底特律一样在这样的环境中挣扎而难以前行；但如果将创新看作面向市场而生产的一个部分，迎合市场的变化，就能像硅谷一样繁荣发展。而这两种场景在各个产业、各个地区都可能同时出现。

硅谷是怎样走上了一条几十年来长盛不衰，并且远远胜过盐湖城铁锈地带的产业之路的呢？硅谷的市场规模有多大，相应的市场竞争就有多么激烈。硅谷地区的财富并不只集中在几个大型的垄断集群周围。相反，创新成为硅谷企业的一种企业精神，不断有新的组织冲到前沿带来新的技术，这些企业家精神在新的次级市场中发现了原有技术下无法预料的机遇。

硅谷能够成为世界创新的集中地，可不是因为性情古怪的半导体产业之父威廉·肖克利突然决定要在这个西海岸无人问津的小山丘成家立业。更重要的因素是它的地理位置。硅谷从南面的圣弗朗西斯科开始，到整个半岛的中部，是一大片人口稀少的农业用地，点缀着包括帕洛阿尔托在内的一些稀稀疏疏的小镇。那里是美国农业生产效率最高的地区之一。这片地区还拥有一所声名不断显赫的大学。就是在这里，肖克利和两名贝尔实验室的同事带着新发明的晶体管开始了创业之旅。他们建立了自己的公司，召集了一批富有才华的科学家，专门设计生产以晶体管为基础的电子设备。这种技术型企业不断开发出富有活力的生产技术，让硅谷的创新动力在超过半个世纪的时间里从未消退。

从这样的比较当中我们可以学到很多。肖克利选择帕洛阿尔托安家几乎可以肯定地说是一个幸运的意外，这个意外也赋予了硅谷极佳的地理环境。我们可以说迪尔伯恩和底特律也是类似的情况，福特选择那里是因为他想要在一个熟悉的场所学习机械工艺,提升内燃机的潜力,从而制作价格低廉的汽车。但是从生产过程和经济影响来看,我们应当更加注意公司创建者对公司的长期影响,他可能会把自己对市场信息的理解和管理方式传播到整个公司。而这种力量一直影响着市场创新,甚至控制着一个行业的发展方向。换句话说,一个行业的地理位置并不能决定它的未来,那些既是商界奇才,又热衷于创新的技术专家才是实现成功的重要因素。

个体在创新行业中塑造自己的职业发展方向时还应当注意到另一个经验教训。在亨利·福特阻止自己的公司进军更大市场时,通用汽车抢占了先机。于是在接下来的几十年中,通用一直坐拥世界领先创新企业的形象。它拥有产业天才阿尔弗雷德·斯隆和他创意十足的副手查尔斯·凯特林,他们设计了全新的电气系统以及其他配件,在汽车行业掀起了一场关于实用性和舒适性的革命。

凯特林的革命性技术让通用抢下了汽车市场的第一名。凯特林一生共拥有186项专利,他是代顿工程实验室公司的创建者,代顿又名德科(Delco)。在那里他作为共同发明人开发了汽车的电动自启动系统,这也为他赚取了人生的第一桶金。后来他将德科卖给了通用汽车,并且更名为通用汽车研究公司,交易的条件之一是公司的管理权依然掌握在他的手中,他还成为通用汽车专门管理科研的副总裁,薪酬丰厚。凯特林的发明天赋在大公司中得到了进一步放大,而作为一名技术教育的狂热拥趸,通用的创新能力在他的带领下突飞猛进,成为汽车科研领域的先锋。

但是，即使是最具有创新精神的组织也会在成功之后陷入困境。对于凯特林来说，这个困境就是他在 1923 年试图推出的全新产品——雪佛兰 M 型铜冷却汽车。这个产品是一次代价高昂的失败，但是它揭露了一个重要的事实：无论发明者多么优秀，都需要一个完善的评价系统来评估一件创新产品的好坏。

凯特林选择铜作为内燃机的散热材料，他将翼型散热器放在重新设计过的马达的顶端，但是这个设计会让漏出来的油聚集在一起，在高温环境下很容易起火。凯特林希望设计出散热性能更好、动力更高、驾驶体验更好的汽车，但是这次尝试显然不及他以前的设计，是一次损失惨重的失败。但是在这次失误变成灾难前，雪佛兰及时停止了 M 系列车型的生产，并且召回并销毁了已经销售的几百辆汽车。这件事情告诉我们，不要总是想着怎么为自己的漏洞打上补丁，在适当的情况下就应该迅速地从头开始，就像雪佛兰和凯特林所做的那样。

尾 注

第 1 章：创新与市场

1. 如前言所述，我们采用美国劳工统计局提供的"通货膨胀计算器"将文中提到的各年代的美元金额都折算至 2015 年等效金额。这个计算器可以在美国劳工统计局网站上找到（http://www.bls.gov/data/inflation_calculator.htm）。它的数据库可追溯的最早年份是 1913 年，但是考虑到此前美元汇率的变化很小，我们在本文的计算中，将 1913 年前的美元金额按照 1913 年的价值计算。

第 2 章：往昔

1. 克莱珀在此暗指独立发明人费罗·T. 法恩斯沃斯（Philo T. Farnsworth）。法恩斯沃斯有一项关于电子摄像机的专利，他将这款产品称为"析像管"。这项专利与美国无线电公司的电视机系统专利产生了冲突，进而引发了旷日持久的诉讼，以美国无线电公司向法恩斯沃斯支付专利费为终结。克莱珀很了解法恩斯沃斯的研究，他研究了一些法恩斯沃斯的传记，这些传记都把法恩斯沃斯描述为英雄一样的天才独立发明家，敢于和行业巨无霸美国无线电公司及其魔鬼总裁大卫·沙诺夫竞争。例如，丹尼尔·斯塔肖尔（Daniel Stashower）2002年的著作《天才少年和权势人物：电视产业不为人知的故事》（The Boy Genius and the Mogul: The Untold Story of Television）。克莱珀没有否定法恩斯沃斯的成果，他参考了更全面、更学术地介绍这项发明及其发展的文献，还参考了美国全电子黑白电视机发展的文献。这其中包括2001年詹妮弗·巴尼斯特（Jennifer Bannister）在卡内基梅隆大学的专题演讲"从实验室走进客厅：美国电视产业1920—1960年的发展历程"（From Laboratory to Living Room: The Development of Television in the United States, 1920—1960）。这项专题报告是建立在广泛研究美国无线电公司历史记录，尤其是研发记录和研发人员的笔记的基础上的。巴尼斯特详细记录了美国无线电公司投入巨额资金展开研发，以保证在1939年纽约全球展览会开幕前创造出一套功能强大，并具有广泛受众的全电子电视机系统。

第7章：最好的时代，最坏的时代

1."以成本分摊理论为例（Cohen and Klepper, 1996年），该理论认为大公司的巨大规模让它们可以利用大批量的产出来分摊研发成本，这让它们和小公司相比更有优势，这样的优势在创新和研发主导的产业中尤为明显，具体阐述这个理论是如何说明这四种产品的厂家数量的变化以及产品创新成果被一小部分厂家控制的现象的。这个理论也可以用来解释外国厂家在电视机产业、轮胎产业中取代美国现有厂家的现象，一旦美国的公司在规模上被别人甩开，就很难再追上了。但是讨论这个理论并没有否定其他因素如规模经济等。注意主导设计思想。

"讨论萨顿怎样用同样的理论来解释研发密集型产业最终并不依赖产业的规模大小，而集中于少数企业的。更大的规模只会给研发工作带来更多的动力，让行业领头人受益，而不是让更多的企业得到好处。这些重要产业在回应技术飞跃时，成本摊销手段对于研发升级发挥了怎样的作用。资源集中于少数大企业的现象因此愈发明显。所以看起来如果在技术上有着充分的发展空间，大企业越来越强的现象就很容易出现，而后产业将进入震荡期。"

2. "次级市场曾经是激光产业的中坚力量——讨论所有种类的激光器，然后讨论什么触发了激光业的震荡期。萨顿曾试图解释那些没有走上高度集聚的高科技产业，并做了相似的比较。指出技术方面的改进打开了新的次级市场，而不是提升了现有的市场。以流量计为案例，还有其他假想的案例。

"激光有一个很有趣的特性，那就是它潜在的可替代性，这代表着这个产业最终还会经历震荡期，而且会变得高度集聚，这一点要比萨顿描述的更为详细……讨论主要的次级市场，就是那些规模足以改变研发行为的市场……确实，如果这种潜在可替代性出现的话，潜在的动力也会变得丰富起来，尤其是当这些新的次级市场发展到一定程度时，有一些甚至会抢占主流市场的销量。如果这样的次级市场首先被一些新的公司占据，比如现有公司的衍生公司，这有可能导致行业领头的更替，让后进入产业的公司崛起。"

3. 次级市场和次级市场的运行并不是经济学的重点研究领域，因为它会引出许多奇怪的话题，比如为什么企业专家或对未来的规划会被限制，而且会因为次级市场而走向专业化。但是次级市场可以有助于理解产业进化的过程。可以举出一些由早期企业统治而产生的震荡期不同的发展模式。用照相机行业的例子来说明一个单一的市场也会破裂，从而让新企业有机会进驻。但是要强调整个趋势是发展那些吸引力影响范围更广的创新方向，而这必定会走向震荡期。

4. 这些发现在经济层面上来看就没有这么清楚了——这在《管理科学》(*Management Science*)上的一篇论文中有所讨论（Elfenbein, Daniel, Bart Hamilton, and Todd Zenger, "The Small Firm Effect and the Entrepreneurial Spawning of Scientists and Engineers," *Management Science* 2010, 4: 659–681）为什么说这可能是对的呢？一些老牌工业中的大型公司并不会提供个人需要的培训或者最前沿的知识，而这些培训和知识对衍生公司是极为宝贵的。可以说，正在进化的产业具有一种独有的特质，那就是有着更好的公司和更好的员工。我的解释是，领先的公司中有着有更优秀的员工和更前沿的培训。"仙童大学"可以作为一个案例（仙童半导体为几乎所有的硅谷早期企业提供了"无意识的培训"，详见第 3 章）。

"为什么衍生公司会出现在这些更好的公司之中呢？关于这个问题有许多理论。但是令人惊讶的是这些高层管理人员往往不能认清机会，或者对自己的员工没有信心，从而导致他们离开。对于这些企业高管的发现在许多工业中都是适用的。这样也能说明一个有远见的企业家需要了解企业管理的各种挑战。没有什么比得上在一家现有的领头公司里工作更能掌握这些经验的了。这是一种很奇怪的培养方式，现有企业在不知不觉中培养了竞争对手，后者则不可避免地利用他们在现有企业学到的知识，并且不需要做出任何的补偿。现有公司和衍生公司的行为动机明显是相反的，如果不加干扰，不知道这样的衍生过程还能不能顺利出现，后面我们还会回到这个话题。"（下文将会提到保证让衍生公司发展有助于整个社会。）

5. "克莱珀描述的传承并没有排除传统因素的影响，但是关于集聚现象的传统观点根本不足以解释衍生公司为什么会不断出现，而且成为集聚形成早期的推动力量。提出一些外在的问题，还有在产业集聚区域设立公司究竟可以得到多大的好处。"

6. "确实，如果买方非常分散，产业集聚就不会很有效。集聚有着属于它们自己的生命周期。汽车、轮胎这些集聚产业绝对是这样的，半导体产业的情况可能会有一些出入。集聚还会导致地价上涨，工资提高——硅谷看起来就像一个原型。在汽车与轮胎产业中，工会推动工资的上涨。领头公司会不断扩张，就会在其他地方建立对特殊劳动力需求较低的生产厂房——比如将较低级的生产程序搬至工资更低的区域来节省开销。这样的行为在半导体工业中最先出现——将劳动力密集型的生产搬到海外。类似的举动在硬盘工业中也有出现。对于一些较老的产业，如汽车和轮胎行业，它们没有将产业搬到国外，而是分散至国内的各个地方，以减少交通费用，同时在一些没有工会，工资较低的区域开设分公司。所以在原有地点的集聚仍然会保留，但是它的重要性会降低，因为在其他地方也会出现这样的集聚。所以这样的集聚注定会走向没落，在集聚中建厂不仅没有任何好处，可能还会消耗更多的成本。底特律就出现了这样的情况，阿克伦的情况就更严重了，半导体和硬盘产业同样无法逃脱这样的命运。对于电视产业来说也发生了类似的情况，为了抵挡工资更低的外国竞争者日本的侵入，电视产业将厂房搬至墨西哥与中国台湾，但是就算没有日本的影响，这样的搬迁也终究会发生。"

7. "创新者可能会转变为新的稳定次级市场的创造者，过程评估其工作经历至关重要。一个企业家必须明白为什么要创立一个新的起步公司，要知道并不是一些迫不得已而令人沮丧的原因逼着他们走上独立的道路。这条新的道路代表着一个转折点，可以让他们逃离那些碌碌无为的老板。对于一个起步公司来说，在早期发挥一项革命性产品的潜能十分重要。一个有进取心的创新者利用遗留的产物建立一个新的市场，并且更好地管理整个公司，超过原来的公司，否则员工也会离开。把那些条条框框都扔掉吧，再也没有必要去整天诅咒它们了。"

8. Monica C. Higgins, 2005, *Career Imprints. Creating Leaders*

Across an Industry. San Francisco: Jossey-Bass.

9. Daniel Elfenbein, Bart Hamilton, and Todd Zenger, "The Small Firm Effect and the Entrepreneurial Spawning of Scientists and Engineers," *Management Science* 2010, 4, 659–681.

10. 埃尔芬拜因等人使用的数据来源于科学家和工程师统计数据系统（http://sestat.nsf.gov/）提供的有限数据。美国国家科学基金会主管美国国内至少拥有一个科学或工程硕士学位的个人在雇佣、教育和人口统计方面的信息调查。这个调查分别统计工人和企业主。被调查者需要回答"你的工作主要是经营自己的公司（合伙还是独资）、从事专业技能服务还是在自己的农场干活"，对这个问题做出肯定回答的人就是企业主。被不属于自己的公司雇佣的情况还需要按照雇佣者的规模进行分类。

11. 这里可能参考了 Jeffrey R. Campbell and Mariachristina De Nardi, "A Conversation with 590 Nascent Entrepreneurs," *Annals of Finance* 2009, 5: 313–340。

12. 不竞争条款或竞业禁止条款是合同法中的一个术语，在该条款下，一方（通常为雇员）同意不会进入或者创办类似的企业来和另一方（通常是雇主）进行竞争。详见 en.wikipedia.rg/wiki/Non-compete_clause。若想了解学术上对于这个条款的处理，详见 Catherine L. Fisk, 2009, *Working Knowledge: Employee Innovation and the Rise of Corporate Intellectual Property, 1800–1930*. Chapel Hill: University of North Carolina Press。

13. Matt Marx, Deborah Strumsky, and Lee Fleming, 2009, "Mobility, Skills, and the Michigan Non-Compete Experiment," *Management Science* 55 (6): 875–889.

14. Toby E. Stuart and Olav Sorenson, 2003, "The Geography of Opportunity: Spatial Heterogeneity in Founding Rates of the Performance of Biotechnology Firms," *Research Policy* 32: 229–253; Toby E. Stuart and Olav Sorenson, 2003, "Liquidity Events and the Geographical Distribution of Entrepreneurial Activity," *Administrative Science Quarterly* 48: 175–201.

15. Junfu Zhang, 2003, *High-Tech Startups and Industry Dynamics in Silicon Valley*. San Francisco: Public Policy Institute of California.

16. 这里很有可能引用自 Scott Wallsten, 2001, "The Role of Government in Regional Technology Development: The Effects of Public Venture Capital and Science Parks," Stanford Institute for Economic Policy Research Discussion Paper No. 00-39.

17. AnnaLee Saxenian, 1996, *Regional Advantage: Culture and Competition in Silicon Valley and Route 128*. Cambridge, MA: Harvard University Press.

18. Kenney, Martin and Urs Von Burg, 2000, "Institutions and Economies: Creating Silicon Valley," in Martin Kenney, ed., *Understanding Silicon Valley: The Anatomy of an Entrepreneurial*

Region. Stanford, CA: Stanford University Press.

19. "有一些政府措施包含着对创新的直接支持，而这些政策又是政府推动该工业发展的主要组成部分。但是想要将这样的例子分离出来十分具有挑战性。尽管如此，通过总结这样的例子，我发现我越来越赞同加利福尼亚州一直以来反对雇佣协议中的不竞争条款的价值了。我认为加利福尼亚州政府的这一不作为，其实是一次耗费很少却让整个加利福尼亚州都受益的政策，硅谷就是一个例证。州政府这种谨慎的行为可以培养出一种雇员流动性高的劳动力团体，这被视为硅谷独特的优势，也是硅谷新企业成功的重要因素。"

"加利福尼亚州的做法让那些有着进取心的员工在各个公司之间流动时变得不那么脆弱。要不然一些随心所欲的专制型雇主就会去找他的前雇员创办的新公司的麻烦。当州法庭不限制员工未来选择时，一个公司就受到了保护。不竞争条款经常超越刑事与民事法律，后两者已经保护了公司的贸易机密。这样的协议会给一些创新者带来无法承受的金钱与道德负担，他们有一些很有发展前途的主意，但是他们现在的雇主却不愿意采纳他们的观点。与此同时，这样的协议给劳动力施加了很大的压力，妨碍了一个产业去扩张市场的种类，让产业技术无法跟随次级市场变得多样化。加利福尼亚州选择了尽可能地保留所有机遇，保护新产业的形成，让现有的公司无法阻止这些威胁他们统治地位的企业成功建立。"

20. 参见 Mostafa and Steven Klepper, 2011, "Industrial Development Through Tacit Knowledge Seeding: Evidence from the Bangladesh

Garment Industry," Working Paper, Carnegie Mellon University。

21.Dan Senor and Saul Singer, 2009, *Start-up Nation: The Story of Israel's Economic Miracle*. New York: Twelve Hachette Book Corporation.

22. 引文出处不确定，可能是, Martin Kenney, and David C. Mowery, 2014, *Public Universities and Regional Growth: Insights from the University of California*. Stanford, CA: Stanford University Press。

23. David A. Hounshell, 1984, *From the American System to Mass Production, 1800–1932: The Development of Manufacturing Technology in the United States*. Baltimore, MD: Johns Hopkins University Press。在这里，史蒂芬·克莱珀暗指的是增补的部分，让美国政治关于"技术政策"的辩论更加白热化，这场辩论发生在美国制造业遭受日本制造商的侵袭之际，美国制造业的传统从20世纪70年代晚期一直到90年代发生了改变，变成"日本有限公司"，想要了解这场辩论的更多内容，参见 Otis L. Graham, 1992, *Losing Time: The Industrial Policy Debate*. Cambridge, MA: Twentieth Century Fund Books, Harvard University Press。

24. Josh Lerner, 2009, *Boulevard of Broken Dreams: Why Public Effort to Boost Entrepreneurship and Venture Capital Have Failed—and What to Do About It*. Princeton, NJ: Princeton University Press.

25. Scott Wallsten, 2001. "The Role of Government in Regional Technology Development: The Effects of Public Venture Capital and

Science Parks," Stanford Institute for Economic Policy Research Discussion Paper No. 00-39.

26. Michael Greenstone, Richard Hornbeck, and Enrico Moretti, 2010, "Identifying Agglomeration Spillovers: Evidence from Winners and Losers of Large Plant Openings," *Journal of Political Economy* 118 (3): 536–598; see especially the discussion on pp. 591–592.

27. Edward W. Constant II, 1980, *The Origins of Turbojet Revolution (John Hopkins Studies in the History of Technology)*. Baltimore, MD: Johns Hopkins University Press.

28. 克莱珀这里可能指的是 Nathan Rosenberg and Richard R. Nelson, 1994, "American Universities and Technical Advance in Industry," *Research Policy* 23: 323–348.

29. "先前的国防高级研究计划局"很明显指的是 *Enhancing Productivity Growth in the Information Age: Measuring and Sustaining the New Economy*. Washington, DC: National Academies Press, 2007。"我的先进项目研究局的研究"则是指 *Assessing the Impacts of Changes in the Information Technology R&D Ecosystem: Retaining Leadership in an Increasingly Global Environment*. Washington, DC: National Academies Press, 2009。

30. 一些参与度很高的政府人员对成功也是十分重要的：比如军队，还有在青霉素的案例中那些被爱国心驱动的平民。在这种情况下他们会表现出与以往不同的无私精神。他们也受监管，有着自己的任务，需要向那些监管政府行为的人们报告进展。但是最重要的可能是这个任务对于赞助人来讲十分重要，尤其是那些军事项目。这会与许多政府政策形成鲜明对比。同时，军队甚至整个青霉素计划在某种程度上都是"长期计划"的一部分。这个观点对半导体和激光行业来说尤为正确。军队给予它们的支持持续了将近 20 年。而给青霉素的支持则为 3~4 年。如果算上重新招募 AT&T 与西屋电气，海军对美国无线电公司的支持也持续了一段时间。所以那些持续时间很短的普通项目并不会起到什么作用。

31. Stuart W. Leslie, 1993, *The Cold War and American Science: The MilitaryIndustrial-Academic Complex at MIT and Stanford.* New York: Columbia University Press.

32. 这一块可能是总结性段落，我们在这里放出了原来的文字。

33. 这些是约瑟夫·普卢默注记中的结尾段落，这也和史蒂芬手写提纲的最后一段相照应。

34. Russell Golman and Steven Klepper, 2013, "Spinoffs and Clustering," Working Paper, Carnegie Mellon University.

后　记

　　史蒂文·克莱珀遗产托管人想对史蒂文的同事致以衷心的感谢，特别是瑟古伊·布罗津斯基、大卫·A. 洪塞尔和约翰·H. 米勒，他们为编辑本书付出了心血，正是由于他们的帮助，本书才能以最贴近史蒂文，最能展现史蒂文学术成就的方式展现在读者眼前。

参考文献

Achilladelis, Basil. "The Dynamics of Technological Innovation: The Sector ofAntibacterial Medicines," *Research Policy* 22 (1993), pp. 279–308.

Agarwal, Rajshree, Raj Echambadi, April M. Franco, and M. B. Sarkar. "Knowledge Transfer Through Inheritance: Spin–out Generation, Development, andSurvival," Academy of *Management Journal* 47, no. 4 (2004), pp. 501–522.

Aitken, Hugh G. J. *The Continuous Wave: Technology and American Radio, 1900–1932*, 1985, Princeton, NJ: Princeton University Press.

Andersson, Martin and Steven Klepper. "Characteristics and Performance of New Firms and Spinoffs in Sweden," Industrial and Corporate Change 22, no. 1 (2013), pp. 245–280.

Arnold, Horace Lucien and Fay Leone Faurote. *Ford Methods and the Ford Shops, 1919*, New York: Engineering Magazine Company (Elbion Classics Replica Edition, 2005).

Aspray, William. "The Intel 4004 Microprocessor: What Constituted Invention?," *IEEE Annals of the History of Computing* 19 (1997), pp. 4–15.

Bailey, L. Scott. *The American Car Since 1775*, 1971, New York: Automobile Quarterly.

Baldry, P. E. *The Battle Against Bacteria*, 1965, Cambridge, MA: Cambridge University Press.

Bannister, Jennifer Burton. *From Laboratory to Living Room: The Development of Television in the United States*, 1920–1960, 2001, doctoral dissertation, Carnegie

Mellon University.

Baptista, Rui, Murat Karaöz, and Joana Mendonca. "Entrepreneurial Backgrounds, Human Capital and Start-up Success," Jena Economic Research Papers 2007–045, 2007. Friedrich Schiller University–Jena, Max Planck Institute of Economics.

Barnard, Harry. *Independent Man: The Life of Senator James Couzens*, 1958, New York: Charles Scribner's Sons.

Bassett, Ross Knox. *To the Digital Age*, 2002, Baltimore, MD: Johns Hopkins University Press.

Baxter, 3rd, J. P. *Scientists Against Time*, 1946, Boston: Little Brown & Co.

Berlin, Leslie. *The Man Behind the Microchip*, 2005, Oxford: Oxford University Press.

Bhaskarabhatla, Ajay and Steven Klepper. "Latent Submarket Dynamics and Industry Evolution: Lessons from the U.S. Laser Industry," *Industrial and Corporate Change* 23, 6 (2014), 1381–1415.

Bilby, Kenneth. *The General*, 1986, New York: Harper and Row.

Biting, Jr., Robert C. *Creating an Industry*, 1963, masters thesis, MIT.

Blackford, Mansel G. and K. Austin Kerr. *BFGoodrich*, 1996, Columbus: Ohio State University Press.

Boschma, Ron, A. and Rik Wenting. "The Spatial Evolution of the British Automobile Industry: Does Location Matter?" *Industrial and Corporate Change* 16, no. 2 (2007), pp. 213–238.

Braun, Ernst and Stuart MacDonald. *Revolution in Miniature*, 1978, Cambridge, UK: Cambridge University Press.

Bresnahan, Timothy and Franco Malerba. "Industrial Dynamics and the Evolution of Firms and Nations Competitive Capabilities in the World Computer Industry," in *The Sources of Industrial Leadership*, 1999, D. Mowery and R. Nelson, eds., Cambridge, MA: Cambridge University Press.

Breznitz, Dan. "The Israeli Software Industry," in *From Underdogs to Tigers*, 2005, Ashish Arora and Alfonso Gambardella, eds., Oxford: Oxford University Press, pp. 72–98.

Brinkley, Douglas. *Wheels for the World*, 2003, New York: Penguin Books.

Brockman, Maxwell and Albert Lawrence Elder, eds. *The History of Penicillin Production*, 1970, New York: American Institute of Chemical Engineers.

Bromberg, Joan Lisa. *The Laser in America, 1950–1970*, 1991. Cambridge, MA: MIT Press.

Brown, George H. *and part of which I was*, 1979, Princeton, NJ: Angus Cupar Publishers.

Bruderi, Robert. *The Machine that Changed the World*, 1996, New York: Simon & Schuster.

Bud, Robert. *Penicillin: Triumph and Tragedy*, 2007, Oxford: Oxford University Press.

Buenstorf, Guido. "Evolution on the Shoulders of Giants: Entrepreneurship and Firm Survival in the German Laser Industry," *Review of Industrial Organization* 30, no. 3 (2007), pp. 179–202.

Buenstorf, Guido and Steven Klepper. "Heritage and Agglomeration: The Akron Tyre Cluster Revisited," *Economic Journal* 119 (2009), pp. 705–733.

Buenstorf, Guido and Steven Klepper. "Why Does Entry Cluster Geographically? Evidence from the U.S. Tire Industry," *Journal of Urban Economics* 68 (2010), pp. 103–113.

Bylinsky, Gene. "Here Comes the Second Computer Revolution," *Fortune*, November 1975, pp. 135–138, 182, 184.

Byte Staff. "Micro, Micro: Who Made the Micro?," *Byte Magazine*, January 1991, pp. 305–312.

Cantner, U., K. Dressler, and J. J. Kruger. "Firm Survival in the German Automobile Industry," *Empirica* 33 (2006), pp. 49–60.

Carbonara, Corey P. *A Historical Perspective of Management, Technology, and Innovation in the American Television Industry*, 1989, doctoral dissertation, University of Texas at Austin.

Casey, Robert. *The Model T: A Centennial History*, 2008, Baltimore, MD: Johns Hopkins University Press.

Chain, Sir Ernst. "A Short History of the Penicillin Discovery From Fleming's Early Observations in 1929 to the Present Time," in *The History of Antibiotics A Symposium*, 1980, John Parascandola, ed., Madison, WI: American Institute of the History of Pharmacy, pp. 15–29.

Chatterji, Aaron. "Spawned with a Silver Spoon? Entrepreneurial Performance and Innovation in the Medical Device Industry," *Strategic Management Journal* 30, no. 2 (2009), pp. 185–206.

Chesbrough, Henry. "The Governance and Performance of Xerox's Technology Spin-Off Companies," *Research Policy* 82 (2003), pp. 403–421.

Chesbrough, Henry and Richard S. Rosenbloom. "The Role of the Business Model in Capturing Value from Innovation: Evidence from Xerox's Technology SpinOff Companies," *Industrial and Corporate Change* 11 (2002), pp. 529–555.

Cheyre, Cristobal, Steven Klepper, and Francisco Veloso. "Spinoffs and the Mobility of the U.S. Merchant Semiconductor Inventors," *Management Science* 61, no. 3 (2015), pp. 487–506.

Christensen, Clayton M. "The Rigid Disk Drive Industry: A History of Commercial and Technological Turbulence," *Business History Review* 67 (1993), pp. 531–588.

Christensen, Clayton M. *The Innovator's Dilemma*, 1997, Cambridge, MA: Harvard Business School Press.

Chrysler, Walter P. *Life of an American Workman*, 1950, New York: Dodd, Mead & Company.

Cohen, W. M., and S. Klepper, "A Reprise of Size and R&D," *The Economic Journal*, July, 1996, 925-951.

Combes, Pierre-Philippe and Gilles Duranton. "Labour Pooling, Labour Poaching, and Spatial Clustering,"*Regional Science and Urban Economics* 26 (2006), pp. 1–28.

Commission of the European Communities. "Communication from the Commission to the Council, The European Parliament, The European Economic and

Social Committee and the Committee of the Regions," (2008), http://eur-lex.europa. eu/LexUriServ/LexUriServ.do?uri=COM:2008:0652:REV1:EN:PDF.

Cringley, Robert X. *Accidental Empires*, 1993, New York: Harper Collins.

Dahl, Michael S. and Toke Reichstein. "Are You Experienced? Prior Experience and the Survival of New Organizations," *Industry and Innovation* 14, no. 5 (2007), pp. 497–511.

Datta, Yudhishter. *Competitive Strategy and Performance of Firms in the US Television Set Industry: 1950–60*, 1971, doctoral dissertation, State University of New York at Buffalo.

Denoual, Daniel-Guy. *The Diffusion of Innovations: An Institutional Approach*, 1980, doctoral dissertation, Harvard Business School.

Doolittle, James R. *The Romance of the Automobile Industry*, 1916, New York: Klebold Press.

Dreher, Carl. *Sarnoff: An American Success*, 1977, New York: Quadrangle/New York Times Book Company.

Dumais, Guy, Glenn Ellison, and Edward L. Glaeser. "Geographic Concentration as a Dynamic Process," *Review of Economics and Statistics* 84 (2002), pp. 193–204.

Dunham, Terry B. and Lawrence R. Gustin, *The Buick: A Complete History*, 1992, Kutztown, PA: Automobile Quarterly.

Duranton, Gilles and Diego Puga. "From Sectoral to Functional Urban Specialization," *Journal of Urban Economics* 57, no. 2 (2005), pp. 343–370.

Elder, Albert L. "The Role of the Government in the Penicillin Program," in The History of Penicillin Production, 1970, Maxwell C. Brockman and Albert L. Elder, eds., New York: American Institute of Chemical Engineers, pp. 3–11.

Ellison, Glenn and Edward L. Glaeser. "Geographic Concentration in U.S. Manufacturing Industries: A Dartboard Approach," *Journal of Political Economy* 105 (1997), pp. 889–927.

Ellison, Glenn, Edward L. Glaeser, and William R. Kerr. "What Causes Industry Agglomeration? Evidence from Coagglomeration Patterns," *American Economic*

Review 100 (2010), 1195–1213.

Eriksson, Tor Viking and Johan Moritz Kuhn. "Firm Spin-Offs in Denmark 1981–2000—Patterns of Entry and Exit," *International Journal of Industrial Organization* 24, no. 5 (2006), pp. 1021–1040.

Faggin, Frederico. "The Birth of the Microprocessor," *Byte*, March 1992, pp. 45–150.

Federal Trade Commission. *Report on the Motor Vehicle Industry*, 1939, Washington, DC: U.S. Government Printing Offce.

Federal Trade Commission. *Economic Report on Antibiotics Manufacture*, 1958, Washington, DC: U.S. Government Printing Offce.

Federal Trade Commission. *Staff Report on the Semiconductor Industry: A Survey of Structure, Conduct, and Performance*, 1977, Washington, DC: Government Printing Offce.

Flamm, Kenneth. *Creating the Computer: Government, Industry, and High Technology*, 1988, Washington, DC: Brookings Institute Press.

Fleming, Alexander. "On the Antibacterial Action of Cultures of a Penicillium, with Special Reference to Their Use in the Isolation of B. Influenzae," *British Journal of Experimental Pathology* 10 (1929), pp. 226–236.

Franco, April M. and Darren Filson. "Spin–outs: Knowledge Diffusion through Employee Mobility," *Rand Journal of Economics* 37, no. 4 (2006), pp. 841–860.

Franco, April M. and Darren Filson. "Spin–outs: Knowledge Diffusion through Employee Mobility," *Rand Journal of Economics* 37, no. 4 (2006), pp. 841–860.

French, Michael J. *The U.S. Tire Industry: A History*, 1991, Boston: Twayne Publishers.

Gage, Deborah. "Why Dmitry Medvedev wants a Russian Silicon Valley," 2010, http://www.smartplanet.com/blog/thinking–tech/why–dmitry–medvedev–wants–a–russian–silicon–valley/4531.

Gertner, John. *The Idea Factory*, 2012, New York: Penguin Press.

Goldmark, Peter C. *Maverick Inventor*, 1973, New York: Saturday Review Press/E.

P. Dutton & Co.

Goldstein, Andrew. "Jack Avins, The Essence of Engineering," in Facets: *New Perspectives on the History of Semiconductors*, 1997, Andrew Goldstein and William Aspray, eds., New Brunswick: IEEE Center for the History of Electrical Engineering, pp. 133–214.

Graham, Margaret B. W. *The Business of Research RCA and the VideoDisc*, 1986, Cambridge, UK: Cambridge University Press.

Gort, Michael and Steven Klepper. "Time Paths in the Diffusion of Product Innovations," *Economic Journal* 92 (1982), pp. 630–653.

Greene, Allan J. and Andrew J. Schmitz, Jr., "Meeting the Objective," in The *History of Penicillin Production*, 1970, Maxwell C. Brockman and Albert L. Elder, eds., New York: American Institute of Chemical Engineers, pp. 80–88.

Gustin, Lawrence R. *Billy Durant*, 1973, Grand Rapids, MI: William B. Eerdmans Publishing.

Halberstam, David. *The Reckoning*, 1986, New York: Avon Books.

Hecht, Jeff. *Beam: The Race to Make the Laser*, 2005, New York: Oxford University Press.

Helfand, W. H., H. B. Woodruff, K.M.H. Coleman, and D. L. Cowen, " Wartime Industrial Development of Penicillin in the United States," in *The History of Antibiotics: A Symposium*, 1980, John Parascandola, ed., Madison, WI: American Institute of the History of Pharmacy, pp. 31–56.

Herold, Edward W. "History and Development of the Color Picture Tube," *Proceedings of the S. I. D.* 15 (1974), pp. 141–149.

Hobby, Gladys L. *Penicillin Meeting the Challenge*, 1985, New Haven, CT: Yale University Press.

Holbrook, Daniel U. *Technical Diversity and Technological Change in the American Semiconductor Industry*, 1999, doctoral dissertation, Carnegie Mellon University.

Holbrook, Daniel, Wesley Cohen, David Hounshell, and Steven Klepper, "The

Nature, Sources, and Consequences of Firm Differences in the Early History of the Semiconductor Industry," *Strategic Management Journal* 21, 10/11, Special Issue: The Evolution of Firm Capabilities (Oct.–Nov. 2000), pp. 1017–1041.

Hounshell, David A. *From the American System to Mass Production, 1800–1932*, 1984, Baltimore, MD: Johns Hopkins University Press.

Hounshell, David A. "Why Corporations Don't Learn Continuously: Waves of Innovation and Desperation at Ford Motor Company, 1903–2003," 2003, mimeo.

Hvide, Hans K. "The Quality of Entrepreneurs," *Economic Journal* 119 (2009), pp. 1010–1035.

Hyde, Charles K. *The Dodge Brothers*, 2005, Detroit, MI: Wayne State University Press.

IC Insights. *The McLean Report*, 2000 Edition, 2000, IC Insights, Inc., Scottsdale, AZ.

Ingrassia, Paul. *Crash Course*, 2010, New York: Random House.

Integrated Circuit Engineering. *Status 1988*, 1988, Scottsdale, AZ: Integrated Circuit Engineering Corp.

Jackson, Tim. *Inside Intel*, 1997, New York: Plume.

Jacobs, Jane. *The Economy of Cities*, 1969, New York: Random House.

Jacobson, Sava. "CBS and Color Television, 1949–1951," 2001, David Sarnoff Library, http: www.davidsarnoff.org/jac-maintext.html, accessed 5/16/2010.

Jovanovic, Boyan and Glenn M. MacDonald. "The Life Cycle of a Competitive Industry," *Journal of Political Economy* 102 (1994), pp. 332–347.

Katz, Harold. *The Decline of Competition in the Automobile Industry, 1920–1940*, 1977, New York: Arno Press.

Keller, Maryann. *Rude Awakening*, 1989, New York: William Morrow and Company.

Kenney, Martin and Urs von Burg. "Technology, Entrepreneurship and Path Dependence: Industrial Clustering in Silicon Valley and Route 128," *Industrial and*

Corporate Change 8 (1999), pp. 67–103.

Kimes, Beverly R. *Standard Catalog of American Cars, 1890–1942*, 3rd edition, 1996, Iola, WI: Krause Publications.

Kimes, Beverly R. and Robert C. Ackerman. *Chevrolet, A History from 1911*, 1986, Iola, WI: Krause Publications.

Klepper, Steven. "Firm Survival and the Evolution of Oligopoly," *RAND Journal of Economics* 33 (2002), pp. 37–61.

Klepper, Steven. "Disagreements, Spinoffs, and the Evolution of Detroit as the Capital of the U.S. Automobile Industry," *Management Science* 53 (2007), pp. 616–631.

Klepper, Steven. "The Origin and Growth of Industry Clusters: The Making of Silicon Valley and Detroit," *Journal of Urban Economics* 67 (2010), pp. 15–32.

Klepper, Steven and Elizabeth Graddy. "The Evolution of New Industries and the Determinants of Market Structure," *Rand Journal of Economics* 21, no. 1 (1990), pp. 27–44.

Klepper, Steven, John Kowalski, and Francisco Veloso. Technological Spillovers and the Agglomeration of the Semiconductor Industry in Silicon Valley. Working Paper, Carnegie Mellon University, 2011.

Klepper, Steven and Kenneth L. Simons. "Technological Extinctions of Industrial Firms: An Inquiry into Their Nature and Causes," *Industrial and Corporate Change* 6 (1997), pp. 379–460.

Klepper, Steven and Sally Sleeper. "Entry by Spinoffs," *Management Science* 51 (2005), pp. 1291–1306.

Kollins, Michael J. *Pioneers of the U.S. Automobile Industry, Vol. 1*, 2002a, Warrendale, PA: Society of Automotive Engineers.

Kollins, Michael J. Pioneers of the U.S. *Automobile Industry, Vol. 3*, 2002b, Warrendale, PA: Society of Automotive Engineers.

Kowalski, John. *Industry Location Shift through Technological Change—A Study of the US Semiconductor Industry (1947–1987)*, 2012. Unpublished PhD dissertation, Carnegie Mellon University.

LaFrance, Vincent A. *The United States Television Receiver Industry: United States Versus Japan, 1960–1980*, 1985, doctoral dissertation, Pennsylvania State University.

Law, Harold B. "The Shadow Mask Color Picture Tube: How It Began—An Eyewitness Account of Its Early History," *IEEE Transactions on Electron Devices* ED–23 (1976), pp. 752–759.

Lécuyer, Christopher. "Fairchild Semiconductor and Its Influence," in *The Silicon Valley Edge*, 2000, Chong-Moon Lee, William F. Miller, Marguerite Gong Hancock, and Henry S. Rowen, eds., Stanford, CA: Stanford University Press, pp. 158–183.

Lécuyer, Christopher. *Making Silicon Valley*, 2006, Cambridge, MA: MIT Press.

Lécuyer, Christopher and David C. Brock. *Makers of the Microchip. A Documentary History of Fairchild Semiconductor*, 2010, Cambridge, MA: MIT Press.

Levy, Jonathan D. *Diffusion of Technology and Patterns of International Trade: The Case of Television Receivers*, 1981, doctoral dissertation, Yale University.

Lindgren, Nilo. "The Splintering of the Solid State Industry," in *Dealing with Technological Change*, 1971. Princeton, NJ: Auerbach Publishers, pp. 36–51.

Lyons, Eugene. David *Sarnoff: A Biography*, 1966, New York: Harper and Row.

MacFarlane, Gwyn. *Howard Florey: The Making of a Great Scientist*, 1979, Oxford: Oxford University Press. MacLaurin, W. Rupert. *Invention & Innovation in the Radio Industry*, 1949, New York: MacMillan.

Magaziner, Ira and Robert Reich. *Minding America's Business: The Decline and Rise of American Economy*, 1982. New York: Harcourt Brace Jovanovich.

Malone, Michael. *The Microprocessor: A Biography*, 1995, New York: Springer Verlag.

Marshall, Alfred. *Principles of Economics*, 8th edition, 1948, New York: MacMillan.

Mathews, John A. and Dong-Sung Cho. *Tiger Technology*, 2000, Cambridge,

UK:Cambridge University Press.

May, George S. R. E. Olds, 1977, Grand Rapids, MI: William B. Eerdmans Publishing. Mazor, Stanley. "Moore's Law, Microcomputers, and Me," *IEEE Solid-State Circuits Magazine*, Winter 2009, pp. 29–38.

McGuire, J. M. "Antibiotics—Past, Present, and Future," *Proceedings of the Indiana Academy of Science* 71 (1961), pp. 248–257.

McKendrick, David G., Richard F. Doner, and Stephan Haggard. *From Silicon Valley to Singapore*, 2000. Stanford, CA: Stanford University Press.

McPherson, Thomas A. *The Dodge Story*, 1992. Sarasota, FL: MBI Publishing.

Mines, Samuel. Pfzer . . . *An Informal History*, 1978, New York: Pfzer.

Misa, Thomas J. "Military Needs, Commercial Realities, and the Development ofthe Transistor, 1958–1968," in *Military Enterprise and Technological Change*, 1985, Merritt Roe Smith, ed., Cambridge, MA: MIT Press, pp. 253–287.

Mitton, Donald G. "Bring On the Clones: A Longitudinal Study of the Proliferation, Development, and Growth of the Biotech Industry in San Diego," in *Frontiers of Entrepreneurship*, 1990, N. Churchill, W. Bygrave, J. Hornday, D. Muzyka, K. Vesper, and W. Wetzel Jr., eds., Babson Park, MA: Babson College.

Moore, Gordon. "The Role of Fairchild in Silicon Technology in the Early Days of Silicon Valley," *Proceedings of the IEEE* 86 (1998), pp. 23–30. Moore, Gordon. "The Accidental Entrepreneur," *Engineering & Science*, Summer 1994, pp. 23–30.

Moore, Gordon and Kevin Davis. "Learning the Silicon Valley Way," in *Building High-tech Clusters: Silicon Valley and Beyond*, 2004, Timothy Bresnahan and Alfonso Gambardella, eds., Cambridge: Cambridge University Press, pp. 7–39.

Muendler, Marc, James E. Rauch, and Oana Tocoian. "Employee Spinoffs and Other Entrants: Stylized Facts from Brazil," *International Journal of Industrial Organization* 30, no. 5 (2012), pp. 447–458.

Nebeker, Frederik. *Sparks of Genius: Portraits of Engineering Excellence*, 1994, Piscataway, NJ: IEEE Press.

Neushul, Peter. *Science, Technology and the Arsenal of Democracy: Production*

Research and Development During World War II, 1993, doctoral dissertation, University of California at Santa Barbara.

Nevins, Allan, with Frank Ernest Hill. *Ford: The Times, The Man, The Company*, 1954, New York: Charles Scribner's Sons.

Noyce, Robert N. and Marcian E. Hoff, Jr. "A History of Microprocessor Development at Intel," *IEEE Micro* 1 (1981), pp. 8–21.

Paley, William S. *As It Happened*, 1979, Garden City, NY: Doubleday.

Parascandola, John. "Industrial Research Comes of Age: The American Pharmaceutical Industry, 1920–1940," *Pharmacy in History* 27, no. 1 (1985), pp. 12–21.

Pelfrey, William. *Billy, Alfred, and General Motors*, 2006, New York: American Management Association.

Perry, Tekla S. "The Longest Survivor Loses Its Grip," *IEEE Spectrum*, August 1988, pp. 16–20.

Petersen, Donald E. and John Hillkirk. *A Better Idea*. 1991, Boston: Houghton Mifflin.

Phillips, Damon J. "A Genealogical Approach to Organizational Life Chances: The Parent-Progeny Transfer," *Administrative Sciences Quarterly* 47, no. 3 (2002), pp. 474–506.

Pirtle III, Caleb. *Engineering the World*, 2005, Dallas: Southern Methodist University Press.

Porter, Michael. *The Competitive Advantage of Nations*, 1990, New York: Free Press.

Powell, Walter W., Kelley Packalen, and Kjersten Whittington. "Organizational and Institutional Genesis: The Emergence of High-Tech Clusters in the Life Sciences," in *The Emergence of Organization and Markets*, 2012, John Padgett and Walter Powell, eds., chapter 14, Princeton, NJ: Princeton University Press.

Pursell, Carroll. "Science Agencies in World War II: The OSRD and Its Challengers," in *The Sciences in the American Context: New Perspectives*, 1979,

Nathan Reingold, ed., Washington, DC: Smithsonian Institute Press.

Rajan, Raghuram, Paolo Volpin, and Luigi Zingales. "The Eclipse of the U.S. Tire Industry," in *Mergers and Productivity*, 2000, Steven Kaplan, ed., Chicago: University of Chicago Press, pp. 51–86.

Raper, Kenneth B. "Research in the Development of Penicillin," in *Advances in Military Medicine, Volume II*, 1948, E. C. Andrus, D. W. Bronk, G. A. Carden, Jr., C. S. Keefer, J. S. Lockwood, and J. T. Wearn, eds., Boston: Little Brown, pp. 723–745.

Reid, Thomas R. *How Two Americans Invented the Microchip and Launched a Revolution*, 1986, New York: Simon & Schuster.

Renner, Gail Kenneth. *The Hudson Years: A History of an American Automobile Manufacturer*, 1973, doctoral dissertation, University of Missouri–Columbia.

Riordan, Michael. "The Silicon Dioxide Solution," IEEE Spectrum, December 2007.

Riordan, Michael and Lillian Hoddeson. *Crystal Fire*, 1997, New York: W.W. Norton.

Roberts, Peter W., Steven Klepper, and Scott Hayward. "Founder Backgrounds and the Evolution of Firm Size," *Industrial and Corporate Change* 20, no. 6 (2011), pp. 1515–1538.

Romanelli, Elaine and Maryann Feldman. "The Anatomy of Cluster Development: The Case of U.S. Biotherapeutics, 1976–2003." *Cluster Genesi*, 27 (2006), pp. 87–113.

Rosenbloom, Richard S., Don Sull, and Richard S. Tedlow. "Technological Discontinuity in the U.S. Tire Industry: The Radial Age," 1996, mimeo.

Rosenthal, Stuart S. and William C. Strange. "Evidence on the Nature and Sources of Agglomeration Economies," in *Handbook of Urban and Regional Economics, Volume 4*, 2004, J. Vernon Henderson and Jacques Francois Thisse, eds., Amsterdam: North Holland, pp. 2119–2171.

Saxenian, AnnaLee. *Regional Advantage*, 1996, Cambridge, MA: Harvard University Press.

Schaller, Robert R. *Technological Innovation in the Semiconductor Industry: A*

Case Study of the International Technology Roadmap for Semiconductors (ITRS), 2004, doctoral dissertation, George Mason University.

Schwartzman, David. *Innovation in the Pharmaceutical Industry*, 1976, Baltimore, MD: Johns Hopkins University Press.

Sciberras, Edmond. "International Competitiveness and Technical Change: A Study of the US Consumer Electronics Industry," 1979, Science Policy Research Unit, University of Sussex.

Sheehan, John. *The Enchanted Ring*, 1982, Cambridge, MA: Cambridge University Press.

Shurkin, Joel N. *Broken Genius. The Rise and Fall of William Shockley, Creator of the Electronic Age*, 2006. New York: Macmillan.

Smith, Douglas K. and Robert C. Alexander, *Fumbling the Future: How XeroxInvented, then Ignored, the First Personal Computer*, 1988, New York: William Morrow & Co.

Smith, Philip H. *Wheels within Wheels*, 1968, New York: Funk and Wagnalls.

Smith, Thomas Herman. *A Description and Analysis of the Early Diffusion of Color Television in the United States*, 1970, doctoral dissertation, Ohio State University.

Sobel, Robert. *RCA*, 1986, New York: Stein and Day.

Sørensen, Jesper B. "Bureaucracy and Entrepreneurship: Workplace Effects on Entrepreneurial Entry," *Administrative Science Quarterly* 52 (2007), pp. 387–412.

Sørensen, Jesper B. and Damon J. Phillips. "Competence and Commitment: Employer Size and Entrepreneurial Endurance," *Industrial and Corporate Change* 20, no. 5 (2011), pp. 1277–1304.

Sorensen, Charles E. with Samuel T. Williamson. *My Forty Years with Ford*, 1962, New York: Collier Books.

Spencer, L. V. "Metamorphosis of the Motor Car," Motor Age 9 (1916), pp. 5–11.

Sporck, Charles E. *Spinoff*, 2001, Saranac Lake, NY: Saranac Publishing.

Stelzer, Lawrence H. *A Financial History of the American Automobile Industry*, 1928, Boston: Houghton Mifflin.

Stewart, Irvin. *Organizing Scientifc Research for War*, 1948, Boston: Little Brown and Company.

Stuart, Toby E. and Olav Sorenson. "Liquidity Events and the Geographic Distribution of Entrepreneurial Activity," *Administrative Science Quarterly* 48 (2003), pp. 175–201.

Sull, Donald N., Richard S. Tedlow, and Richard S. Rosenbloom. "Managerial Commitments and Technological Change in the US Tire Industry," *Industrial and Corporate Change* 6 (1997), pp. 461–501.

Sutton, John. *Technology and Market Structure. Theory and History*, 1998. Cambridge, MA: MIT Press.

Swann, John P. *Academic Scientists and the Pharmaceutical Industry*, 1988, Baltimore, MD: Johns Hopkins University Press.

Szudarek, Robert G. *How Detroit Became the Automotive Capital*, 1996, Detroit, MI: Typocraft Company.

Teal, Gordon K. "Single Crystals of Germanium and Silicon—Basic to the Transistor and Integrated Circuit," *IEEE Transactions on Electron Devices* ED-23, no. 7 (1976), pp. 621–639.

Tilton, John E. *International Diffusion of Technology: The Case of Semiconductors*, 1971, Washington, DC: Brookings Institution.

Utterback, James M. and Fernando F. Suárez. "Innovation, Competition, and Industry Structure," *Research Policy* 22 (1993), pp. 1–21.

von Rein, Kristina. "Heritage and Firm Survival—An Analysis of German Automobile Spinoffs 1886–1939," *Economics Bulletin* 12 (2008), pp. 1–8.

Walker, Rob. Silicon Destiny, 1992, Milpitas, CA: C.M.C. Publications.

Warner, Stanley L. *Innovation and Research in the Automobile Tire and TireSupporting Industries*, 1966, doctoral dissertation, Harvard University.

Wells, Percy A. "Some Aspects of the Early History of Penicillin in the United

States," *Journal of the Washington Academy of Sciences* 65, no. 3 (1975), pp. 96–101.

Wenting, Rik. "Spinoff Dynamics and the Spatial Formation of the Fashion Design Industry, 1858–2005," *Journal of Economic Geography* 8 (2008), pp. 593–614.

White, Lawrence J. *The Automobile Industry since 1945*, 1971, Cambridge, MA: Harvard University Press.

Wolfe, Tom. "The Tinkerings of Robert Noyce," *Esquire Magazine*, December 1983, 346–374.

Womack, James T., Daniel T. Jones, and Daniel Roos. *The Machine that Changed the World*, 1991, New York: HarperCollins.

Wooster, James Howard. *Industrial Policy and International Competitiveness: A Case Study of US–Japanese Competition in the Television Receiver Manufacturing Industry*, 1986, doctoral dissertation, University of Massachusetts.

Yanik, Anthony J. *Maxwell Motor*, 2009, Detroit, MI: Wayne State University Press.

公司名称中英文对照表

A

阿波罗　Apollo
阿姆德尔公司　Amdahl
阿姆斯特朗　Armstrong
阿内尔科　Amelco
阿塔里　Atari
艾德蒙电子　Admiral
艾科嘉　Exar
艾默生　Emerson
艾琼无线电电子公司　Hytron Radio and Electronics Corporation
埃骆斯　Aerovox
爱特梅尔公司　ATMEL
安络杰　Analogic
奥多比　Adobe
奥克兰　Oakland
奥克兰/通用汽车　Oakland/GM
奥特涅蒂克斯公司　Autonetics
奥兹汽车　Olds Motor Works

B

百路驰　Goodrich

北方汽车　Northern
北极星　Cynosure
北美航空工业公司　North American Aviation
倍耐力　Pirelli
本迪克斯公司　Bendix
必成公司　Beecham
别克　Buick
别克/通用汽车　Buick/GM
标准轮胎/威利斯　Standard Wheel/Willys
波普公司　Pope
伯尔·布朗　Burr Brown
布里斯科兄弟　Briscoe Brothers
布里格斯-底特律　Briggs-Det
布里斯托尔　Bristol
布里斯托尔·迈耶斯公司　Bristol Myers
布拉奇　Brush

C

C.W. 凯尔西　C. W. Kelsey

C.H. 威尔斯　C.H. Wills
C.H. 梅斯　C. H. Metz
超微半导体　American Micro Devices, AMD
超科公司　Supertex
查尔莫斯汽车公司　Chalmers

D

达拉斯半导体　Dallas Semiconductor
达尔伯格公司　Dahlberg
大陆轮胎　Continental
大学实验室　University Laboratories
达特桑汽车　Datsun
丹尼尔汽车斯　Daniels
单片储存器公司　Monolithic memories
道奇兄弟　Dodge
道奇兄弟/克莱斯勒　Dodge Brothers/Chrysler
得州仪器　Texas Instruments，TI
德科无线电　Delco Radio
邓禄普轮胎　Dunlop
底特律韦尔奇公司　Welch Co.,Det
底特律－牛津　Detroit-Oxford
底特律－E. R. 托马斯/查尔莫斯/克莱斯勒　E. R. Thomas-Det./Chalmers/Chrysler
帝王汽车公司　Monarch
电子数列公司　Electronic Arrays
电核实验室　Electro Nuclear Lab
杜兰特　Durant
杜兰特－多特马车公司　Durant–Dort Carriage Company
杜兰特汽车　Durant
多特　Dort

E

E. A. 内尔森　E. A. Nelson
E.R. 托马斯－底特律　E.R. Thomas-Det
E.R. 托马斯－底特律/查尔莫斯　E.R. Thomas-Detroit/Chalmers

F

法本化学工业公司　I.G. Farbenindustrie
法国斯伦贝谢油田服务公司　Schlumberger
法马汽车克　Farmack
飞歌　Philco
飞歌－福特　Philco-Ford
飞利浦　Philips
飞天车公司　Aerocar
费思科　Fisk
风驰通　Firestone
弗林特马车公司　Flint Wagon Works
福特汽车公司　Ford Motor Co.

G

盖茨　Gates
戈姆利与杰弗里　Gormully and Jeffery
哥伦比亚广播公司　CBS
谷歌　Google
固特异　Goodyear

固体科学公司　Solid State Scientific
硅谷通用　silicon Genenral
硅尼克斯　Siliconix
过渡管电子公司　Transitron
国际半导体　Semi
国际电话电报公司　IT&T
国际商业机器公司　International Business Machines corporation，IBM
光谱物理　Spectra Physics
光学技术　Optics Technology
光电系统　Electro Optical Systems
光谱二极管实验室　Spectra Diode Labs

H

H. H. 富兰克林　H.H. Franklin
哈艾琼无线电电子公司　Hytron Radio and Electronics Corporation
哈德逊汽车　Hudson
哈里斯　Harris
哈罗恩　Harroun
海登斯通投行　Hayden Stone
好事达　Allstate
赫普汽车　Hupp Corp
赫普-耶茨　Hupp-Yeats
赫希斯特颜料制造厂　Farbwerke Hoechst
怀特　White Sewing M.
惠普　Hewlett Packard, HP
惠特曼和巴恩斯轮胎　Whitman and Barnes
惠氏　Wyeth

霍尼韦尔公司　Honeywell
辉瑞　Pfizer

J

基尔福特公司　Kearfott General
集成设备技术　Integrated Device Technology
激光二极管实验室　Laser Diode Labs
激光开关公司　Control Laser
甲骨文　Oracle
金　King
精密单片公司　Precision Monolithic
巨积公司　LSI Logic

K

凯迪拉克　Cadillac
凯尔西　Kelsey
坎德拉　Candela
克莱伯实验室　Kleiber Laboratories
克莱斯勒　Chrysler
柯林斯/罗克韦尔　Collins/Rockwell
柯摩多尔公司　Commodore
空霸公司　Air King
库珀　Cooper
奎斯泰克　Questek

L

拉克曼　Laakman
莱德利研究所　Lederle Laboratories
兰索姆·伊莱·奥兹　R. E. Olds

兰兹代尔晶体管　Landsdale Transistor
雷神公司　Raytheon
礼来制药　Lilly
利兰福尔科纳　Leland & Faulconer
利特汽车公司　Little Motor Company
利通公司　Litton
里肯巴克　Rickenbacker
联合汽车 / 巴克艾　Union/Buckeye
联合碳化物电子公司　Union Carbide Electronics
林肯汽车　Lincoln
罗克韦尔国际公司　Rockwell International
洛奇尔　Lozier

M

马克斯韦尔　Maxwell
马克斯韦尔 – 布里斯科　Maxwell–Briscoe
马克斯韦尔·布里斯科 / 马克斯韦尔 / 克莱斯勒　Maxwell Briscoe/ Maxwell/ Chrysler
马格纳沃克斯电视　Magnavox
曼斯菲尔德　Mansfield
美光科技　Micron Technology
美国国家半导体　National Semiconductor
美国机车公司　Locomobile
美国激光　American Laser
美国联合碳化公司　Union Carbide
美国汽车　American
美国通用电话电子公司 / 喜万年　GET/ Sylvania

美国橡胶　U.S. Rubber
美国无线电公司　RCA
梅茨格　Metzger
梅森电机公司　Mason Motor Company
门罗汽车　Monroe
孟山都　Monsanto
蒙哥马利·沃德　Montgomery Ward
蒙娜利斯克存储公司　Monolithic Memories
米罗华　Magnavox
米其林轮胎公司　Michelin
莫霍克轮胎　Mohawk
莫斯特卡公司　Mostek
模拟器件　Analog Devices
摩托罗拉　Motorola
默克　Merck
默莱科特罗　Molectro

N

诺克斯　Knox

O

欧宝汽车　Opel
欧文　Owen

P

帕卡德汽车　Packard
佩奇 – 底特律　Paige-Detroit
苹果　Apple
普莱西　Plessy

普利司通轮胎　Bridgestone

Q
齐洛格公司　Zilog
钱德勒　Chandler

R
R.M. 欧文　R. M. Owen
日光科技　Helionetics
日立　Hitachi
瑞姆半导体公司　Rheem Semiconductor
锐欧　Reo

S
Seeq 半导体　Seeq
撒克逊　Saxon
塞柏林轮胎　Seiberling
赛普拉斯半导体公司　Cypress Semiconductor
瑟伯罗斯资本管理公司　Cerberus
世通公司　MCI
施贵宝　Squibb
思碧　Sprague
思科　Cisco
斯佩里　Sperry
斯坦利　Stanle
斯图贝克　Studebaker
斯托达德　Stoddard
斯文哈特轮胎　Swinehart

松下　Matsushita

T
TRG/ 控制资料公司　TRG/Control Data
太平洋　Pacific
泰克公司　Tektronix
泰姆夏尔　Tymeshare
泰瑞达　Teledyne
汤普森　Thompson
天合　TRW
通用电气　General Electric，GE
通用晶体管　General Transistor
通用微电子公司　General Micro-electronics，GM-e
通用仪器　General Instrument
通用轮胎　General
土星汽车公司　Saturn Corporation
托马斯·B. 杰弗里　Thomas B. Jeffery

W
威利斯 – 欧弗兰汽车　Willys-Overland
沃伦 – 底特律　Warren-Detroit
无线电接收器　Radio Receptor

X
西部电气　Western Electric
西尔斯　Sears
西格尼蒂克　Signetics

西部微波　Western Microwave
西盟科技　Cymer
西屋电气　Westinghouse
系统工程公司　Systems Engineering
喜万年　Sylvania
仙童摄影器材公司　Fairchild Camera and Instrument，FC&I
仙童半导体公司　Fairchild Semiconductor
相干公司　Coherent
辛卡　Xicor
辛那泰克　Synertek
新联合汽车制造公司　New United Motor Manufacturing Inc.
休斯研究实验室　Hughes Research Laboratories
休斯　Hughes
雪佛兰汽车公司　Chevrolet Motor Car Company
雪佛兰诺瓦　Chevy Nova
雪佛兰/通用汽车　Chevrolet/GM

雪铁龙　Citroën

Y

雅虎　Yahoo
亚马孙轮胎　Amazon
伊利尔科技　Erie Technological
易贝　Ebay
英国马可尼公司　British Marconi Co.
英特尔　Intel
英特矽尔　Intersil
优耐路　Uniroyal
尤尼菲斯　Uniphase

Z

珍妮诗电子　Zenith
智路公司　Zilog
钻石橡胶　Diamond Rubber

图书在版编目（CIP）数据

创新的演化 /（美）史蒂文·克莱珀著；林冬阳，骆名暄译. -- 南昌：江西人民出版社，2018.7
ISBN 978-7-210-10436-0

Ⅰ. ①创… Ⅱ. ①史… ②林… ③骆… Ⅲ. ①企业管理—技术革新—研究 Ⅳ. ①F273.1

中国版本图书馆CIP数据核字(2018)第104462号

Copyright © 2016 by Princeton University Press
All rights reserved. No part of this book may be reproduced or transmitted in any form or by any means, electronic or mechanical, including photocopying, recording or by any information storage and retrieval system, without permission in writing from the pulisher.

本简体中文版版权归属于银杏树下（北京）图书有限责任公司。

版权登记号：14-2008-0113

创新的演化

作者：［美］史蒂文·克莱珀　译者：林冬阳　骆名暄
责任编辑：冯雪松　韦祖建　特约编辑：方丽　筹划出版：银杏树下
出版统筹：吴兴元　营销推广：ONEBOOK　装帧制造：墨白空间
出版发行：江西人民出版社　印刷：北京天宇万达印刷有限公司
889毫米×1194毫米　1/32　12.75印张　字数252千字
2018年7月第1版　2018年7月第1次印刷
ISBN 978-7-210-10436-0
定价：49.80元
赣版权登字 -01-2018-392

后浪出版咨询（北京）有限责任公司常年法律顾问：北京大成律师事务所
周天晖 copyright@hinabook.com
未经许可，不得以任何方式复制或抄袭本书部分或全部内容
版权所有，侵权必究
如有质量问题，请寄回印厂调换。联系电话：010-64010019